EMMI PIKLER

Laßt mir Zeit

Die selbständige Bewegungsentwicklung des Kindes bis zum freien Gehen

Untersuchungsergebnisse, Aufsätze und Vorträge
Aus dem Nachlaß zusammengestellt und überarbeitet
von ANNA TARDOS

Fotos von MARIAN V. REISMANN
Zeichnungen von KLARA PAP

Pflaum Verlag München

CIP-Kurztitelaufnahme der Deutschen Bibliothek

Pikler, Emmi:
Laßt mir Zeit : d. selbständige Bewegungsentwicklung d. Kindes bis zum freien Gehen / Emmi Pikler. Zsgest. u. überarb. von Anna Tardos. – München : Pflaum, 1988
(Fachbuchreihe Krankengymnastik)

NE: Tardos, Anna [Bearb.]

ISBN 3–7905–0482–3

Satz und Binden: Pustet, Regensburg
Druck: Pflaum, München

Inhalt

3. DIE GRUNDLEGENDEN POSITIONEN UND BEWEGUNGEN

ANHANG

Zur Einführung

«Das Kind anregen zu müssen, das glauben wir nur, weil wir zu wenig Ahnung davon haben, was jeder Mensch an Entfaltungsmöglichkeiten mit auf die Welt bringt.» (JACOBY, 1981)

Den Grundgedanken dieses Buches begegnen wir schon beim Betrachten der Fotos. Wir sehen, wie Säuglinge und Kleinkinder sich bewegen und spielen, denen ermöglicht wird, in Ruhe ihrem Interesse zu folgen. Auch das gute Einvernehmen zwischen den Kindern und den Erwachsenen, die für sie sorgen, wird sichtbar (s. S. 72 bis 79). Es scheint, als würde das eine das andere bedingen, als beruhe die Hingabe, der Ernst und die Freude, mit denen diese Kinder alles selbständig erforschen und sich auch vom Mißlingen ihrer Unternehmungen nicht entmutigen lassen, auf dem Vertrauen und der Sicherheit, die sie aus dem Verständnis der Erwachsenen für ihre Bedürfnisse gewinnen. Die jungen Frauen scheinen vor allem das Grundbedürfnis des Kindes, alles selbst tun zu wollen, alles allein auszuprobieren, gut zu kennen und zu achten. Sie lassen das Kind gewähren, auch wenn es dazu Zeit braucht.
Gewinnen sie die innere Ruhe zu diesem Zeitlassen beim Wickeln und Anziehen des Kindes, gerade weil die Kinder in der übrigen Zeit nicht auf die Anregungen des Erwachsenen angewiesen sind und sich allein beschäftigen können? Wie kommen sie zu dieser Sicherheit im Umgang mit dem Kind und zu der Kenntnis seiner Bedürfnisse?
Die Fotos von Marian Reisman geben einen Einblick in das Lebenswerk der ungarischen Kinderärztin Dr. Emmi Pikler, in dessen Mittelpunkt die Erforschung der menschlichen Bewegungsentwicklung steht.
«Warum lassen wir den Säugling sich nicht seinen eigenen Gesetzen gemäß entwickeln?», fragte sie schon vor mehr als 40 Jahren in ihrem ersten Buch für Eltern. «Ist es nicht sonderbar, daß er ständig etwas anderes tun muß, als was ihm behagt? Übt er Bewegungen in Rückenlage, so drehen wir ihn auf den Bauch, bewegt er sich auf dem Bauch, setzen oder stellen wir ihn auf. Steht er, so führen wir ihn bei den Händen, damit er gehen lernt» (PIKLER, 1940; deutsche Ausgabe 1982 b).
Als Hausärztin konnte sie die Eltern, die sich von ihr beraten ließen, dafür gewinnen, die selbständige Aktivität ihrer Kinder von Geburt an überhaupt erst einmal wahrzunehmen, sich an ihr zu freuen und ihnen die entsprechende Umgebung dafür zu schaffen. Sie half den Müttern, auch die leisen Zeichen und Regungen zu verstehen, mit denen schon ein Neugeborenes, bevor es schreit,

seine Empfindungen äußert. Sie lenkte die Aufmerksamkeit der Eltern auf ein bei Kindern und Kranken leicht übersehenes Grundrecht des Menschen, das darin besteht, sich mit ihm über das, was mit ihm geschieht, zu verständigen. Das heißt beim Säugling, ihn mit Worten und behutsamen Bewegungen auf die nächste Handlung vorzubereiten. Dadurch kann er sich allmählich orientieren und die Mutter immer besser verstehen, während sie ihn versorgt. Auch wenn er noch zappelt und strampelt, achtet er aufmerksam auf alle Vorgänge der Pflege und freut sich mitzuhelfen. Selbst wenn er später beim Wickeln nicht mehr auf dem Rücken liegen bleibt und sich eigenwillig und seinem Entwicklungsniveau entsprechend bewegt, stört das nicht ihr Zusammensein und die gute Beziehung. Sie ist für Emmi Pikler eine Grundbedingung der eigengesetzlichen Bewegungsentwicklung des Kindes.

Die Pflege des Säuglings, mit ihren sich wiederholenden Handlungen, erschien ihr zur Ausbildung einer tragfähigen Beziehung zwischen Eltern und Kind geeigneter als das gemeinsame Spiel. Bei der täglich mehrmals notwendigen Pflege lernt das Kind zudem etwas, was es nur vom Erwachsenen lernen kann, denn für ein freundliches und rücksichtsvolles Verhalten braucht es ein Vorbild. Sich zu bewegen und zu spielen hingegen lernen Säuglinge und Kleinkinder auch ohne unsere unmittelbare Hilfe und Anregung, das hatten ihre Beobachtungen in den Familien erwiesen.

Emmi Pikler vertraute darauf, daß ihre langjährigen Erfahrungen sich auch in Verhältnissen bewähren würden, in denen sich Säuglinge bis dahin kaum normal entwickeln konnten. 1946 gründete sie, im Wissen um die Voraussetzungen einer kindgemäßen Entwicklung, ein Säuglingsheim in Budapest in der Lóczystraße, das dann als LOCZY* bekannt geworden ist. Sie hat es 33 Jahre lang geleitet und von Anfang an verstanden – unter anderem durch die Auswahl und sorgfältige Anleitung der Pflegerinnen – eine Atmosphäre der Geborgenheit zu schaffen, in der Säuglinge ohne die üblichen Anstaltsschäden aufwachsen.

Emmi Pikler hatte sich einer Aufgabe angenommen, deren Dringlichkeit bis dahin nur vereinzelt gesehen worden war. 1931 hatte Elfriede Hengstenberg aufgrund der Erkenntnisse Elsa Gindlers und Heinrich Jacobys darauf hingewiesen, wie notwendig es sei, die naturgegebenen Gesetzmäßigkeiten der kindlichen Entwicklung zu erforschen, um dem Kind seine ursprünglichen Fähigkeiten und Kräfte zu erhalten (HENGSTENBERG, 1931).

Gindler und Jacoby hatten in den 20er Jahren erkannt, in welchem Ausmaß die übliche Säuglings- und Kleinkindererziehung die Initiative der Kinder behindert, ihre Ausdrucksfähigkeit verkümmern läßt und unselbständige, ungeschickte,

* (Gesprochen: Loozi) Offiziell führt es heute den Namen: Staatliches Methodologisches Institut «Emmi Pikler» für Säuglingsheime.

bewegungs- und haltungsgeschädigte Menschen aus ihnen macht. Auch unser weitgehend gestörtes Verhältnis zum Arbeiten und Lernen war für sie die Folge einer fehlenden Kenntnis der Natur des Menschen.
Emmi Pikler wurde in ihrem ungewöhnlichen pädagogischen Ansatz bestärkt, als sie 1935 in Budapest durch Elfriede Hengstenberg Gindlers und Jacobys Arbeitsweise kennenlernte. Die Ergebnisse ihrer praktischen und wissenschaftlichen Arbeit wiederum haben die Vorstellung Gindlers und Jacobys von der Möglichkeit einer ungestörten Entfaltung des Kindes bestätigt.
Mit Fotos aus der Pikler-Arbeit vermittelte Elfriede Hengstenberg ihren Schülern einen Eindruck von natürlicher und organischer Bewegung. So erfuhr ich Mitte der 50er Jahre erstmals vom Wirken Emmi Piklers. Später arbeitete ich als Krankengymnastin sowohl mit psychosomatisch wie auch schwer organisch Kranken und erlebte immer wieder, wie Menschen ihre Leiden und Schmerzen meist dadurch verschlimmern, daß sie die Bedürfnisse und Signale ihres Körpers nicht rechtzeitig wahrnehmen oder ihnen hilflos gegenüberstehen. Die Fotos der Kinder aus der Obhut Emmi Piklers ließen vermuten, daß die ursprüngliche und unmittelbare Beziehung des Menschen zu seinem Organismus nach der Geburt nicht verloren gehen muß. 1979 fuhr ich nach Budapest, um die Arbeit im Lóczy kennenzulernen.
«Nun, was haben Sie gesehen?», frug mich Emmi Pikler am Ende meines ersten Besuches mit einem zum Sprechen ermutigenden Lächeln.
Ja, was hatte ich gesehen? Oder war ich noch mehr überrascht und berührt von dem, was ich *gehört* hatte?
Der freundliche Umgangston der Pflegerinnen mit den Kindern, ihr ruhiges, leises Sprechen mit dem Säugling, während sie ihn wickelten oder badeten, verriet die Freude, die sie mit und an den Kindern hatten. Dieses Sich-miteinander-Freuen erlebte ich als wesentliches Element der Atmosphäre im Lóczy.
Gesehen hatte ich unter anderem, wie draußen auf der Terrasse ein Anderthalbjähriger ein größeres, rundes Spielzeug aufhob. Als er es fallen ließ, traf es leicht gekippt auf dem Boden auf, um nach und nach in immer flacher werdenden, kreisenden Bewegungen zur Ruhe zu kommen.
Wie gebannt hatte der Kleine die Bewegung bis zu Ende verfolgt, dann hob er das Spielzeug auf und ließ es wieder fallen. Achtmal wiederholte er das und schaute fasziniert zu. Als er aufsah und meinem Blick begegnete, strahlte er. Danach stand er eine ganze Weile mit dem Daumen im Mund da.
«Ja, ja», nickte Emmi Pickler, «darüber muß er nachsinnen».
Die Intensität und Ausdauer, mit der das Kind das Phänomen danach noch mit zwei weiteren Gegenständen erforschte, beeindruckten mich ebenso wie eine kleine Begebenheit, die ich während der Mittagsruhe der Kinder im Garten beobachtete. Ein zweijähriges Mädchen hob immer wieder seine Matratze im

Bett hoch, um das Gras zwischen den Steinplatten anzuschauen und zu befühlen. Die Pflegerin legte, wenn sie das nächste Kind zum Schlafen herausbrachte, die Matratze jedesmal wieder zurecht und strich der Kleinen, die sich willig wieder hinlegte, freundlich über den Kopf. Sie war auch beim dritten und vierten Mal nicht ungeduldig. «Schlafen läßt sich nicht befehlen» bemerkte Emmi Pikler dazu.

Wer die Initiative des Kindes respektiert, entwickelt offenbar auch in anderen Situationen Verständnis und Geduld. Immer wieder fiel mir auf, wie liebevoll die Pflegerinnen, auch bei der unscheinbarsten Handlung, ein Bereitwerden des Kindes abwarteten. Die Zeit, die sie sich und dem Säugling zugestehen, bis er versteht, was sie von ihm möchten, erschien mir jedesmal ungewöhnlich lang, und doch ist sie kurz im Vergleich zu der Zeit, die wir aufwenden müssen, wenn wir gegen den Willen des Kindes etwas erreichen wollen.

«Wir können von unseren Pflegerinnen nicht verlangen, daß sie ein Kind lieben sollen» sagte Emmi Pikler einmal, «aber ihre Beziehung zu den Kindern vertieft sich von selbst, wenn sie durch entsprechende Aufgaben Lust bekommen, das Kind wirklich zu beobachten».

In dem Maße, wie die Pflegerin die Empfindungen des Säuglings in Gebärden und Mimik wahrnimmt, lernt sie seine Bedürfnisse immer besser kennen. Ihr Verstehen ermutigt und befähigt ihn, sich zunehmend differenzierter zu äußern. Aus dem aufmerksamen Interesse für die Kinder entwickelt sich dann jene Ruhe und Gelassenheit des Erwachsenen, die einerseits Selbständigkeit ohne Angst und Drängen ermöglicht, andererseits klare Grenzen setzt, wo es für die Sicherheit und soziale Entwicklung des Kindes notwendig ist.

Emmi Pikler hat aus ihrer Grundhaltung der Achtung und Rücksichtnahme dem Kind gegenüber Anregungen für den Umgang mit dem uns anvertrauten kleinen Menschen gegeben, die weit über Fragen der Bewegungsentwicklung hinausgehen.

Berlin, 1988 *Ute Strub*

Innerhalb der letzten fünfzehn Jahre wird in der Bundesrepublik die Bewegungsentwicklung eines Säuglings mit kritischen Blicken verfolgt. Dabei geht es in erster Linie um «Ergebnisse».

Wie ein Säugling die einzelnen Entwicklungsstufen erreicht und in welcher Reihenfolge, ist dabei fast gleichgültig. Das Prüfen und Testen zielt weniger auf die Qualität der Bewegungen ab, als auf eine Abgrenzung zur Pathologie und darauf, ob die Bewegungsleistung innerhalb der Norm liegt.

In dem Maße, wie die Begriffe für pathologische Bewegungen und Normabweichungen immer differenzierter wurden, verarmten die Begriffe für die Beschreibung physiologischer und alltäglicher Bewegungsabläufe. Für das Verständnis einer abweichenden Bewegungsentwicklung aber wäre eine genaue, Details wahrnehmende Beobachtung aller – insbesondere der gesunden – Bewegungen eine notwendige Voraussetzung.
Das vorliegende Buch von Dr. Emmi Pikler regt dazu an, bisher wenig beobachtete Bewegungsabläufe eingehend zu beobachten, und ermöglicht es, ihre Vielfalt und Variationen kennenzulernen.
Wie bewegt sich zum Beispiel ein Neugeborenes in der Rückenlage? Wie versucht es, sein Gleichgewicht zu finden? Welche Raumerfahrungen macht es im Gegensatz zur Bauchlage? Unter welchen Voraussetzungen dreht sich der Säugling auf die Seite? Mit welchen unscheinbaren Bewegungen bereitet er das vor, wie tut er es zum ersten Mal, und wie lange dauert es, bis er in der Seitenlage zu spielen beginnt?
Die geringste Lageveränderung stellt für den Säugling eine Gleichgewichtsaufgabe dar. Daher übt er sein Gleichgewicht lange in allen neuen Positionen, anfangs nur selten, allmählich immer häufiger, und erst, wenn er sich darin sicher und beweglich fühlt, spielt er auch in dieser Position.
Im Sitzen oder Stehen erreicht er diese Sicherheit umso leichter, je ungestörter er sich in allen Übergangsstadien bewegen kann. Deshalb lenken die Studien von Emmi Pikler das Augenmerk auch auf Übergangspositionen wie beispielsweise den seitlichen Ellbogenstütz oder den abgestützten Seitsitz.
Emmi Pikler unterscheidet die statischen Positionen, die Bewegungsmöglichkeit des Kindes in der jeweiligen Position, den Positionswechsel und den Platzwechsel.
Die wesentliche Einsicht, die Emmi Pikler in diesem Buch detailliert mit Erfahrungen belegt, ist, daß der Säugling selbständig diese Entwicklung durchläuft, daß man ihm aber die Zeit dazu gewähren muß.
Beobachtet man also jeden Entwicklungsschritt und sorgt für die entsprechende Umgebung, bietet man damit eine physiologisch richtigere Unterstützung, als ein zu frühes Eingreifen oder ein Korrigieren der Entwicklungsvorgänge dies vermöchte.
Eine Förderung, welche die vielen notwendigen Übergangsstufen und die wochen- und monatelangen Zwischenräume verkennt, läuft Gefahr, den Säugling in eine Bewegungsunsicherheit zu bringen, die zu muskulären Verspannungen, Haltungsschäden, Fußdeformitäten oder ähnlichem führen kann.
Wendet man das pädagogische und medizinische Konzept von Emmi Pikler auf geistig und körperlich behinderte Kinder an, wird man feststellen, daß gerade solchen Kindern ein höheres Maß an Aufmerksamkeit, Abwarten und Verstehen

ihrer noch so kleinen Entwicklungsschritte zugute kommt. Also keine fördernden Stimulationen, kein Lernprogramm, keine Hilfsmittel, sondern eine dem Entwicklungsstand entsprechende Umgebung: eine Auswahl an Spielmaterial, einen nach besonderen Gesichtspunkten ausgewählten Platz zum Bewegen sowie aufmerksame und ruhige Zuwendung. Für das Kind heißt das, eine Bewegung so lange ausprobieren zu dürfen, bis es sich von selbst etwas Neues zutraut. Vermutlich braucht es eine erheblich längere Zeit, als wir ihm bisher zugestanden haben, aber auf diese Weise könnte auch ein behindertes Kind selbsttätig werden und schon frühzeitig seine Fähigkeiten, wie auch die Grenzen seiner Möglichkeiten erfahren.

Wie unterschiedlich auch gesunde Entwicklungsverläufe sein können, zeigt Emmi Pikler am Beispiel von Tibi und Attila. Diese beiden Kinder wurden zur gleichen Zeit als Neugeborene in ihr Säuglingsinstitut aufgenommen, und ihre Entwicklung wurde vergleichend studiert. Tibi entwickelte sich schnell und zügig, Attila mit großer, beinahe besorgniserregender Verspätung. Tibi stand mit acht Monaten bereits auf, während Attila in diesem Alter sich erst auf den Bauch drehte. Erst als er zwei Jahre alt war, hatte Attila den Entwicklungsunterschied zu Tibi aufgeholt. Dennoch waren beide Kinder auf jeder Entwicklungsstufe, entsprechend ihrem jeweiligen Entwicklungsniveau, gleichermaßen beweglich.

Das Buch schließt mit einer Beschreibung der grundlegenden Positionen und Bewegungen. Da es bisher keine detaillierte, einheitliche Nomenklatur gab, an der sich Fachleute orientieren konnten, sollen die hier aufgeführten Bezeichnungen und Beschreibungen diese Lücke füllen.

Die Besonderheit der von Emmi Pikler entwickelten fünfsprachigen Terminologie besteht in der präzisen Einfachheit, mit der jeder kleinste, vielleicht unwichtig erscheinende Entwicklungsschritt genau beschrieben wird. Nicht wann ein Schritt erreicht wird ist wesentlich, sondern wie und in welcher Reihenfolge. Die Seitlage kommt als ein wichtiger Entwicklungsschritt bei anderen Autoren nicht vor. Es ist im allgemeinen nur vom «Drehen in die Bauchlage» die Rede. Auch fehlt das «freie Aufstehen» im Raum, das als eine wichtige Entwicklungsstufe vor den ersten Schritten kommt und für das sichere Gehen von Bedeutung ist.

Die aufgrund genauer Beobachtung entstandenen Zeichnungen von Klara Pap sowie die exemplarischen Fotos von Marian Reismann verdeutlichen die Ausführungen von Emmi Pikler aufs Augenscheinlichste. Sie erlauben einen unmittelbaren Einblick in das Leben der Kinder: Sie spiegeln ihre Zufriedenheit, ihren Forschungseifer, ihre Geschicklichkeit wider und lassen die Qualität einer selbständigen, angstfreien Bewegungsentwicklung erkennen.

Bei allen Überlegungen geht es Emmi Pikler nicht um die Bewegungsentwicklung allein. Der Säugling lernt «im Lauf seiner Bewegungsentwicklung nicht nur sich auf den Bauch zu drehen, nicht nur das Rollen, Kriechen, Sitzen, Stehen oder Gehen, sondern er lernt auch das Lernen. Er lernt, sich selbständig mit etwas zu beschäftigen, an etwas Interesse zu finden, zu probieren, zu experimentieren. Er lernt Schwierigkeiten zu überwinden. Er lernt die Freude und die Zufriedenheit kennen, die der Erfolg – das Resultat seiner geduldigen, selbständigen Ausdauer – für ihn bedeutet» (Pikler, 1982, S. 35).

Somit beruht das Lernen im ersten Lebensjahr des Kindes im Wesentlichen auf der Bewegungsentwicklung und bildet eine Grundlage für seine gesamte Persönlichkeitsentwicklung.

Die Erfahrungen von Emmi Pikler können uns Krankengymnasten, aber auch Kinderärzte und Eltern ermutigen, immer mehr den selbständigen Bewegungsfähigkeiten des Kindes zu vertrauen und uns dabei helfen, diese angemessen zu begleiten.

Berlin, 1988 *Monika Aly*

I.

Untersuchungen zur selbständigen Bewegungsentwicklung

VORWORT ZUM ERSTEN TEIL

In Österreich, Italien und Ungarn, wo ich während meiner Studienjahre und später lebte, war man allgemein der Ansicht, daß der Säugling dann sitzen, stehen und gehen lernt, wenn man diese Bewegungen mit ihm übt und ihn dazu aufsetzt, aufstellt bzw. an der Hand führt. Einige Familien hielten es für notwendig, ihren Kindern die verschiedenen Bewegungen beizubringen, um damit ihre Entwicklung zu beschleunigen. Sie wollten erreichen, daß das Kind so schnell wie möglich sitzen, stehen und gehen kann.
Mir kamen jedoch Zweifel, ob ein solches «Lehren» bzw. «Fördern» wirklich notwendig ist, ob es die Entwicklung des Kleinkindes tatsächlich beschleunigt und – selbst wenn das der Fall wäre – ob es sinnvoll ist, in einen Entwicklungsvorgang einzugreifen.
Als 1931 unser erstes Kind geboren wurde, haben mein Mann und ich uns entschlossen, ihm sozusagen von Geburt an Gelegenheit zur selbständigen Bewegung, zum individuellen Spielen und zur Selbstinitiative zu geben. Wir gingen dabei von seinen Vorstellungen als Pädagoge und meinen Erfahrungen an der Universitäts-Kinderklinik bei Prof. von Pirquet sowie an der Kinderchirurgie bei Prof. Salzer in Wien aus, wo die Zusammenarbeit mit den Kindern beispielhaft gelöst worden war.
Wir beschlossen: wir bringen unserer Tochter nichts bei, wir drängen sie nicht, wir üben nicht mit ihr, wir vermeiden die direkte Beeinflussung ihrer Bewegungsentwicklung. Statt dessen sorgen wir für entsprechende Kleidung sowie für ausreichenden und geeigneten Platz und Möglichkeit zur freien, ungestörten Bewegung – immer ein wenig mehr, als das Kind voll ausnutzen kann. Es war unsere Überzeugung – sonst hätten wir uns auf dieses «Experiment» nicht eingelassen –, daß das Kind unter diesen Umständen ebenso und nicht viel später als die anderen Kinder das Sitzen, Stehen und Gehen lernen wird.
Nachdem die Entwicklung unseres Kindes uns in unserer Überzeugung bestätigt hatte, lenkte ich als Kinderärztin in diesem Sinne mehr als 10 Jahre lang die Erziehung von Säuglingen und Kleinkindern. Ich besprach mit den Eltern zum einen, die freie, selbständige Bewegung ihrer Kinder möglichst nicht zu behindern, ihnen die verschiedenen Bewegungen und Positionen nicht beizubringen, nicht mit ihnen zu üben und die Kinder weder aufzusetzen noch aufzustellen, also ihre Entwicklung durch direkte Beeinflussung weder zu beschleunigen noch zu ändern.

Zum anderen haben sie durch meine Anregung, um eine selbständige, spontane Bewegungsentfaltung ihrer Kinder zu ermöglichen, für entsprechende Erfahrungsgelegenheiten wie geeignete Spielgegenstände, Kleidung, ausreichenden Platz und eine nicht nachgebende Unterlage gesorgt. Damals hielt ich beide Voraussetzungen für gleich wichtig, inzwischen halte ich die Forderung nach einer entsprechenden Umgebungsgestaltung für noch wesentlicher.
In meinem Buch, das ich 1938 aufgrund dieser Erfahrungen für Eltern schrieb, illustrieren Fotos die Bewegungsentwicklung dieser Kinder, die in regelmäßigen Zeitabständen fotografiert wurden.
Aus der Beobachtung von mehr als 100 auf diese Weise aufwachsenden Kindern und meinen eigenen Kindern ergaben sich vier wichtige Merkmale:
a) Säuglinge sind im allgemeinen zufrieden, friedlich, heiter und aktiv. Sie haben eine sehr gute Beziehung zu ihren Eltern oder Bezugspersonen sowie zu ihrer Umwelt.
b) Die Bewegungsentwicklung der Kinder ist kontinuierlich.
c) Kindern bereitet jede Phase der Bewegungsentwicklung, die ständige aktive Tätigkeit, das Experimentieren und Üben sichtbare Freude. Dies konnte man damals unmittelbar sowohl an den Kindern wahrnehmen wie auch auf den Fotos im Buch sehen. Jede Bewegung, jedes neue Detail, und das gibt es immer, fordert von den Kindern ihre ganze Aufmerksamkeit. An dem charakteristischen Gesichtsausdruck der Kinder während ihrer Versuche kann man sowohl die Intensität dieser Aufmerksamkeit wie auch ihr Interesse und ihre Freude ablesen.
d) Kinder bewegen sich schön und harmonisch, nicht ungeschickt und schwerfällig, wie man im allgemeinen die Bewegungen der Säuglinge beschreibt. Ihre Bewegungen sind in der Regel weich, sicher, gut koordiniert und im Gleichgewicht.
1946 wurde ich mit der Organisation und Leitung des Säuglingsinstitutes in Budapest in der Lóczy-Straße beauftragt.
Weltweit weisen die in Heimen aufwachsenden Säuglinge Symptome des Hospitalismus auf, sie sind abgestumpft und gleichgültig und interessieren sich nicht für ihre Umwelt. Sie bleiben sowohl emotional als auch intellektuell in der Entwicklung zurück, auch ihre Bewegungsentwicklung verläuft unbefriedigend.
In unserem Institut haben wir erreicht, daß das Hospitalismus-Syndrom gar nicht erscheint. Die Kinder sind lebhaft, interessiert, aktiv und entwickeln sich normal.
Was die Faktoren angeht, die die Bewegungsentwicklung beeinflussen, haben wir uns von Anfang an in unserem Institut an die beiden bereits beschriebenen Forderungen gehalten. Wir haben nicht direkt in die Bewegungsentwicklung der Kinder eingegriffen und haben konsequent ihre *freie* Bewegung ermöglicht. Die

Bewegungsentwicklung verlief und verläuft ohne Ausnahme in jedem Falle genauso, wie ich sie bei Kindern beobachtete, die in Familien unter ähnlichen Bedingungen aufwuchsen.
Als ich im Laufe unserer Forschungsarbeit anfing, die Literatur zu studieren, die die Bewegungsentwicklung der Säuglinge behandelt, erfuhr ich – im Gegensatz zu meinen Erwartungen –, daß die Beschreibung der Bewegungsentwicklung, die auf der Eigeninitiative der Säuglinge und ihren selbständigen Versuchen beruht, von einigen Details abgesehen, beinahe vollständig fehlt. In den verschiedenen Studien, Monografien, Lehrbüchern und Handbüchern ist weder die Terminologie einheitlich, noch sind die Begriffe genügend geklärt. Die Aussagen sind oft widersprüchlich und stimmen an vielen Stellen nicht mit meinen Erfahrungen überein.
Im Institut war es möglich, regelmäßige Beobachtungen durchzuführen, unsere Ergebnisse kontinuierlich aufzuzeichnen und systematisch aufzuarbeiten. Aus diesem Grund glaube ich, daß meine Erfahrungen und Beobachtungen in mancher Beziehung für die Fachwissenschaft neu sind.

Budapest, 1969 *Emmi Pikler*

EINLEITUNG

Die Entwicklung des Kindes ist ein komplexer Prozeß. Einzelne ihrer Komponenten – Bewegung, Erkenntnis, Motivation usw. – hängen miteinander und mit der Umgebung, in der sich die Entwicklung vollzieht, eng zusammen und wirken aufeinander ein. Die *Bewegungs*entwicklung der Säuglinge ist im wesentlichen nur ein Bestandteil dieses komplexen Prozesses. In seinem Verlauf erlernt das Kind die verschiedenen Formen des Liegens, das Sitzen und Stehen und wird fähig, diese Positionen und seinen Platz zu wechseln bis hin zum Gehen.
Ein bedeutender Teil aller Aktivitäten im Säuglings- und Kleinkindalter ist die Motorik. Als Ergebnis ihrer Forschungen erkennen auch Psychologen immer mehr die Bedeutung der aktiven Bewegung für die Entwicklung der psychischen Funktionen, so z. B. bei der Ausbildung des Körperschemas, der Orientierungsfähigkeit in der Außenwelt sowie bei der elementaren Begriffsbildung bzw. dem elementaren Denken.
RUBINSTEIN (1964, S. 324) schreibt, sich auf SETSCHENOW berufend, folgendes: «Als erster wurde SETSCHENOW, der bedeutende russische Psychologe, auf die Rolle des Muskelsinnes in der Entwicklung des Sehens, Hörens und anderer Sinne aufmerksam. Er hat in mehreren seiner Arbeiten, vor allem in seinem bekannten Artikel ‹Elemente des Denkens› darauf hingewiesen, daß das Raumsehen und das Augenmaß erstens durch die Propriozeptoren der Augenmuskulatur, zweitens durch wiederholte Koppelung der Entfernungsschätzung durch Augen, Hände und Füße zustandekommt. Nach SETSCHENOW ist demnach die Muskulatur nicht nur ‹Raum-, sondern auch Zeitanalysator›.»
Nach BERGERON (1961, S. 85) gibt es «keine Perception, die nicht in jedem Augenblick eine differenzierende Kontrolle sowie die genaue Koordination der Muskelaktivität und der Wahrnehmung enthielte».
Experimente bestätigen, daß kleine Katzen mit dem gleichen Seh- und Sinnesvermögen, aber ohne aktive Bewegung, sich anders entwickelten und später im Raum sich anders orientierten als die, die sich aktiv bewegen konnten. Andere Untersuchungen zeigen, daß die Koordination in der Zusammenarbeit des Sehens, Handlenkens und Greifens sich nicht richtig ausbildet, wenn die Hände und Arme infolge der Beschränkung ihrer Bewegung an dem Erkennen des Gesehenen sowie an der Kontrolle und an der Korrektur der im Laufe dieses Erkennens entstandenen Vorstellungen nicht teilnehmen können.
Neben der Bedeutung der visuellen, auditiven und anderer sensorischer Reize bestätigen die Arbeiten von HELD (1965) und Mitarbeitern (1963, 1964) die

entscheidende Wichtigkeit der kinästhetischen Rückmeldungen; wenn diese auf irgendeine Weise behindert sind, wird der Lernprozeß und das Erkennen der Umwelt wesentlich erschwert.
Er schreibt: «Es sieht so aus, daß die Aktionen in konstanter Umgebung mit ihren sensorischen Konsequenzen eine sehr wichtige Informationsquelle für die Funktion des Perceptionsprozesses darstellen. Die Information dient zur Vervollkommnung der Organisation der Bewegungen der einzelnen Körperteile zueinander und zur Außenwelt. Daneben scheint es so, daß die verschiedenen Aspekte der Raumwahrnehmung Produkte innerer Spuren (internalized records) der Aktionen und deren sensorischen Konsequenzen sind» (HELD 1966).
Ungeachtet der Tatsache, daß man den verschiedenen Formen der aktiven Bewegung, die vor allem aus den sogenannten Großbewegungen* bestehen, immer mehr Bedeutung beimißt, ist das Interesse für ihre Entfaltung, für ihre Bedingungen und Auswirkungen bis heute gering. Selbst darüber ist man sich nicht einig, welcher Verlauf der Bewegungsentwicklung des Säuglings und Kleinkindes als physiologisch betrachtet werden kann, in welchem Maße und in welcher Richtung die Bewegungsentwicklung durch einzelne Faktoren der Umgebung beeinflußt wird und welche Rolle die Erwachsenen dabei spielen.
Im folgenden wird nur die Entwicklung der Großbewegungen** behandelt. Das Resultat dieser Bewegungen ist:
a) Positionswechsel: z. B. Sich-Drehen vom Rücken auf die Seite;
b) Verbleiben in einer Position: z. B. Liegen auf dem Bauch;
c) Platzwechsel: z. B. Fortbewegung durch Kriechen auf dem Bauch.
Wir trennen also die Großbewegungen von den aufeinander abgestimmten, feineren Bewegungen der Arme und Hände (Manipulationsbewegungen) und der Füße. Die beiden Bewegungsarten sind voneinander mehr oder weniger unabhängig, im allgemeinen werden sie auch getrennt behandelt.
Die Quellenwerke behandeln die Kopfbewegungen entweder mit den Körper-, Augen- bzw. Handbewegungen zusammen oder getrennt. Mit den selbständigen Kopfbewegungen werde ich mich in meiner Arbeit nicht auseinandersetzen.
Mit meiner Studie möchte ich zur Kenntnis der sich auf die Bewegungsentwicklung direkt auswirkenden einzelnen Umweltfaktoren beitragen. Ich möchte klären:
1. Inwieweit die Bewegungsentwicklung vom «Lehren» bzw. «Fördern» der Erwachsenen abhängt;

* Die Übersetzung von «grosmotor movement» in Grobmotorik hat Emmi Pikler abgelehnt und dafür den Begriff Großbewegung im Unterschied zur feinmotorischen Bewegung gewählt. (Anm. A. T.)

** Die Entwicklung der Großbewegungen wird im weiteren Text kurz Bewegungsentwicklung genannt.

2. Wie die Entwicklung ohne «Lehren» bzw. «Fördern» verläuft;
3. Inwieweit der direkte und indirekte Eingriff der Erwachsenen den Entwicklungsvorgang modifiziert.

Mit meiner Arbeit möchte ich zur Klärung der Physiologie der Bewegungsentwicklung sowie zur Ausbildung eines tatsächlich notwendigen und nützlichen Pflege- und Erziehungsverhaltens in bezug auf die Bewegungsentwicklung der Kinder beitragen.

KURZE CHARAKTERISIERUNG DES INSTITUTS LÓCZY*

Eine ausführliche Beschreibung unseres Instituts und der Prinzipien, nach denen wir arbeiten, findet sich in: «Lóczy ou le maternage insolite» von DAVID und APPEL (1973).

Das Institut wurde 1946 für Säuglinge gegründet, die langfristige Betreuung benötigen. Sie wurden vorwiegend als Neugeborene aufgenommen, die von tuberkulosekranken Müttern stammen oder es sind Säuglinge, deren Mutter im Wochenbett gestorben ist bzw. die aus anderen Gründen nicht in ihren Familien aufwachsen können. Es gibt 70 Plätze im Lóczy und die Kinder leben im allgemeinen bis zu zweieinhalb Jahren, maximal bis zu drei Jahren bei uns. Durchschnittlich halten sie sich ein Jahr im Lóczy auf.

Um die Kinder vor dem Hospitalismus zu bewahren und ihnen eine annähernd normale Entwicklung zu ermöglichen, gehen wir im Lóczy von dem Grundprinzip aus, das Entstehen einer entsprechenden Beziehung zwischen Pflegerinnen und Kindern vor allem während der Pflege zu erreichen (s. Bild 1–13). So bekommt neben den üblichen, grundsätzlichen Fragen (z. B. was ißt das Kind, ist es entsprechend gekleidet, wie oft ist es an der frischen Luft** usw.), die *Art und Weise* der Pflege Gewicht. Auch das ist von Bedeutung, *wie* der Erwachsene dem

* Methodologisches Institut für Säuglings- und Kleinkinderpflege und Erziehung, später Staatliches Methodologisches Institut für Säuglingsheime.

** Von Anfang an hielten wir es für wichtig, daß die Kinder möglichst viel Zeit im Freien verbringen, dementsprechend haben wir auch ihren Tagesablauf gestaltet. Im Sommer verbringen sie fast den ganzen Tag, im Winter – sogar die Kleinsten – wenigstens die Schlafenszeit am Tage an der frischen Luft.

Kind sein Essen reicht, *wie* das Kind das Essen annimmt, d. h. *wie* sich die Pflegerin und das Kind dabei verhalten und *was für eine* Zusammenarbeit zwischen dem Kind und der Pflegerin während des Fütterns (PIKLER 1958), des Badens (PIKLER 1966a), des Wickelns und des An- und Ausziehens entsteht. Es ist unser Bestreben, daß weder die Kinder einer Gruppe noch die dazugehörigen Pflegerinnen ausgewechselt werden. Wir bemühen uns, den Kindern zu ihrem Schlaf die nötige Ruhe, zu ihrem Spiel den notwendigen Raum und das entsprechende Spielmaterial zur Verfügung zu stellen, den Pflegerinnen hingegen möglichst ausreichend Zeit zu einer guten Pflege zu sichern. Eine Pflegerin betreut in einer Arbeitsschicht im allgemeinen 9 Kinder.*

Im Lóczy entwickeln sich die Kinder somatisch und psychisch annähernd normal. Sie sind aktiv und interessiert, ihre Entwicklung und ihre Verhaltensweisen stimmen mehr oder weniger mit den in Familien aufwachsenden Kindern überein. Die typischen Schädigungen der Heimkinder sind bei ihnen nicht festzustellen. Das sind die Voraussetzungen der Bewegungsentwicklung, von der ich aufgrund unserer Beobachtungen im Lóczy im folgenden berichte. Bereits in den ersten 14 Jahren, in denen das Lóczy bestand, haben wir diese Ergebnisse erreicht. Wir hatten außer der Oberschwester, die die Organisation und Anleitung durchführte, kein anderes pädagogisch qualifiziertes Personal (PIKLER 1951, 1955). Die Anzahl des Pflegepersonals entspricht dem, was in Ungarn üblich ist.

Eine erste Kontrolle der weiteren Entwicklung von 30 Kindern, die das Lóczy verlassen hatten, wurde von der Arbeitsgemeinschaft des Psychologischen Instituts der Ungarischen Akademie der Wissenschaften durchgeführt (HIRSCH 1964). Diese 30 Kinder haben wir unter denen ausgewählt, die vom Neugeborenenalter an 6 bis 34 Monate im Lóczy verbracht haben und danach in vermutlich normale Familienverhältnisse gekommen sind. Abgesehen davon war ihre Auswahl zufällig. Bei keinem der Kinder, die in eine wirklich normale Umgebung kamen, konnte man die von BOWLBY (1957, S. 34) beschriebenen Spätsymptome des Hospitalismus feststellen.

Das ist ein bemerkenswertes Ergebnis. Laut BOWLBY's Daten (1951, S. 31; 1957, S. 34–37), die er im Auftrag der Weltgesundheitsorganisation (WHO) weltweit gesammelt und zusammengestellt hatte, sind bei der Mehrzahl der Personen, die in ihren ersten Lebensjahren außerhalb einer Familie aufgewachsen sind, spezifische Persönlichkeitsstörungen festgestellt worden. Diese äußerten sich in der Oberflächlichkeit sozialer Kontakte, in Schwierigkeiten, den Affekt zu zügeln und manchmal in der Beschränktheit der kognitiven und

* Heute sind es 8 Kinder. (Anm. A.T.)

perzeptiven Funktionen. Nachdem die Persönlichkeitsstörungen auch dann auftraten, wenn die Kinder nach ein, zwei oder drei Jahren zu ihren Familien zurückkehrten, mußte man für die Persönlichkeitsstörungen in erster Linie die im Heim verbrachte Zeit verantwortlich machen. Ähnliche Beobachtungen hat auch HIRSCH (1964) im Laufe der im großen Umfang durchgeführten Nachuntersuchungen in Ungarn gemacht. Die Nachuntersuchung der im Lóczy aufgewachsenen Kinder wurde veranlaßt, als man in der Ambulanz des Psychologischen Instituts während der Nachuntersuchungen von Kindern, die im frühen Säuglingsalter unter nicht befriedigenden Umständen – unter anderem auch in Heimen – aufgewachsen waren, auf einige Kinder aufmerksam wurde, die zwar in ihrer frühen Lebensphase auch im Säuglingsheim gelebt hatten, bei denen aber die Entwicklung ihrer Persönlichkeit und ihre Fähigkeit zur emotionalen Bindung befriedigend erschienen. Diese Kinder sind alle im Lóczy aufgewachsen.
1968/69 wurde mit Hilfe des Stipendiums No. R/00169 der WHO eine Nachuntersuchung durchgeführt, die in den wesentlichsten Punkten ebenfalls positive Ergebnisse brachte (FALK/PIKLER 1972).
Wir untersuchten 100 Kinder, die in ihrer Säuglingszeit bei uns, später in ihren Familien lebten. Zur Zeit der Untersuchung waren sie 14 bis 23 Jahre alt. Obwohl die Mehrzahl der Kinder nicht unter intakten familiären Umständen aufwuchs, z. B. nur mit einem Elternteil oder mit Stiefeltern, zeigten sie später keine auffallenden, typischen Persönlichkeitsstörungen, die auf das im Heim verbrachte Säuglingsalter hätten hinweisen können.
BOWLBY (1951, S. 95) hebt z. B. unter anderem hervor, daß Personen, die in ihrem Säuglingsalter in Heimen erzogen wurden, sexuelle Beziehungen ohne jede Kritik eingehen. Die Frauen bekommen Kinder und kümmern sich ebenso wenig um sie, wie ihre Eltern sich um sie gekümmert haben, und damit tragen sie zu der ständig wachsenden Zahl der verlassenen Kinder bei. Dagegen hat von den 73 Mädchen unserer insgesamt 158 zum Zweck der Nachuntersuchung aufgesuchten ehemaligen Pflegekinder keines unverheiratet ein Kind bekommen (bei dieser Zahl sind auch einige, die nicht an der Nachuntersuchung teilgenommen haben). Von den fünf jungen Frauen, die geheiratet haben, hatte jede ein Kind bekommen, eine bereits ein zweites. Alle haben die Mutterschaftshilfe* in Anspruch genommen. Keine von ihnen hat ihr Kind weggegeben oder hatte vor, dies zu tun. Als Mütter verhalten sie sich so, als ob sie in Familien aufgewachsen wären. Unter den 100 Untersuchten gab es bis zum Zeitpunkt der Untersuchung weder Arbeitsunwillige noch Kriminelle.

* Dies ist eine geringe Summe in Ungarn, die die berufstätigen Mütter monatlich bis zum 3. Lebensjahr ihres Kindes erhalten, falls sie mit ihm über den üblichen Mutterschaftsurlaub von 20 Wochen hinaus zu Hause bleiben wollen.

BEEINFLUSSUNG DER BEWEGUNGSENTWICKLUNG DURCH DIE BEDINGUNGEN IM LÓCZY

Verhaltensweisen der Erwachsenen

Im Lóczy «lehren» bzw. «fördern» wir die Kinder nicht und üben auch nicht mit ihnen. Wir spornen sie weder durch direktes Auffordern noch durch Locken zu einer Bewegung an. (Wenn wir sagen, «wir lehren und fördern nicht», verstehen wir darunter: Der Erwachsene übt nicht regelmäßig mit dem Kind bestimmte Bewegungen, damit es diese lernt; er hält es nicht für eine kürzere oder längere Zeit in Positionen bzw. er übt nicht mit ihm verschiedene Bewegungen, die es ohne Hilfe noch nicht selbständig ausführen kann bzw. in seinem täglichen Leben noch nicht ausführt.)

In der Praxis verwirklichen wir unser Konzept wie folgt: Wir legen die Säuglinge immer auf den Rücken, sei es zum Spielen oder Schlafen, drinnen oder draußen, bis sie von selbst eine andere Position einnehmen können.* Sie verbringen ihre Tage und Nächte immer auf dem Rücken, bis sie aus eigener Initiative fähig sind, eine andere Lage einzunehmen.

In diesem Alter tragen wir den Säugling liegend auf dem Arm. Während er Essen bekommt, ruht er im Schoß seiner Pflegerin, sein Kopf und Rumpf werden von ihrem Arm unterstützt. Nach dem Essen wird er zum Aufstoßen ein bis zwei Minuten lang aufrecht gehalten, dabei werden sein Rücken und Kopf gut gestützt.

Bis das Kind fähig ist, sich selbständig vom Rücken auf den Bauch zu drehen, kommt es täglich nur für ein paar Minuten in die Bauchlage und zwar nur dann, wenn dies unvermeidlich ist, z. B. wenn man ihm nach dem Baden den Rücken abtrocknet oder wenn es während der ärztlichen Untersuchung notwendig ist.

Wir setzen das Kind nie auf, solange es sich nicht von selbst aufsetzen kann, weder während der ärztlichen Untersuchung noch während der Pflege (Füttern, Baden, Anziehen usw.) oder zum Spielen. Während seiner Versuche geben wir dem Kind keine Hilfe zur Beendigung irgendeiner seiner Bewegungen, wir halten es z. B. nicht an den Händen und geben ihm auch keine andere Hilfe zum Sich-Aufsetzen. Im Lóczy gibt es keinerlei Sitzgelegenheiten, in denen man die Kinder anschnallen könnte.

Das Kind, das noch nicht aufstehen kann, stellen wir nicht einmal zur ärztlichen Untersuchung auf. Wir benutzen keine Geräte, in denen man das Kind stehend

* Warum wir sie auf den Rücken und nicht auf den Bauch legen, s. S. 98 und 108. (Anm. A. T.)

halten kann. Hilfe bekommt es auch dann nicht, wenn es sich beim Aufstehen festhält und an den Möbeln entlang beginnt, einige Schritte zu tun, auch später nicht, wenn es freihändig die ersten Schritte unternimmt. Wir führen es nicht an der Hand. Wenn es hinfällt, heben wir es nicht auf. (Natürlich trösten wir es, wenn es weint. Anm. A. T.) Wenn das Kind sich am Kleid seiner Pflegerin festhält oder ihr seine Hand reicht, nimmt sie es auf den Arm (oder hockt sich zu ihm hin, A. T.) aber sie führt es nicht an der Hand. Später, wenn das Kind schon gut geht, halten wir es beim Spaziergang auch nicht an der Hand fest. (Nur beim Überqueren der Straße. A. T.) Wenn es zum Gehen keine Hilfe mehr braucht und während des Spaziergangs uns seine Hand gibt, weil es näheren Kontakt zum Erwachsenen sucht, gehen wir natürlich darauf ein.

Der Erwachsene gibt dem Kind nicht nur keine direkte Hilfe, sondern er spornt es auch nicht an, gewisse Bewegungen zu üben oder bestimmte Positionen aufzusuchen. Der Erwachsene hält z. B. dem Säugling nicht seinen Finger hin, damit er sich daran anklammernd zum Sitzen hochzieht, er hält kein Spielzeug über das Kind, damit es aufsteht. Und er ruft es weder direkt, noch lockt er es mit einem Spielzeug, damit es die ersten freien Schritte macht.

Aber die *spontanen* Bewegungsversuche der Kinder verhindern und verbieten wir nicht. Im Zimmer oder Garten kann das schon gut gehende Kind auf dem Bauch kriechen oder auf Knien und Händen krabbeln oder auf dem Rücken liegend spielen, solange es Lust dazu hat.

Wir vermeiden mit dem oben beschriebenen Verhalten des Erwachsenen, daß das Kind Lagen und Positionen einnimmt oder seinen Platz auf eine Weise wechselt, wobei es Hilfe oder Anleitung des Erwachsenen benötigt. *Das heißt also, wir schließen damit den direkten, modifizierenden Eingriff des Erwachsenen in die Bewegungsentwicklung aus.*

Wenn wir dem Kind bei seinen Bewegungsversuchen nicht direkt behilflich sind und darauf achten, es auch indirekt nicht zu bestimmten Bewegungen zu animieren, bedeutet das natürlich noch lange nicht, daß wir nicht seine Freude mit ihm teilen, wenn ihm eine neue Bewegung gelingt.

Natürlich freut sich der Erwachsene gemeinsam mit dem Kind, wenn es in seiner Bewegungsentwicklung weiter kommt, genauso wie in der konventionellen Art und Weise der Pflege und Erziehung. Aber da er eine andersartige Entwicklung erwartet, liegt der Unterschied in erster Linie darin, daß er sich nicht über *dieselben* Erscheinungsformen freut. Eltern und Erzieher, die den Kindern die einzelnen Bewegungen beibringen, freuen sich zunächst – vor allem in der Anfangsperiode – wenn es gelingt, das Kind passiv in einer Position zu halten und später darüber, daß es – wenn auch ungeschickt – mit ihrer Hilfe einzelne Bewegungen vollbringt. Unter den Verhältnissen im Lóczy freut sich der Erwachsene über das selbständige Probieren des Kindes, über die Vielseitigkeit

seiner Bewegungen, und er nimmt seine selbständigen Versuche mit Freude zur Kenntnis.
Da der Erwachsene bei der konventionellen Bewegungsentwicklung seine Erwartungen nur auf das Erscheinen der Bewegungsformen richtet, die das Kind auch in seinem späteren Leben benutzen wird, erkennt er die Bedeutung und den Wert der alltäglichen Bewegungen nicht, die für das Säuglingsalter typisch sind. Er will nur, daß das Kind zu bestimmten Terminen sitzen, stehen und gehen lernt. Diese Termine sind in der Regel in sehr engen Intervallen für Lebenswochen oder Lebensmonate festgelegt. Von Anfang an erwartet der Erwachsene dabei eine schlechte Qualität der neu erscheinenden Bewegungsformen.
Dagegen beobachtet man unter den Bedingungen im Lóczy eine wirkliche, dem Alter der Kinder entsprechende Beweglichkeit und die für das Säuglingsalter typischen, gut koordinierten Bewegungen. Die Erscheinung neuer Bewegungsvarianten erwarten wir nur im Zusammenhang mit den von den Kindern bereits geübten spontanen Bewegungsformen. Der Erwachsene freut sich über das Erscheinen jedes weiteren, neuen Bewegungsdetails, und er schafft die Bedingungen zum Üben dieser Bewegungen. Er kennt und beobachtet den Verlauf der Bewegungsentwicklung. Er treibt also nicht das sich langsam entwickelnde Kind an, zu schematisch angegebenen Zeitpunkten Leistungen zu vollbringen, die noch verfrüht sind, die es nur unsicher, mit falscher Koordination auf Initiative und mit Hilfe der Erwachsenen durchzuführen fähig ist. Auch wenn das Kind zu den «Spitzenleistungen» – Sitzen, Stehen und Gehen – erst später gelangt, wird es seiner Freude über die Fortschritte in seiner Entwicklung nicht beraubt, weil seine Pflegerin auch das Erreichen der Übergangsstufen würdigt, weil sie auch die schönen, vielfältigen, für das Säuglingsalter typischen Bewegungen sowie ihre Bedeutung und Auswirkung auf seine Bewegungsentwicklung und seine psychische und somatische Entwicklung kennt.

Äußere Bedingungen, die freie Bewegung ermöglichen*

Kleidung, die die Bewegung am wenigsten einschränkt: Wir legen schon beim Neugeborenen Wert darauf, daß die Kleidung seine Beweglichkeit möglichst nicht beeinträchtigt, d. h. die Kleidung, einschließlich der Windeln, sollte die freie Bewegung der Gliedmaßen (Flexion, Extension, Rotation) ermöglichen. Sie muß sich dabei der besonderen Anfangssituation der unteren Gliedmaßen (der Abduktion und Flexion der Hüften sowie der Flexion der Knie) anpassen und darf möglichst nicht die Bewegung von Kopf, Hals, Rumpf und Armen einschränken. Sie muß auch die freie Bewegung der Hände und Füße zulassen.

* Die Aufzählung der einzelnen äußeren Bedingungen könnte überflüssig erscheinen. Unseren Erfahrungen nach sind sie aber für die Bewegungsentwicklung von großer Bedeutung.

Die Kinder werden von Anfang an nicht in einer bestimmten Lage fixiert, außer während der Neugeborenenperiode, wenn sie in lose gebundene Steckkissen kommen. Wir wickeln sie nie in Decken, die Decke wird weder im Neugeborenenalter noch später am Bett befestigt. Die Kinder schlafen im Zimmer und im Freien in weiten Schlafsäcken. Diese sind bei uns viel länger und breiter, als es in anderen Ländern üblich ist. Sie sind um ca. 30 cm länger als das Kind und ca. 60 cm breit, damit der Säugling im Sack strampeln kann und später in seinen altersgemäßen Bewegungen nicht behindert wird. Wir benutzen keine Kleidungsstücke, deren Oberteil mit dem Kopfteil zusammengenäht ist, weil dies die freie Kopfbewegung beeinträchtigen würde.

Wenn das Kind anfängt, sich auf die Seite zu drehen, bekommt es eine Strampelhose, darin kann es sich leichter als in einem Sack hin- und herdrehen. Erst von dem Zeitpunkt an, zu dem es schon versucht aufzustehen, bekommt es eine Latzhose, die kein Fußteil hat. Wenn seine Füße gegen Kälte geschützt werden müssen, bekommt es weiche, gestrickte Fußbekleidung oder eine aus Stoff, die der Form seiner Füße genau entspricht. Solange es noch nicht gehen kann, bekommt es niemals feste Schuhe. Auch später trägt es solche nur zum Spaziergang, oder wenn es sich im Freien aufhält und die Witterung es erfordert. Auch diese Schuhe sind leicht und haben biegsame Sohlen.

Wenn die Kinder wach sind, ziehen wir ihnen nur die notwendigsten Kleidungsstücke an.* Im Sommer verbringen sie im Freien unbekleidet so viel Zeit wie möglich.

Entsprechende Grundfläche: Die Maße des Bodens unserer in den ersten Jahren benutzten Kinderbetten sind 60×90 cm, mit Ausnahme der Betten der Neugeborenen, deren Maße 45×90 cm sind. Sobald sich die Kinder auf die Seite drehen können, spätestens aber nach ihrem 3. Lebensmonat, verbringen sie die Zeit, in der sie wach sind, sowohl im Zimmer als auch im Freien im Spielgitter**. Wird das Kind müde oder schläfrig, oder hat es aus irgendeinem anderen Grund keine Lust mehr, sich dort aufzuhalten, wird es ins Bett zurückgelegt. Das Spielgitter der Jüngsten ist im Durchschnitt 120×120 cm groß. Sobald das Kind fähig ist, auch nur geringfügig seinen Platz zu wechseln, kommt es im allgemeinen in ein Spielgitter mit einem Boden von 2×2 m. Wenn mehrere Säuglinge in ein gemeinsames großes Spielgitter gelegt werden – und dies ist in der Regel der

* Die Zimmertemperatur beträgt dort, wo das Kind spielt, also ungefähr in Bodenhöhe ca. 18 C.

** Ein ausreichend großes Spielgitter erlaubt dem Kind nicht nur ein freies Sich-Bewegen, sondern vermittelt ihm auch Schutz und Geborgenheit: eine Welt, in der es zu Hause ist. Über den Wert hiervon bei der sozialen Einordnung des Kindes s. auch Pikler 1982/b., S. 107–128, Kapitel: Übergang vom Säuglingsalter in das Kleinkindalter. (Anm. A. T.)

Fall –, versuchen wir einem Kind eine Fläche von mindestens 1 m^2 zu sichern. Sobald die Kinder ihren Platz leicht wechseln und auch mit Spielgegenständen spielen, die mehr Platz beanspruchen, versuchen wir jedem einzelnen Kind eine größere Fläche – also mehr als 1 m^2 – zu geben. Um dies zu erreichen, trennen wir für die Kinder von etwa 9 bis 12 Monaten im Zimmer einen saubergehaltenen Teil des Bodens mit einem Gitter ab, im Sommer eine umzäunte größere Rasenfläche im Garten.

Im Garten können wir den Kindern eine beliebig große Fläche zur Verfügung stellen, im Zimmer dagegen sind unsere Möglichkeiten begrenzt. (Die Fläche beträgt hier 2,8 m^2 pro Kind, gegenüber einer Norm von 5,2 m^2.) Daher spiegeln unsere Platzangaben nur das Minimum, nicht aber das Optimum wider.

Entsprechende Unterlage: Von ihren ersten Lebenstagen an liegen die Säuglinge in ihren Betten auf einer ebenen, nicht nachgiebigen Unterlage ohne Kissen. Damit sie sich gut bewegen können, wurden die Spielgitter mit einem unnachgiebigen Boden aus Holz versehen, den wir im allgemeinen mit einer Baumwolldecke bedecken.

Geeignetes Spielmaterial und Klettergeräte: Nach dem dritten, vierten Lebensmonat geben wir den Kindern Spielmaterial, das sie ohne Hilfe von Erwachsenen anfassen und mit dem sie selbständig spielen können. Solange die Kinder ihre Lage noch nicht spontan wechseln, legen wir das Spielmaterial frei beweglich auf die Unterlage in ihre Nähe. In keiner der Entwicklungsphasen geben wir Spielsachen in ihre Hände, noch befestigen wir sie über ihren Köpfen, an den Gittern der Betten oder am Spielgitter. Den Kindern, die bereits auf dem Bauch kriechen oder auf Knien und Händen krabbeln, steht im Spielgitter Spielmaterial zu Verfügung, das zur Bewegung anregt*. Die detaillierte, analysierende Beschreibung des im Lóczy verwendeten Spielmaterials ist in der Studie von TARDOS zu finden (TARDOS 1966a).

Im Sommer spielen die Kinder im Garten auf einem unebenen, wenig abfallenden Gelände im Gras oder im Sandkasten. Sie klettern auf die Steintreppen im Garten mit zwei, drei oder vier Stufen, die 14, 15 bzw. 18 cm hoch und durchschnittlich 24 cm tief sind. Die Kinder benutzen auch andere Treppen mit 6 bis 7 Stufen, die 15, 16 bzw. 17 cm hoch und 32 cm breit sind und aus dem Garten ins Haus führen. Auch Kinder im Kriechalter benutzen eine ausbetonierte Mulde im

* Die Kinder können und dürfen auf Kisten herumklettern (22 cm hoch, 80×80 cm groß). Sie können in diese hinein- und wieder herausklettern und haben auch die Möglichkeit, unter anderem auf eine «dreieckige» Leiter mit zwei gleichen Seiten, mit 6 Sprossen (Sprossenentfernung 11 cm) zu klettern. Die oberste Sprosse liegt 75 cm über dem Grund, die Länge der Sprossen beträgt 103 cm.

Garten als Planschbecken.* Nach dem Erlernen des selbständigen sicheren Gehens stehen ihnen eine Reihe bewegungsanregender Geräte zur Verfügung, die ich hier nicht beschreibe.

VERLAUF DER BEWEGUNGSENTWICKLUNG UNTER DEN BEDINGUNGEN IM LÓCZY

Aufzeichnungen

Bei der täglichen Beobachtung der Kinder während unserer Arbeit haben wir unter anderem die wichtigsten Stufen der Bewegungsentwicklung aufgezeichnet, vor allem jene, die jeder sehen und kontrollieren konnte. Diese zeigten sich jeweils als Teilerscheinungen der spontanen, selbständig ausgeübten Aktivität. Einzelne Details, die weitere, feinere Beobachtungen erfordern würden, kommen in diesen Aufzeichnungen nicht vor, z. B. einige Varianten des Sitzens, Stehens und Gehens. (Wir haben auch die Entwicklung der Reflexe nicht untersucht, einerseits, weil das nicht Gegenstand unserer Beobachtungen war, andererseits, weil wir die Kinder nicht einmal zur Durchführung von Experimenten wiederholt – z. B. wöchentlich – umdrehen, aufsetzen oder aufstellen wollten.)

Die Aufzeichnungen wurden – und werden noch heute – von den für die Kinder verantwortlichen, sie pflegenden Erwachsenen gemacht. In den ersten 14 Jahren des Institutes habe ich mit meiner Mitarbeiterin Maria Reinitz, der Oberschwester des Säuglingsheimes, die aufgezeichneten Daten kontrolliert. Seither führen die im Lóczy tätigen Pädagogen die Kontrolle durch. Auf diese Weise konnten Aufzeichnungen, die nicht der Wirklichkeit entsprachen, nicht in die Dokumentation gelangen. Es könnte aber vorgekommen sein, daß das Kind eine Bewegungsform früher ausgeübt oder eine Position aufgesucht hat, als dies in den Aufzeichnungen angegeben wurde. Es ist also nicht auszuschließen, daß nach unseren Daten einige Bewegungen später erscheinen, als es der Wirklichkeit entspricht. Weiterhin konnte es vorkommen, daß man versäumte, einige Daten zu notieren. Z. B. fehlt vor der Eintragung, wann das Kind auf dem Bauch zu spielen beginnt, die Angabe, wann es sich auf den Bauch gedreht hatte. Aufgearbeitet und mathematisch analysiert wurden aber ausschließlich die notierten Daten.

* Das Wasser kommt kontinuierlich von oben aus kleinen Löchern und bleibt nicht im Becken stehen. (Anm. A. T.)

Auswahl der Kinder

Im Laufe dieser Arbeit haben wir Daten von Kindern aufgearbeitet, die zwischen dem 1. Juli 1946 und dem 1. Juli 1963 bei uns waren, die wir vor ihrem 3. Lebensmonat (einige Frühgeborene vor ihrem 4. Lebensmonat) aufgenommen hatten und die mindestens 3 Monate bei uns verbrachten.
Vom 1. Juli 1946 bis 1. Juli 1963 waren 1174 Kinder im Lóczy, 722 Kinder entsprachen den obigen Kriterien. (275 Kinder verbrachten bei uns weniger als 3 Monate, 72 Kinder waren älter als 3 bzw. 4 Monate, als sie zu uns kamen, bei 38 Kindern war die Dokumentation über die Entwicklung mangelhaft, 14 Kinder waren behinderte Kinder; die Daten von 53 Kindern haben wir nicht verwendet, weil sie beim Abschluß der Auswertung noch im Lóczy waren und noch nicht gehen konnten.)
Die 346 Jungen und 376 Mädchen waren im allgemeinen normal entwickelte, gesunde Kinder. Dies möchte ich mit zwei Daten belegen. Von den 722 Kindern, die im Durchschnitt 367 Tage im Lóczy verbrachten, wurden 51, d. h. 7%, während ihres Aufenthaltes bei uns im Krankenhaus behandelt. Dies ist ein sehr günstiger Prozentsatz. Laut einer repräsentativen Untersuchung des Zentralen Statistischen Amtes (ungarische Abkürzung: KSH) von 1963, die im ganzen Land durchgeführt wurde, wurden 9% aller in Familien aufgewachsenen Kinder unter 3 Jahren in Krankenhäusern behandelt (KSH a, 1964). Die Situation ist noch günstiger, wenn wir unsere Daten mit denen anderer Säuglingsheime vergleichen. Laut repräsentativen Daten wurden 1962 30% der Kinder von Säuglingsheimen stationär behandelt (KSHb 1963).
Von den 722 Kindern waren 393 Kinder jünger als 2 Wochen, als sie ins Lóczy aufgenommen wurden, 199 Kinder blieben im Lóczy, bis sie anfingen zu gehen.

Geburtsgewicht der an der Untersuchung beteiligten Kinder

Geburtsgewicht	Anzahl der Kinder
⩽ 1500 g	12
1501 g – 2500 g	107
2501 g – 3500 g	467
3501 g ⩾	124
unbekannt	12
Insgesamt:	722

Alter der an der Untersuchung beteiligten Kinder bei ihrer Aufnahme ins Lóczy

Alter der Kinder	Anzahl der Kinder
2 Tage – 2 Wochen	393
3 – 4 Wochen	194
5 – 6 Wochen	47
7 – 8 Wochen	34
9 – 10 Wochen	18
11 – 12 Wochen	12
13 – 14 Wochen	10
15 – 16 Wochen	7
17 – 18 Wochen	2
19 – 20 Wochen	2
älter als 20 Wochen	3
Insgesamt	722

Alter der an der Untersuchung beteiligten Kinder beim Verlassen des Instituts

Alter der Kinder (Angefangener Monat)	Anzahl der Kinder		
4.	23		
5.	66	153	
6.	64		
7.	57		
8.	59		434
9.	59	281	
10.	32		
11.	30		
12.	44		
13.	36		
14.	17		
15.	17	123	
16.	16		
17.	18		
18.	19		
19.	10		195
20.	9		
21.	13	72	
22.	18		
23.	11		
24.	11		
25.	7		
26.	11		
27.	6	51	
28.	8		
29.	9		
30.	10		
31.	4		81
32.	4		
33.	8	30	
34.	5		
35.	6		
36.	3		
37.	12	12	12
Insgesamt:	722	722	722

Wesentliche Angaben zur Bewegungsentwicklung

Alle im Lóczy aufwachsenden Kinder haben das Gehen bzw., falls sie uns früher verließen, die für ihre Altersgruppe charakteristischen Bewegungen erreicht, genauso wie die unter ähnlichen Bedingungen in Familien lebenden Kinder.
Die Bewegungsentwicklung der Kinder verläuft wie folgt:
Auf dem Rücken liegend bewegen sich die Säuglinge zunehmend lebhafter. Die Bewegung von Kopf, Armen und Beinen wird immer freier. Von Zeit zu Zeit heben sie eine ihrer Schultern von der Unterlage und drehen ihr Becken ein wenig. In der Folge dreht sich ihr ganzer Rumpf, wobei ihr Rücken anfangs noch einen spitzen Winkel mit der Unterlage bildet. Der Säugling dreht sich immer mehr, bis er den rechten Winkel erreicht, d. h. er dreht sich auf die Seite. Auf der Seite liegend, nehmen sein Kopf, Arm und Oberschenkel auch an der Unterstützung teil. Der Säugling dreht sich immer weiter, der Winkel zwischen dem Rücken und der Unterlage wird immer größer, und schließlich dreht er sich auf den Bauch. Gleichzeitig mit dem Drehen auf die Seite übt der Säugling auch das Zurückdrehen von der Seite auf den Rücken. So ist er durch das Drehen auf die Seite und zurück zu einem Platzwechsel fähig, ehe er sich auf den Bauch drehen kann. In dieser Phase liegt der Säugling z. B. oft mehr oder weniger quer in seinem Bett und verändert auch im Spielgitter seinen Platz.
Die aus eigener Initiative, selbständig aus der Rückenlage erreichte Bauchlage bedeutet eine neue Entwicklungsstufe, in der sich der Säugling erst nach einiger Zeit des Übens heimisch fühlt (s. Bild 23–25). Auf dem Bauch liegend, hebt er zum ersten Mal den Kopf für längere Zeit von der Unterlage. Während er seinen Oberkörper nach und nach immer höher abhebt, sucht er immer geschickter sein Gleichgewicht, wobei er sich auf seine Arme und Beine stützt. Die Fläche des Rumpfes, auf die er sich während seiner Bewegungen stützt, wird immer kleiner. Der Säugling lernt, sich auch vom Bauch auf den Rücken zurückzudrehen. Von jetzt an kann er durch Wälzen seinen Platz leicht wechseln und eine gewisse Strecke zurücklegen. Anschließend fängt er an, sich zu rollen, später auf dem Bauch zu kriechen, dann auf Knien und Händen zu krabbeln. Mit diesen Bewegungen kann er seinen Platz häufig, sicher, leicht und zielgerichtet wechseln.
Zu der Zeit, in der das Kind auf Knien und Händen zu krabbeln beginnt, dreht es sich, auf einen Unterarm gestützt, auch aus der Bauchlage auf die Seite. Sein Kopf liegt dabei nicht mehr auf der Unterlage wie in der Anfangsphase, als es sich vom Rücken auf die Seite drehte. Sein Arm, der den Rumpf stützt, ist anfangs gebeugt, dann streckt es ihn immer mehr, seinen Oberkörper hebt es in einem immer größeren Winkel von der Unterlage ab, bis es sich ganz aufsetzt. Gleichzeitig mit dem Aufsetzen übt es, sich wieder hinzulegen (s. Bild 26–29).

.bb. 1: Verlauf der selbständigen Bewegungsentwicklung aus eigener Initiative

Von der Rückenlage, bis zum Sich-auf-den-Bauch-Drehen. Sich Wälzen und Rollen	Ausgangsposition 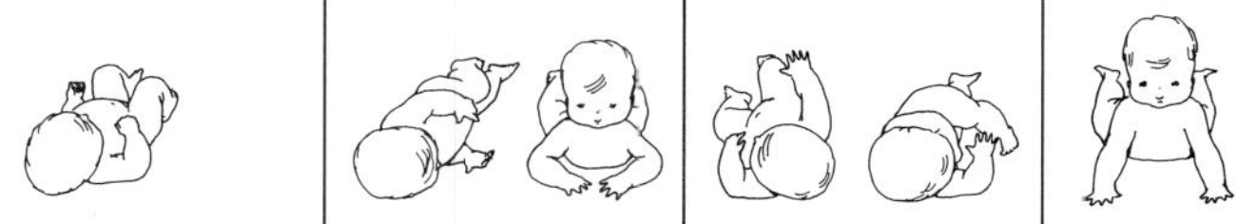
Entwicklungsverlauf des Kriechens auf dem Bauch bis zum Krabbeln auf Knien und Händen	
Entwicklungsverlauf des Sich-Aufsetzens	
Entwicklungsverlauf des Aufstehens	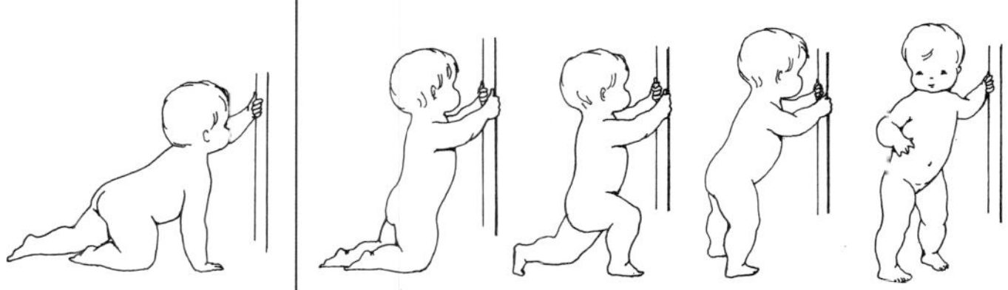
Vom freien Aufstehen bis zum freien Gehen	

Dann richtet das Kind sich zum Kniestand auf und läßt sich wieder nieder. Danach steht es auf, wobei es sich an einem stabilen Gegenstand festhält, kurz darauf unternimmt es sich festhaltend einige Schritte. Auch das Stehen übt es längere Zeit. Es steht immer sicherer. Gleichzeitig fällt es ihm immer leichter, sich niederzulassen. Nachdem es gelernt hat, vom Boden freihändig aufzustehen, unternimmt es seine ersten freien Schritte (s. Bild 40–41). Solange das Gehen dem Kind noch nicht etwas Selbstverständliches ist, bewegt es sich hauptsächlich krabbelnd fort (s. Abb. 1).

Im Laufe unserer Untersuchungen haben wir die Daten folgender wesentlicher Entwicklungsstufen der Bewegungsentwicklung analysiert:

I. Es dreht sich vom Rücken auf die Seite (und zurück).*
II. Es dreht sich auf den Bauch.
III. Es dreht sich vom Bauch zurück auf den Rücken (es wälzt sich).
IV. Es kriecht auf dem Bauch.
V. Es krabbelt auf Knien und Händen.**
VI. Es setzt sich auf (es sitzt und legt sich hin).
VII. Es richtet sich zum Kniestand auf (es kniet und läßt sich wieder nieder).
VIII. Es steht auf (es steht und läßt sich wieder nieder)
IX. Es fängt an, freihändig zu gehen, erste freie Schritte***.
X. Es geht frei und sicher, Gehen als Fortbewegungsart ist ihm selbstverständlich.

Die Bewegungen der Entwicklungsstufen I, II, III, IX und X erscheinen in der angegebenen Reihenfolge gesetzmäßig. Die Reihenfolge der Entwicklungsstufen IV, V, VI, VII und VIII ist nicht konstant, aber die oben genannten Bewegungen erscheinen jeweils nach der III. und vor der IX. Stufe. Die VII. Stufe (Aufrichten zum Kniestand) geht der VIII. Stufe (Aufstehen) immer voraus, die Stufen V und VI (Krabbeln auf Knien und Händen und das Sich-Aufsetzen) erscheinen annähernd gleichzeitig. Bezüglich der Stufen VI und VIII kommt das Sich-Aufsetzen in 90% der Fälle vor dem Aufstehen, in 10% kommt das Aufstehen vor dem Sich-Aufsetzen, bzw. beide Stufen werden in derselben Woche erreicht.
Abbildung 2 zeigt, in welcher zeitlichen Reihenfolge die Bewegungen der einzelnen Entwicklungsstufen erscheinen. (Die Daten sind in Lebenswochen angegeben.)
Aus unseren Daten geht hervor, daß die Kinder sich im *Durchschnitt* mit 18 Wochen auf die Seite, mit 25 Wochen auf den Bauch gedreht haben. Mit 30 Wochen lernten sie, sich vom Bauch auf den Rücken zurückzudrehen. Mit 40 Wochen begannen sie, auf dem Bauch zu kriechen, mit 46 Wochen auf Knien

* Die Bewegungen in den Klammern erscheinen gleichzeitig mit den davor erwähnten Bewegungen.

** Der Begriff «Krabbeln auf Knien und Händen» beinhaltet nicht nur das Krabbeln auf horizontaler Ebene, sondern auch das Hinauf- und Herunterkrabbeln bzw. Klettern.

*** «Es fängt an, freihändig zu gehen» heißt nicht nur, daß das Kind selbständig, aus eigener Initiative anfängt zu gehen, sondern daß es auch die Ausgangsposition bereits selbständig einnimmt, d. h. es steht auch selbständig auf. Die Kinder fangen immer erst dann an, frei zu gehen, wenn sie bereits das Aufstehen ohne sich festzuhalten gelernt haben oder gleichzeitig hiermit.

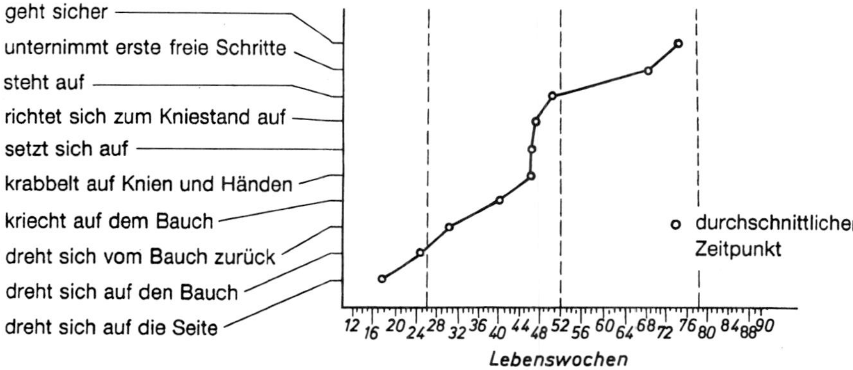

Abb. 2: Die zeitliche Aufeinander-Folge in der die ganannten Bewegungen erscheinen. (Durchschnittliche Angaben auf Grund der Daten von 722 Kindern)

und Händen zu krabbeln. In derselben Woche setzten sie sich auf, mit 51 Wochen (um das 1. Lebensjahr) standen sie auf, mit 69 Wochen (16 Monaten) haben sie die ersten freien Schritte unternommen. Vor dem 18. Lebensmonat, mit 75 Wochen, gingen sie im allgemeinen sicher.

Da unter den 722 untersuchten Kindern 119 Frühgeborene waren, haben wir nachgesehen, inwieweit sie die Durchschnittsdaten beeinflußt haben.

Die Kinder mit einem Geburtsgewicht von über 2500 g haben alle Bewegungen früher erreicht als die Gesamtzahl der Kinder einschließlich der Frühgeborenen. Bei den ersten Bewegungsstufen beträgt der Unterschied durchschnittlich eine Woche, später bei den ersten freien Schritten und bei dem sicheren Gehen 3 Wochen.

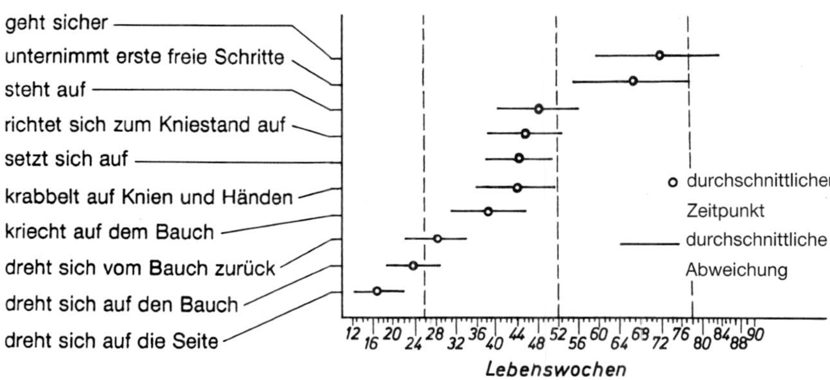

Abb. 3: Die charakteristische Phase in der die genannten Bewegungen bei Kindern mit normalem Geburtsgewicht erscheinen. (Aufgrund der Daten von 591 Kindern)

Die untersuchten 591 Kinder mit einem Geburtsgewicht von über 2500 g fingen im Durchschnitt mit 17 Wochen an, sich auf die Seite zu drehen, auf den Bauch mit 24 Wochen, und sie haben mit 29 Wochen gelernt, sich vom Bauch auf den Rücken zu drehen und zurück. Mit 39 Wochen fingen sie an, auf dem Bauch zu kriechen, mit 44 Wochen auf Knien und Händen zu krabbeln. Sie setzten sich in der gleichen Woche auf und standen mit 49 Wochen auf. Mit 66 Wochen (15 Monaten) haben sie die ersten freien Schritte unternommen. Mit 72 Wochen (17 Monaten) gingen sie sicher. Diese Daten sind Durchschnittswerte, in beiden Richtungen kommen häufig und bedeutende Abweichungen vor. Diese Abweichungen werden bis zum Ende der von uns untersuchten Entwicklungsstufen immer größer. Während für den Zeitpunkt des Drehens auf die Seite die Standard-Abweichung ± 4,6 Wochen, d. h. 9 Wochen im ganzen ist, beträgt sie beim Erscheinen des sicheren Gehens ± 12 Wochen, im ganzen 24 Wochen, also annähernd ein halbes Jahr.

Abbildung 3 zeigt die charakteristische Phase, in der die einzelnen Bewegungen erscheinen, d. h. die durchschnittlichen Zeitpunkte mit den angrenzenden Abweichungen.*

Die prozentuale Verteilung des Alters, in dem die einzelnen Stufen der Bewegungsentwicklung erreicht wurden, siehe Tabelle 1.

Tabelle 1: Die prozentuale Verteilung des Alters, in dem die einzelnen Stufen der Bewegungsentwicklung erreicht wurden (591 Kinder) (Angabe der Daten in Lebenswochen)

Bewegungsform	10%	25%	50%	75%	90%
Dreht sich auf die Seite	11	14	17	20	23
Dreht sich auf den Bauch	18	20	24	27	30
Dreht sich vom Bauch zurück	21	25	28	32	37
Kriecht auf dem Bauch	29	33	38	43	47
Krabbelt auf Knien und Händen	35	39	43	49	55
Setzt sich auf	36	39	43	49	54
Richtet sich zum Kniestand auf	37	40	45	50	54
Steht auf	40	42	48	53	60
Unternimmt erste freie Schritte	54	60	65	71	80
Geht sicher	59	64	70	78	84

* Da die Verteilungen der zu einer Bewegung gehörenden Angaben mit den normalen Verteilungen im allgemeinen gut anzunähern sind, fallen 70% sämtlicher Kinder in die $\pm \sigma$-Intervalle, so daß das jeweilige Intervall die charakteristische Phase des Erscheinens der einzelnen Bewegungen zeigt.

Einige Angaben zur Bewegungsentwicklung von früh- oder mit Untergewicht geborenen Kindern

Wir haben die Entwicklungsdaten der mit 2001 bis 2500 g geborenen Kinder (75) und die der mit 2000 g bzw. weniger geborenen Kinder (44) getrennt geprüft, s. Tabelle 2.

Beide Gruppen zeigen einen deutlichen Rückstand im Vergleich zu den Kindern mit normalem Geburtsgewicht.

Der Rückstand der Kinder mit 2001 bis 2500 g ist mehr oder weniger gleichmäßig, er beträgt im Durchschnitt 4 bis 6 Wochen, mit Ausnahme des Drehens auf die Seite, das durchschnittlich nur 3 Wochen später erscheint.

Anders verhalten sich Kinder mit einem Geburtsgewicht von weniger als 2000 g, sie bleiben mit zunehmenden Alter im Laufe ihrer Bewegungsentwicklung bis zum Gehen immer mehr hinter den Kindern mit normalem Geburtsgewicht zurück. Das Sich-auf-die-Seite-Drehen erscheint bei ihnen im Durchschnitt ca. 6 Wochen, die ersten freien Schritte ca. 17 Wochen später, d. h. um mehr als ein Vierteljahr später als bei Kindern mit normalem Geburtsgewicht. Demzufolge wächst der Unterschied im Erscheinen derselben Bewegungsentwicklungsstufen bis zum Gehen.

Tabelle 2: Einige Hauptdaten der Bewegungsentwicklung

Bewegungsform	Durchschnittszeitpunkt des Erscheinens der einzelnen Bewegungsformen (Volle Wochen)				Durchschnittliche Abweichung (5) (Wochen)			
	(1)	(2)	(3)	(4)	(1)	(2)	(3)	(4)
Dreht sich auf die Seite	18	17	20	23	5,1	4,6	5,2	7,1
Dreht sich auf den Bauch	25	24	29	32	5,7	5,0	5,5	6,8
Dreht sich vom Bauch zurück	30	29	35	37	6,6	6,0	6,7	6,0
Kriecht auf dem Bauch	40	39	44	50	8,4	7,5	8,0	10,8
Krabbelt auf Knien und Händen	46	44	49	58	9,3	8,0	9,1	10,8
Setzt sich auf	46	44	50	58	8,8	6,5	8,1	10,1
Richtet sich zum Kniestand auf	47	45	50	58	8,9	7,4	8,2	10,4
Steht auf	51	49	54	62	9,4	7,9	9,0	11,1
Unternimmt erste freie Schritte	69	66	72	83	12,1	11,4	11,6	14,2
Geht sicher	75	72	78	87	13,3	11,9	11,7	14,6

(1) Sämtliche Kinder (722 Kinder)
(2) Geburtsgewicht von über 2500 g (591 Kinder)
(3) Geburtsgewicht von 2001–2500 g (75 Kinder)
(4) Geburtsgewicht von 2000 g bzw. weniger (44 Kinder)
(5) Quadratische Abweichung $\pm \sigma$

Abb. 4: Die Verteilungskurven über das Erreichen einiger Bewegungsentwicklungsstufen bei Kindern gruppiert nach dem Geburtsgewicht

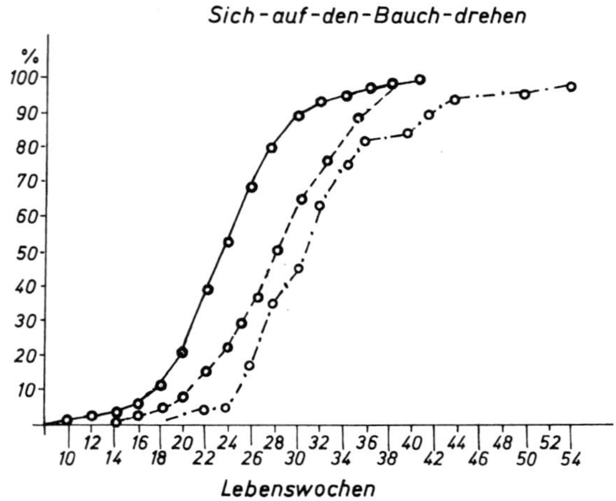

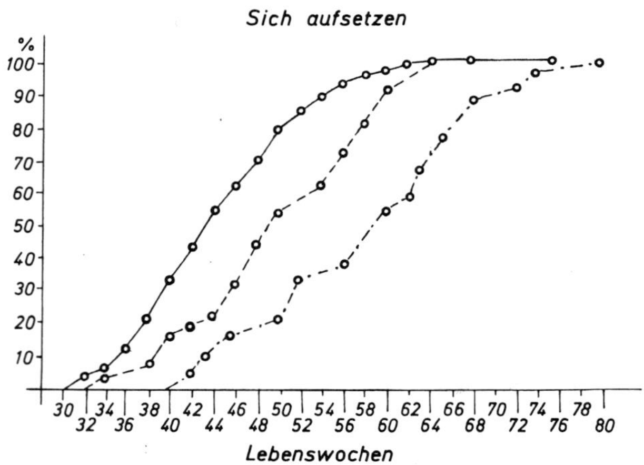

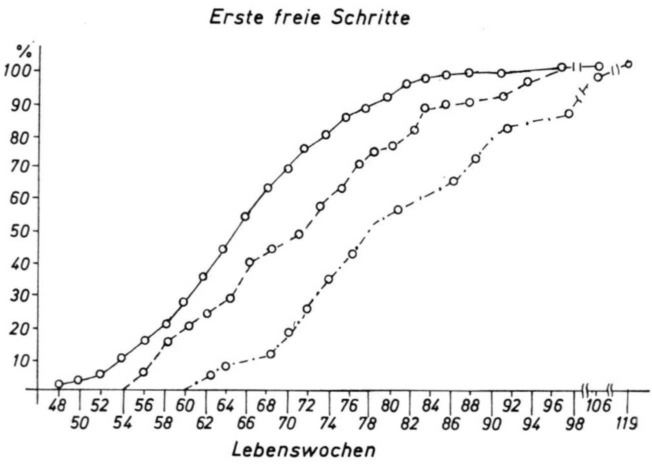

Zeichenerklärung:

——— Geburtsgewicht von über 2500 g (591 Kinder)

– – – Geburtsgewicht von 2001–2500 g (75 Kinder)

–·–·– Geburtsgewicht von 2000 g bzw. weniger (44 Kinder)

Abbildung 4 zeigt die Verteilungskurven, in denen einige Bewegungen nach dem Geburtsgewicht der Kinder gruppiert erscheinen.
BENEDIKT (1964) kam bei der Untersuchung der Entwicklung des Wachstums und der Gewichtszunahme von Frühgeborenen zu einem ähnlichen Ergebnis.

Vergleich unserer Ergebnisse im Lóczy mit Angaben anderer Autoren

Wenn wir den hier beschriebenen Verlauf der Bewegungsentwicklung mit der Fachliteratur vergleichen, zeigen sich in bestimmten Bereichen Ähnlichkeiten, in anderen wiederum Unterschiede.
Wir haben unsere Durchschnittsdaten über das Alter der Kinder beim Erreichen bestimmter Stufen der Bewegungsentwicklung mit den Angaben von 5 Entwicklungstabellen (BRUNET/LÉZINE 1951; BÜHLER/HETZER 1953; GESELL/AMATRUDA 1964; ILLINGWORTH 1960; SCHMIDT-KOLMER 1958) verglichen und festgestellt, daß einige Daten, die sich auf die aus eigener Initiative, ohne Hilfe ausgeübten gleichen* Bewegungen beziehen, miteinander übereinstimmen (s. Tab. 3).

* Die Übereinstimmungen sind nicht hundertprozentig, weil unsere Kinder nicht nur die Bewegungen selbständig ausführten, sondern auch selbständig in die Ausgangspositionen kamen. Z. B. kamen sie selbständig, aus eigener Initiative, in die Ausgangsposition des Drehens vom Bauch auf den Rücken, d. h. in die Bauchlage; in die Ausgangsposition des Gehens, d. h. zum Stehen.

Tabelle 3: Vergleich der Hauptdaten der Bewegungsentwicklung

Bewegungsform	Pikler	Brunet Lézine	Bühler Hetzer	Gesell	Illingsworth	Schmidt-Kolmer
	Angaben in vollen Wochen*					
Dreht sich auf die Seite	17	–	28	20	–	–
Dreht sich auf den Bauch	24	32	–	24	28	19
Dreht sich vom Bauch zurück	29	–	–	24	24	23
Kriecht auf dem Bauch	39	–	–	–	40	28
Krabbelt auf Knien und Händen	44	62	39	40	44	32
Setzt sich auf	44	–	47	44**	40	32
Richtet sich zum Kniestand auf	45	–	–	–	–	–
Steht auf	49	41	47	40	36	39
Unternimmt erste freie Schritte	66	62	69	65	56	47
Geht sicher	72	–	–	78	–	58

* Die von den Autoren verschiedenen angegebenen Alter der Kinder haben wir alle in volle Wochen umgerechnet
** Es setzt sich aus der Bauchlage auf

Das von uns ermittelte Alter für das Drehen auf den Bauch stimmt mit dem von GESELL angegebenen Alter überein, während BRUNET/LÉZINE und ILLINGWORTH einen späteren Zeitpunkt dafür angeben. Bei uns erscheint das Kriechen auf dem Bauch eine Woche früher als bei ILLINGWORTH, die Daten für das Krabbeln auf Knien und Händen stimmen miteinander überein. Der bei BRUNET/LÉZINE auffallend späte Zeitpunkt des Krabbelns liegt bei uns früher. Unsere Zeitangabe für das Sich-Aufsetzen stimmt mit der von GESELL überein, aber sie ist früher als bei BÜHLER/HETZER. Bei uns erscheint das erste freie Gehen um eine Woche früher als bei BÜHLER/HETZER und um eine Woche später als bei GESELL. Unsere Daten für das sichere Gehen sind 6 Wochen früher als bei GESELL.
Es gibt nur zwei Bewegungen, die im Lóczy später erscheinen als in den Entwicklungstabellen, mit denen wir unsere Angaben verglichen haben: das Zurückdrehen vom Bauch auf den Rücken und das Aufstehen. Das erste scheint damit zusammenzuhängen, daß bei uns das Drehen vom Bauch auf den Rücken erst erfolgt, nachdem sich das Kind schon vom Rücken auf den Bauch drehen kann. Die Verzögerung beim Aufstehen könnte daran liegen, daß unseren Kindern zum Krabbeln eine größere Fläche und mehr Bewegungsfreiheit zur Verfügung stehen als üblich. Das Bestreben, in die vertikale Position zu kommen, meldet sich unseren Erfahrungen nach bei Kindern, die nicht so lange im Bett gehalten werden, später.
Die von SCHMIDT-KOLMER angegebenen Daten stimmen mit dem von uns beobachteten Entwicklungsverlauf in keinem Punkt überein.
Obwohl die Angaben der zitierten Testnormen aus Beobachtungen von Kindern stammen, die unter verschiedenen Bedingungen erzogen worden sind, und die Gesamtheit der Kinder nicht als homogen betrachtet werden kann, ist jedoch anzunehmen, daß die Bedingungen in einem einzigen Punkt übereinstimmen: Man hat diese Kinder gesetzt, gestellt und an den Händen geführt; in ihren ersten Lebenswochen wurden sie auf den Bauch gelegt.
Die nach unserer Methode und die in konventioneller Weise erzogenen Kinder unterscheiden sich vor allem im Alter, in dem sie die einzelnen Zwischenstufen der Bewegungsentwicklung erreichen. Es gibt keine wesentliche Abweichung zu Anfang der Bewegungsentwicklung, d. h. beim Sich-Drehen auf die Seite oder auf den Bauch und auch nicht beim Abschluß der Entwicklungsperiode der grundlegenden Großbewegungen, beim sicheren Gehen. Wenige Entwicklungstabellen erwähnen Daten über das sichere Gehen, aber bei der Beschreibung der Bewegungsentwicklung geben z. B. NELSON (1964, S. 27–46) und OPITZ (1957, S. 7) für das Erreichen des sicheren Gehens 16 bzw. 18 Monate als Durchschnittsalter an.
In mehreren Tabellen werden regelmäßig Entwicklungsstufen angegeben, die in unseren Untersuchungen, unter den von uns bestimmten Bedingungen nicht

vorkommen. Entwicklungsstufen wie z. B. «das Kind sitzt mit Hilfe», «es bleibt im Sitzen», «es steht mit Hilfe», «es bleibt stehen, wenn es aufgestellt wird», «es geht mit Hilfe», «es macht einige Schritte, wenn es aufgestellt wird» (siehe z. B. BRUNET/LÉZINE 1951, BÜHLER/HETZER 1953, GESELL 1964 und ILLINGWORTH 1960) kommen bei uns nicht vor. Unserer Kinder sitzen erst, nachdem sie sich selbständig aufgesetzt haben, stehen erst, nachdem es ihnen bereits gelungen ist, aufzustehen.

Bei uns kommen auch bestimmte Bewegungen nicht vor, die in den verschiedenen Entwicklungsbeschreibungen wiederholt erwähnt werden, obwohl unsere Kinder die Möglichkeit hätten, sie auszuführen. So sehen wir z. B. im Lóczy nicht, daß die Kinder auf dem Gesäß oder auf einem untergeschlagenen Bein sitzend rutschen, obwohl es von anderen Autoren als Stufe der physiologischen Bewegungsentwicklung beschrieben wird (BROCK 1954, Band II, S. 734; PEIPER 1961, S. 242; SCHMIDT-KOLMER 1959, S. 33; ILLINGWORTH 1960 u. a.).

Nur selten kam es bei unseren Säuglingen vor, hauptsächlich bei denen, die wegen einer Krankheit länger im Bett bleiben mußten, daß sie sich aus der Rückenlage, an den Gittern sich festhaltend, zum Sitzen hochzogen. Es kam ebenfalls nur vereinzelt vor, daß ein Kind seinen Kopf in der Rückenlage von der Unterlage abgehoben hat. Falls wir diese Bewegung sehen, gehen wir davon aus, daß sie eine Störung anzeigt und suchen nach ihrer Ursache. (Die ungünstige Stellung des Bettes z. B. kann dazu führen, daß das Kind seinen Kopf anheben muß, um zu sehen, was im Raum geschieht. Anm. A. T.) Beheben wir diese Ursache, hört das Kind meist auf, sich in dieser Art zu bewegen.

Dagegen gibt es Positionen und Bewegungen, die in den Entwicklungstabellen im allgemeinen nicht erwähnt werden, die aber bei uns gesetzmäßig erscheinen, z. B. der Kniestand. Unsere Kinder richten sich regelmäßig zum Kniestand auf, spielen in dieser Position, und bevor sie gehen lernen, benutzen einige von ihnen den Kniegang, um sich fortzubewegen.

Beim Krabbeln auf Knien und Händen gibt es ebenfalls Abweichungen im Vergleich zu den bekannten Tabellen. Unsere Kinder krabbeln regelmäßig, ehe sie anfangen zu gehen, nicht nur auf horizontaler Ebene, sondern auch auf Treppen, Leitern und auf ansteigendem oder abfallendem Gelände. Dagegen erwähnen BRUNET/LÉZINE in ihrer Tabelle das Krabbeln auf horizontaler Ebene überhaupt nicht. Andere, ILLINGWORTH und GESELL, unterscheiden das Krabbeln auf horizontaler Ebene von dem Herauf- und Herunterkrabbeln auf einer Leiter (Klettern). Die erste Bewegung erscheint bei ihnen unmittelbar nach dem Aufsetzen, die letztere entweder gleichzeitig mit dem Gehen oder später. Wir nehmen an, daß diese Abweichungen darauf zurückzuführen sind, daß unsere Kinder, noch bevor sie gehen können, die Möglichkeit zum Hinauf- und Herunterklettern haben, während diese woanders in der Regel nicht gegeben ist.

BEOBACHTUNGEN ÜBER DIE BEWEGUNGSAKTIVITÄT DER KINDER IM LÓCZY*

Außer den von den Pflegerinnen vorgenommenen und von den Pädagogen kontrollierten, regelmäßigen Aufzeichnungen, haben wir weitere spezifische Beobachtungen über die Bewegungsentwicklung durchgeführt. Im Rahmen dieser Untersuchung wollten wir Angaben darüber gewinnen, mit welchen Bewegungsaktivitäten die Kinder ihre Tage verbringen, welche Positionen sie einnehmen, wie lange sie sich darin aufhalten, welche Bewegungen sie darin ausführen und wie häufig sie diese im Laufe der verschiedenen Bewegungsentwicklungsphasen ausüben.

Wir wollten unsere Erfahrungen dahingehend kontrollieren, ob die Bewegungsentwicklung der Kinder tatsächlich stufenweise abläuft und ihre Beweglichkeit in jeder Phase relativ gleich ist.

Methode

Während der Untersuchungen haben wir 5 Kinder (1 Mädchen und 4 Jungen) systematisch beobachtet, fortlaufend zwei- bis dreimal in der Woche.

Die beobachteten Kinder waren gesund, mit einem normalen Geburtsgewicht von 2600 bis 3500 g und im Alter von 11 bis 35 Tagen ins Lóczy gekommen.

Diese Gruppe konnten wir – bis auf ein Kind, das die Eltern mit nach Hause nahmen, kurz nachdem es aufgestanden war – vom Sich-auf-die-Seite-Drehen bis zum sicheren Gehen kontinuierlich beobachten.

Die Beobachtungen wurden unter festgelegten Bedingungen durchgeführt: Der Beobachter notierte 30 Minuten lang mit der Genauigkeit einer Viertelminute die Position des Kindes, seine Positions- und Platzwechsel. Während der Zeit der Beobachtung befand sich der Säugling bzw. das Kleinkind mitten unter den anderen Kindern auf seinem gewohnten Platz, zuerst im Spielgitter, später im abgetrennten Teil des Zimmers, dann im Zimmer oder im Garten. Die Aufzeichnungen wurden durch Synchronprotokolle kontrolliert.*

Die Kinder wurden immer auf den Rücken bzw. in die Position gelegt, die sie bereits täglich benutzten. Sämtliche Positions- bzw. Platzwechselbewegungen begannen und beendeten die Kinder selbständig, aus eigener Initiative. Eine

* Die Beobachtungen und die primäre Aufarbeitung der Protokolle wurden von den Mitarbeitern des Instituts Peter Harmath, Psychologe, und Dr. Gebrielle Püspöky, Ärztin, die weitere Aufarbeitung der Daten von Anna Tardos, Psychologin, durchgeführt. An dieser Stelle danke ich ihnen für ihre Mitarbeit.

Ausnahme bildete bei einigen Kindern der kurze Zeitraum unmittelbar nachdem sie sich auf den Bauch gedreht hatten bzw. nachdem sie aufgestanden waren, wenn sie es nicht schafften, in ihre Ausgangspositionen zurückzugelangen und weinten. In diesen Fällen kamen die Pflegerinnen ihnen zu Hilfe und brachten sie in ihre Ausgangspositionen zurück.
Die Protokolle spiegeln nur die Großbewegungen wieder. Sie beinhalten nicht die Bewegungen, die man bei den Kindern, während sie sich in den einzelnen Lagen und Positionen relativ lange aufhalten, beobachten kann. Manchmal ruht z. B. der ganze Rumpf des auf dem Bauch liegenden Kindes auf der Unterlage, dann wiederum ruhen seine Oberschenkel und der Unterbauch auf der Unterlage, wobei es sich auf seine Unterarme oder bei gestreckten Ellbogen auf seine Hände stützt. Von Zeit zu Zeit stützt es sich auch nur mit einer Hand bzw. mit einem Bein oder verschiedenen Stellen desselben ab. Als Folge davon bildet der Rumpf einen ständig sich ändernden Winkel mit der Unterlage, von einem annähernd horizontalen Winkel bis zu einem von 30 bis 35 Grad.
(Rhythmische, schaukelnde Bewegungen kamen bei den Kindern nur selten für einige Augenblicke vor.)
Während der Beobachtungen verbrachten die Kinder die meiste Zeit mit Hantieren und anderen Spieltätigkeiten, genauso wie die für die Manipulationsuntersuchungen beobachteten Kinder (Barkoczi 1966; Tardos 1966b).
Die Manipulations- und andere Spieltätigkeiten haben wir im Laufe dieser Beobachtungen nicht festgehalten, so daß sie in der Auswertung der Protokolle nicht erscheinen.

Fragestellung zur Auswertung der Protokolle

Bei unserer Untersuchung interessierten uns verschiedene Fragen im Zusammenhang mit den Positionen: Rücken-, Seit- und Bauchlage, Knie-Händestütz, halbsitzende Positionen, Kniestand, Sitzen und Stehen. Für die Auswertung der Protokolle haben wir sie folgendermaßen formuliert.

Erstens: *Wie oft wechselt das Kind innerhalb von 30 Minuten seine Position?*

Als Positionswechsel definierten wir, wenn das Kind seine Position durch eine andere ablöste (z. B. aus der Rückenlage sich auf die Seite drehte, aus dem Knie-Händestütz sich aufsetzte usw.), unabhängig davon, wie lange es sich in den einzelnen Positionen aufhielt und was es währenddessen tat (ob es z. B. mit Spielgegenständen hantierte oder seinen Platz wechselte). Ausnahmen bildeten nur die sogenannten «Zwischenpositionen», die die Kinder im Laufe des kontinuierlichen Positionswechsels aufnahmen, ohne sich in diesen Zwischenpositionen auch nur eine Sekunde lang aufzuhalten, d. h. ohne Unterbrechung der kontinuierlichen Bewegungen. Wenn sich ein Kind z. B. vom Bauch leicht und schnell auf den Rücken drehte, bezeichneten wir die zwischenzeitliche Seitlage erst dann als neu aufgenommene Position, wenn sich das Kind – wenn auch nur für ein paar Sekunden – auf der Seite ausruhte. Auch während des Aufstehens haben wir den Kniestand erst dann als neu aufgesuchte Position angesehen, wenn sich das Kind darin mindestens für einige Sekunden ausruhte.

Zweitens: *Wie lange bleibt das Kind ohne Unterbrechung in einer Position bzw. «Dauerposition»?*

Als «Dauerposition» bezeichneten wir die Positionen, in denen die Kinder ohne Platz- oder Positionswechsel mindestens eine halbe Minute verweilten. Ihre Dauer ist die Zeitspanne bis zum nächsten Positions- bzw. Platzwechsel, auch dann, wenn das Kind nachher in seine Ausgangsposition zurückkehrte. Sie wird im folgenden als «Einzelzeit» bezeichnet.

Drittens: *Wieviel Zeit verbringt ein Kind insgesamt während der 30 Minuten in «Dauerpositionen»?*

Die hierfür ermittelte Zeit bezeichneten wir als «Gesamtzeit». Für die verschiedenen Platzwechselbewegungen (Rollen, Bauchkriechen, Krabbeln auf Knien und Händen, Gehen mit Festhalten und freies Gehen) haben wir folgende Frage gestellt:

Viertens: *Wie oft wechselt ein Kind innerhalb von 30 Minuten seinen Platz?*

Unter Berücksichtigung der jeweiligen Stufe der Bewegungsentwicklung der Kinder haben wir die gewonnenen Daten in die sechs folgenden Bewegungsentwicklungs-Phasen aufgeteilt:

I. Vom Sich-Drehen auf die Seite bis zum Sich-Drehen auf den Bauch.
II. Vom Sich-Drehen auf den Bauch bis zum Sich-Erheben in den Knie-Händestütz oder in halbsitzende Positionen.
III. Vom Sich-Erheben in den Knie-Händestütz oder in halbsitzende Positionen bis zum Sich-Aufsetzen oder Sich-Aufrichten zum Kniestand.
IV. Vom Sich-Aufsetzen oder Sich-Aufrichten zum Kniestand bis zum Aufstehen.
V. Vom Aufstehen bis zu den ersten freien Schritten.
VI. Von den ersten freien Schritten bis zum sicheren Gehen.

Wir haben den Beginn einer neuen Phase der Bewegungsentwicklung von der Woche an gerechnet, in der die neue Position oder platzwechselnde Bewegung in den Protokollen durchschnittlich mindestens einmal vorkam.
Die unten ausgeführten Ergebnisse haben wir 703 Protokollen entnommen.

Beobachtungsergebnisse

Die Daten der einzelnen Phasen wie auch die zusammengefaßten Daten der gesamten Untersuchung sind in den Tabellen 4 und 5 dargestellt.

I. Phase der Bewegungsentwicklung: Vom Sich-Drehen auf die Seite bis zum Sich-Drehen auf den Bauch

In dieser Phase können die Säuglinge zwei Positionen selbständig aufsuchen, sie halten sich abwechselnd auf dem Rücken bzw. auf der Seite auf.

Wir haben das Kind solange als *auf dem Rücken liegend* bezeichnet, solange es eine Schulter oder das Becken nicht mehr als 45 Grad von der Unterlage abhob. Sobald sein Rücken einen größeren Winkel als 45 Grad mit der Unterlage bildete, haben wir es als *auf der Seite liegend* bezeichnet.

Während der 30 Minuten der Beobachtung haben die Kinder ihre Lage im Durchschnitt 25mal gewechselt. Am häufigsten und am längsten lagen die Kinder auf dem Rücken. Auf der Seite blieben sie ohne Unterbrechung durchschnittlich eine Minute, auf dem Rücken 7 Minuten liegen.
Die Gesamtzeit der Dauerpositionen betrug durchschnittlich 27 Minuten, hiervon haben die Kinder durchschnittlich 23 Minuten auf dem Rücken verbracht.

Der Widerspruch bei den Durchschnittsangaben zwischen der «dauerhaften» Rückenlage von 23 Minuten und der Rückenlage ohne Unterbrechung von 7 Minuten sowie dem Positionswechsel annähernd einmal pro Minute (während 30 Minuten 25mal) ist nur scheinbar. Er ergibt sich aus der Tatsache, daß die Verteilung der Positionswechsel innerhalb der Beobachtungszeit nicht gleichmäßig ist, sondern längere, relativ ruhige Perioden mit solchen abwechseln, in denen die Positionswechsel rasch aufeinanderfolgen. Dies bezieht sich auch auf die Angaben zu den späteren Bewegungsentwicklungsphasen.

Die geringfügigen Platzwechsel im Kreis in der einen oder anderen Richtung, die vereinzelt während der seitwärts drehenden Bewegung des Körpers beobachtet wurden, haben wir bei der Aufarbeitung außer acht gelassen.

Tabelle 4: Anzahl der Positionswechsel, die durchschnittliche Gesamtzeit und die Einzelzeit der Dauerpositionen bei den verschiedenen Bewegungsformen in der I. bis IV. Bewegungsentwicklungs-Phase. (Die Angaben bezogen auf 30 Minuten)

Bewegungsform	Anzahl der Positions-wechsel*	Gesamtzeit	Einzelzeit
		der Dauerpositionen** Angaben in Minuten	
I. Bewegungsentwicklung-Phase			
Dreht sich auf die Seite, liegt auf der Seite	12	3	0,9
Dreht sich auf den Rücken, liegt auf dem Rücken	13	23	7,0
II. Bewegungsentwicklung-Phase			
Dreht sich auf die Seite, liegt auf der Seite	16	3	0,8
Dreht sich auf den Rücken, liegt auf dem Rücken	16	12	2,5
Dreht sich auf dem Bauch, liegt auf dem Bauch	9	9	3,6
III. Bewegungsentwicklung-Phase			
Dreht sich auf die Seite, liegt auf der Seite	14	2	0,7
Dreht sich auf den Rücken, liegt auf dem Rücken	10	5	1,4
Dreht sich auf den Bauch, liegt auf dem Bauch	20	13	1,5
Erhebt sich bzw. läßt sich nieder in den Knie-Händestütz	4		
Erhebt sich bzw. läßt sich nieder in halbsitzende Position	6		

* Wir bringen nur die Anzahl der Vorkommen von den Positionen, die die Kinder mehr als einmal durchschnittlich während der 30 Minuten Beobachtungszeit aufsuchten.

** Hier sind nur die Angaben von den Positionen aufgeführt, in denen die Kinder mehr als eine Minute insgesamt pro Protokoll blieben.

Bewegungsform	Anzahl der Positions-wechsel*	Gesamtzeit	Einzelzeit
		der Dauerpositionen** Angaben in Minuten	
IV. Bewegungsentwicklung-Phase			
Dreht sich auf die Seite	2		
Dreht sich auf den Rücken	2		
Dreht sich auf den Bauch, liegt auf dem Bauch	7	4	0,6
Erhebt sich bzw. läßt sich nieder in den Knie-Händestütz	20		
Erhebt sich bzw. läßt sich nieder in halbsitzende Position	2		
Setzt sich auf bzw. setzt sich hin, sitzt	19	9	1,0
Richtet sich zum Kniestand auf bzw. kniet sich hin, kniet	11	3	0,8
V. Bewegungsentwicklung-Phase			
Dreht sich auf den Bauch	5		
Erhebt sich bzw. läßt sich nieder in den Knie-Händestütz	17		
Setzt sich auf bzw. setzt sich hin, sitzt	21	9	1,4
Richtet sich zum Kniestand auf bzw. kniet sich hin	13		
Steht auf, steht	10	5	1,0
VI. Bewegungsentwicklung-Phase			
Dreht sich auf den Bauch	2		
Erhebt sich bzw. läßt sich nieder in den Knie-Händestütz	13		
Setzt sich auf bzw. setzt sich hin, sitzt	19	9	1,5
Richtet sich zum Kniestand auf bzw. kniet sich hin	9		
Steht auf, steht	15	5	1,1

Tabelle 5: Anzahl der Positionswechsel, die durchschnittliche Gesamtzeit und die Einzelzeit der Dauerpositionen in den verschiedenen Bewegungsentwicklungs-Phasen*

Bewegungs-entwicklungs-Phase	Anzahl der Protokolle	Anzahl der Kinder	Anzahl der Positionswechsel	Gesamtzeit der Dauerpositionen	Einzelzeit der Dauerpositionen
				Angaben in Minuten	
I.	85	5	25	27	6,8
II.	159	5	42	24	3,5
III.	87	5	55	21	1,6
IV.	97	5	63	18	1,2
V.	197	4	74	16	1,2
VI.	78	4	69	15	1,3
Insgesamt	703	5			
Durchschnittswerte			56	20	2,5

II. Phase der Bewegungsentwicklung: Vom Sich-Drehen auf den Bauch bis zum Sich-Aufrichten in den Knie-Händestütz oder in halbsitzende Positionen

In dieser Phase tritt eine neue Position auf: das Liegen auf dem Bauch.

Wir haben ein Kind solange als *auf dem Bauch liegend* bezeichnet, bis es seine Oberschenkel und seinen Unterbauch auch von der Unterlage abgehoben hat.

Laut der Anzahl der Bewegungen waren die Kinder in dieser Phase beweglicher als in den vorangehenden. Nachdem sich das Kind auf den Bauch gedreht hatte, nahmen die Positionswechsel bedeutend zu, die Kinder wechselten ihre Positionen innerhalb von 30 Minuten im Durchschnitt 42mal. Am häufigsten drehten sie sich auf die Seite und auf den Rücken.

Die Einzelzeit des Aufenthaltes in den jeweiligen Dauerpositionen sowie ihre Gesamtzeit haben sich bedeutend verringert, im Durchschnitt auf 3,5 Minuten bzw. auf 24 Minuten.

Die Gesamtzeit der Rückenlage und auch die Einzelzeit haben sich bedeutend verringert, aber die Kinder haben insgesamt länger auf dem Rücken als auf dem Bauch gelegen.

In dieser Phase beobachteten wir neben dem Sich-auf-den-Bauch- und Zurück-Drehen, also dem Wälzen, zum ersten Mal das Rollen.

* Die Angaben beinhalten auch undefinierbare Positionen die in Tab. 4 nicht mitgezählt sind. (Anm. A. T.)

Als *Rollen* bezeichneten wir es, wenn der Säugling in einer Richtung sich kontinuierlich vom Rücken auf den Bauch und vom Bauch auf den Rücken drehend den Platz wechselte.

In dieser Phase kam das Rollen bei 4 Kindern in der Beobachtungszeit von 30 Minuten durchschnittlich einmal vor.

III. Phase der Bewegungsentwicklung: Vom Sich-Erheben in den Knie-Händestütz oder in halbsitzende Positionen bis zum Sich-Aufsetzen oder Sich-Aufrichten-zum-Kniestand

In dieser Phase treten als neue Positionen der Knie-Händestütz und die halbsitzenden Positionen auf.

Sobald das Kind seinen Bauch von der Unterlage abgehoben hat und sich auf beide Knie und Hände stützte bzw. manchmal auch nur auf drei seiner Gliedmaßen, haben wir diese Position des Kindes als *Knie-Händestütz* bezeichnet, auch dann, wenn der Kopf zwischendurch die Unterlage berührte. Die Bezeichnung *halbsitzende Positionen* wählten wir, solange das Kind sich auf einen Oberschenkel und Becken und einen Unterarm oder auf einen Sitzhöcker und eine Hand stützte* und sein Rumpf dabei schräg geneigt blieb.

Im Vergleich zu den vorangehenden Phasen haben die Kinder in dieser Phase mehrere Positionen aufgesucht. Sie haben sich häufiger auf den Bauch gedreht, während die Anzahl des Sich-auf-den-Rücken-Legens und Sich-auf-die-Seite-Drehens abnahm. Die Kinder haben die neu erlernten Positionen in dieser Phase noch relativ selten aufgesucht. Während der 30 Minuten der Beobachtung haben sie sich im Durchschnitt 6mal in halbsitzende Positionen und 4mal in den Knie-Händestütz erhoben.

Die Einzelzeit, die sie jeweils in einer Dauerposition verbrachten, sowie die Gesamtzeit nahm ab (Gesamtzeit der Dauerpositionen durchschnittlich 21 Minuten, Einzelzeit 1,6 Minuten).

Dies hat sich vor allem aus der weiteren, bedeutenden Verringerung der Einzelzeit der Rückenlage sowie ihrer Gesamtzeit ergeben. Dagegen stieg die Gesamtzeit der Bauchlage bedeutend an, in dieser Phase dominierte die Bauchlage.

Auch das Bauchkriechen dominierte bereits in dieser Phase als Platzwechselbewegung bei 4 Kindern.

Als *Bauchkriechen* haben wir die Fortbewegung des Kindes bezeichnet, solange sein Bauch die Unterlage berührte und es sich mit Hilfe seiner Gliedmaßen vorwärts zog oder schob.

Die Kinder sind pro Protokoll durchschnittlich 6mal auf dem Bauch gekrochen.

* Wir haben dies erst in der «Beschreibung der grundlegenden Positionen und Bewegungen» in «seitlicher Ellbogenstütz» und «abgestützter Seitsitz» differenziert, s. S. 203 und 206.

IV. Phase der Bewegungsentwicklung: Vom Sich-Aufsetzen oder Sich-Aufrichten zum Kniestand bis zum Aufstehen

In dieser Phase treten zwei neue Positionen auf: das Sitzen und der Kniestand.

Das Kind *sitzt* haben wir als Bezeichnung erst verwendet, wenn es selbständig, aus eigener Initiative seinen Rumpf annähernd senkrecht über beiden Sitzhöckern aufrichtete. Dabei haben sich die Kinder jeweils aus den halbsitzenden Positionen aufgesetzt oder sich aus dem Knie-Händestütz, später aus dem Kniestand, zum Sitzen niedergelassen. Das Sich-Hochziehen aus der Rückenlage zum Sitzen kam nicht vor. Als *Kniestand* haben wir es bezeichnet, sobald das Kind seinen Rumpf annähernd senkrecht über beiden Knien aufrichtete, unabhängig davon, ob es sich mit beiden Händen oder einer Hand festhielt oder freihändig kniete.

Im Vergleich zu den vorangehenden Phasen waren die Kinder in dieser Periode beweglicher, sowohl was die Vielfalt ihrer Positionen als auch die Anzahl der Positionswechsel betraf.

Während der 30 Minuten der Beobachtung haben die Kinder ihre Position durchschnittlich 63mal gewechselt. Innerhalb dieser Phase kamen am häufigsten das Sich-Erheben in den Knie-Händestütz vor sowie das Sich-Aufsetzen und das Sich-Aufrichten zum Kniestand.

Einzel- sowie Gesamtzeit der Dauerpositionen haben sich weiter verringert, die Gesamtzeit im Durchschnitt auf 18 Minuten, die Einzelzeit auf 1,2 Minuten.

Als wir die Daten der einzelnen Positionen prüften, fanden wir, daß die Kinder sich am häufigsten und in einzelnen Fällen am längsten im Sitzen aufhielten. Dabei sind die Gesamtzeiten der Bauchlage und des Kniestandes auch noch bedeutend.

Die halbsitzenden Positionen und das Liegen auf der Seite sind in dieser Phase bereits unbedeutend.

Das Rollen, als eine Form des Platzwechsels, kam noch weiterhin geringfügig vor, während die Kinder viel auf dem Bauch krochen. Innerhalb dieser Phase kam als Platzwechselbewegung das Krabbeln auf Knien und Händen am häufigsten vor.

Sobald das Kind den Bauch vom Boden abhob und sich im Knie-Händestütz fortbewegte, haben wir die Bezeichnung *krabbelt auf Knien und Händen* gewählt.

In dieser Phase krabbelten die Kinder innerhalb der 30 Minuten im Durchschnitt 13mal und verbrachten 2 Minuten mit kontinuierlichem Platzwechsel.

V. Phase der Bewegungsentwicklung: Vom Aufstehen bis zu den ersten freien Schritten

In dieser Phase tritt eine neue Position auf: das Stehen.

> Das Kind *steht* haben wir als Bezeichnung erst verwendet, wenn es sich selbständig aus eigener Initiative annähernd senkrecht über beiden Füßen oder einem Fuß aufrichtete, unabhängig davon, ob es sich mit beiden Händen oder einer Hand festhielt oder freihändig stehend sich ausbalancierte. Anfangs hielten sich die Kinder beim Aufstehen an stabilen Gegenständen fest, später standen sie freihändig auf.

Die Kinder waren in dieser Phase am beweglichsten. Während der Beobachtungszeit von 30 Minuten haben sie durchschnittlich 66mal eine neue Position aufgesucht. In der Reihenfolge der Häufigkeit führt das Sich-Aufsetzen (pro Protokoll 21mal), dann folgt das Sich-Erheben in den Knie-Händestütz (pro Protokoll 17mal) und das Sich-Aufrichten in den Kniestand (pro Protokoll 13mal). Das Aufstehen (pro Protokoll 10mal) ist auch bedeutend.

Die Gesamtzeit der Dauerpositionen hat sich im Vergleich zu den vorangehenden Phasen weiter verringert, im Durchschnitt auf 16 Minuten. Die durchschnittliche Einzelzeit der Dauerpositionen weicht bei einzelnen Positionen nicht wesentlich von der entsprechenden Angabe der vorangehenden Bewegungsentwicklungsphase ab.

Sowohl in der Gesamtzeit als auch in der Einzelzeit dominierte das Sitzen als Dauerposition. Die Zeit des Sitzens ohne Unterbrechung betrug im Durchschnitt 1,4 Minuten, seine Gesamtzeit 9 Minuten. Dabei kam die neu erlernte Position mit einem niedrigeren Wert vor als das Sitzen, aber mit einem höheren als die anderen Positionen: die Zeit des Stehens ohne Unterbrechung betrug durchschnittlich 1 Minute, seine Gesamtzeit im Durchschnitt 5 Minuten.

In dieser Phase der Bewegungsentwicklung kommt das «Gehen» mit Festhalten als eine neue Art des Platzwechsels in stufenweise zunehmendem Maße vor.

> Das Kind *unternimmt sich festhaltend Schritte* wählten wir als Bezeichnung für seine Fortbewegung, solange es sich an Möbeln, Gittern oder großformatigen Spielgegenständen festhielt, während es seine Füße seitwärts oder vorwärts setzte.

Die Kinder haben beide Platzwechselbewegungen, das Krabbeln auf Knien und Händen sowie das Gehen mit Festhalten häufig benutzt. Das Krabbeln kam durchschnittlich 12mal vor, also häufiger als das Gehen mit Festhalten, das durchschnittlich nur 9mal vorkam.

Bei einem der beobachteten Kinder kam in dieser Bewegungsentwicklungsphase eine dritte, sonst seltene Platzwechselbewegung am häufigsten vor, der Kniegang. Im allgemeinen beobachten wir dies bei sich langsam entwickelnden Kindern.

VI. Phase der Bewegungsentwicklung: Von den ersten freien Schritten bis zum sicheren Gehen

In dieser Phase kommt keine neue, häufig wiederkehrende Position vor. (Schwer einzuordnende Zwischenpositionen haben wir als Zwischenpositionen zwar protokolliert, befassen uns hier jedoch nicht mit ihnen.)

Die Anzahl der Positionswechsel hat ein wenig abgenommen, während der 30 Minuten der Beobachtung haben die Kinder ihre Positionen im Durchschnitt 58mal gewechselt, d. h. sie haben durchschnittlich ungefähr 2mal pro Minute eine neue Position aufgesucht. Das Aufstehen, das Sich-Aufsetzen und das Sich-Erheben in den Knie-Händestütz kam am häufigsten vor.

Die Gesamtzeit der Dauerpositionen nahm weiterhin ab, dagegen stieg die Einzelzeit einer Dauerposition ein wenig an. Dabei saßen die Kinder ohne Unterbrechung und auch insgesamt länger als sie standen.

Diese Phase der Bewegungsentwicklung fängt mit den ersten freien Schritten an.

> Erst wenn das Kind, meist ohne sich festzuhalten, selbständig vom Boden aufstand und aus eigener Initiative mindestens einige Schritte freihändig ging, haben wir die Bezeichnung *unternimmt erste freie Schritte* verwendet.

Das Krabbeln auf Knien und Händen sowie das Gehen mit Festhalten wurden zwar etwas seltener, sie blieben jedoch weiterhin wesentliche Bewegungen des Platzwechsels. Das Krabbeln wurde durchschnittlich pro Protokoll 6,3mal, das Gehen mit Festhalten 5,7mal benutzt.

Was die gesamte Zeit der Entwicklung, die wir beobachtet haben, angeht, so haben die Säuglinge und Kleinkinder durchschnittlich 20 Minuten pro Protokoll in Dauerpositionen verbracht. Die Gesamtzeit der Dauerpositionen nahm stufenweise ab (s. Abb. 5).

In dieser Phase wächst das Vorkommen des freien Gehens sprunghaft an und wird zur wesentlichsten Bewegung des Platzwechsels, pro Protokoll durchschnittlich 22mal.

Schon in den früheren Phasen, nur nicht so auffallend, konnten wir folgende Eigenart beobachten: Wenn das Kind ein Ziel erreichen wollte, benutzte es hierfür noch die altbewährte Platzwechselbewegung. Wenn es z. B. zu einem Erwachsenen, einem anderen Kind oder zu einem Spielzeug wollte, benutzte es das Krabbeln auf Knien und Händen oder das Gehen mit Festhalten, obwohl dies nach den ersten freien Schritten vom freien Gehen immer mehr verdrängt wurde. Das freie Gehen dominierte als zielgerichtete Fortbewegungsart erst am Ende dieser Phase.

In jeder Phase der Bewegungsentwicklung, so auch in dieser, nahmen die platzwechselnden Bewegungen wesentlich zu (s. Abb. 5).

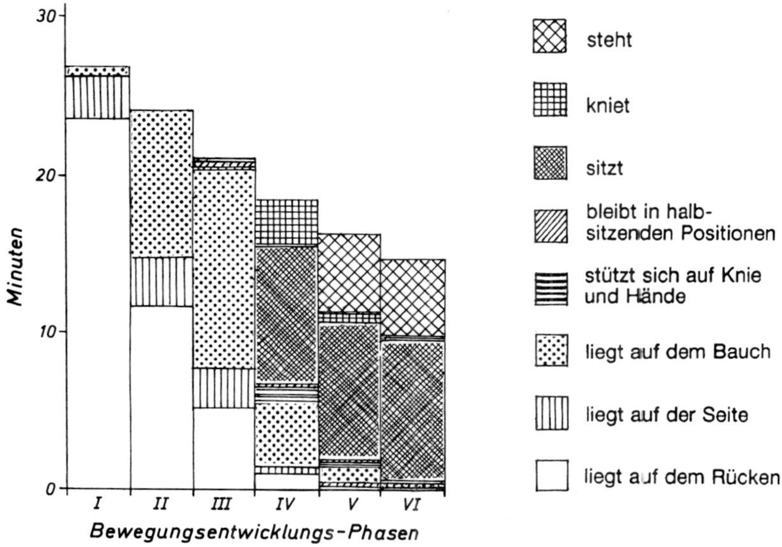

Abb. 5: Die Gesamtzeit, die die Säuglinge in den verschiedenen Bewegungsentwicklungs-Phasen in den genannten Dauerpositionen verbrachten. (Durchschnittliche Angaben bezogen auf 30 Minuten auf Grund der Daten von 5 Kindern.)

Die Durchschnittszeit von 20 Minuten in Dauerpositionen bedeutet aber nicht, daß die Kinder 20 Minuten lang ohne Unterbrechung in ein- und derselben Position verbrachten. Die Kinder blieben in derselben Position ohne Unterbrechung durchschnittlich 2,5 Minuten.

Aus den Daten der einzelnen Positionen geht hervor, daß sich die Kinder in jeder Entwicklungsphase in verschiedenen Positionen längere Zeit aufhielten, d. h. von dem Zeitpunkt an, zu dem die Kinder gelernt hatten, sich auf die Seite zu drehen, gab es keine Phasen, in denen ausschließlich eine Position vorgekommen wäre. In der III. und IV. Phase nach dem Erscheinen des Knie-Händestütz und der halbsitzenden Positionen oder des Sitzens und Stehens gibt es Protokolle, in denen die Kinder während der Beobachtungszeit von 30 Minuten 5 bzw. 7 verschiedene der hier erwähnten Positionen aufsuchten. Weitere Positionen, die sie auch aufsuchten, konnten mathematisch vernachlässigt werden.

Aufgrund der Zeit, die sich die Kinder in den einzelnen Positionen aufhielten, können diese in zwei Gruppen geteilt werden. Bei den Positionen: Seitlage, Knie-Händestütz, halbsitzende Positionen und Kniestand halten sich die Kinder in jeder Phase der Bewegungsentwicklung, in der diese Positionen vorkommen, ohne Unterbrechung durchschnittlich weniger als 1 Minute auf. Mehr Zeit

verbringen sie im Durchschnitt in der Rücken- und in der Bauchlage sowie im Sitzen und Stehen, ohne Unterbrechung im Durchschnitt 1 bis 2 Minuten.
Die Daten zeigen also, daß sich die Kinder in einigen Positionen nur übergangsweise aufhalten, in anderen wiederum länger. Dies ändert sich je nach Entwicklungsphase. Es gibt aber auch Ausnahmen: in mehreren Fällen blieben die Kinder z. B. 2 bis 3 Minuten lang in der Seitlage und im Kniestand, wir haben aber auch 13, 75 Minuten für die Seitlage ohne Unterbrechung und 13 Minuten für den Kniestand aufgezeichnet.
Auch über die Beweglichkeit der Kinder haben wir interessante Angaben erhalten, als wir untersuchten, wie häufig die Kinder im Laufe der Beobachtungszeit von 30 Minuten ihre Positionen gewechselt haben. Die Kinder suchten während der 30 Minuten durchschnittlich 56mal eine andere Position auf. Das würde heißen: Wenn die Positionswechsel in der Zeit von 30 Minuten gleichmäßig verteilt wären, würden die Kinder in jeder Minute ein- oder zweimal ihre Position wechseln.

Angaben zu dem stufenweisen und kontinuierlichen Charakter der Bewegungsentwicklung

Während unserer Untersuchungen haben wir nicht nur darüber Angaben gewonnen, wie sich der Bewegungsanspruch der Säuglinge und Kleinkinder entwickelt, sondern auch über eine wesentliche Eigenart des Lernprozesses im Verlauf der Bewegungsentwicklung, und zwar darüber, daß die Kinder sich die neuen Bewegungsformen stufenweise aneignen, während sie die alten Formen stufenweise weglassen.
Hierfür teilen wir Daten mit, die aus der Beobachtung von 10 Kindern stammen und die von Tardos (1972) ausgewertet wurden.
Unter den beobachteten Kindern (7 Jungen und 3 Mädchen) waren auch die 5 Kinder, von denen die Beobachtungsergebnisse oben mitgeteilt wurden. Die Auswertung wurde aufgrund der Protokolle durchgeführt, die zu den Untersuchungen der Bewegungsaktivität aufgenommen worden sind.
Die Ergebnisse der Auswertung zeigen, daß die Säuglinge die neuen, entwickelteren Positionen bzw. positions- und platzwechselnden Bewegungen nach ihrem ersten Erscheinen zunächst selten, später aber stufenweise häufiger benutzten als die alten Positionen bzw. Bewegungen. Gleichzeitig verbrachten sie auch stufenweise immer mehr Zeit während der 30 Minuten der Beobachtung in den neu erlernten Positionen. So suchte z. B. das Kind die neu erlernte Position nach ihrem Erscheinen in den darauf folgenden anderthalb bis drei Monaten stufenweise häufiger auf (s. Abb. 6). Am schnellsten nimmt die Häufigkeit des Sich-

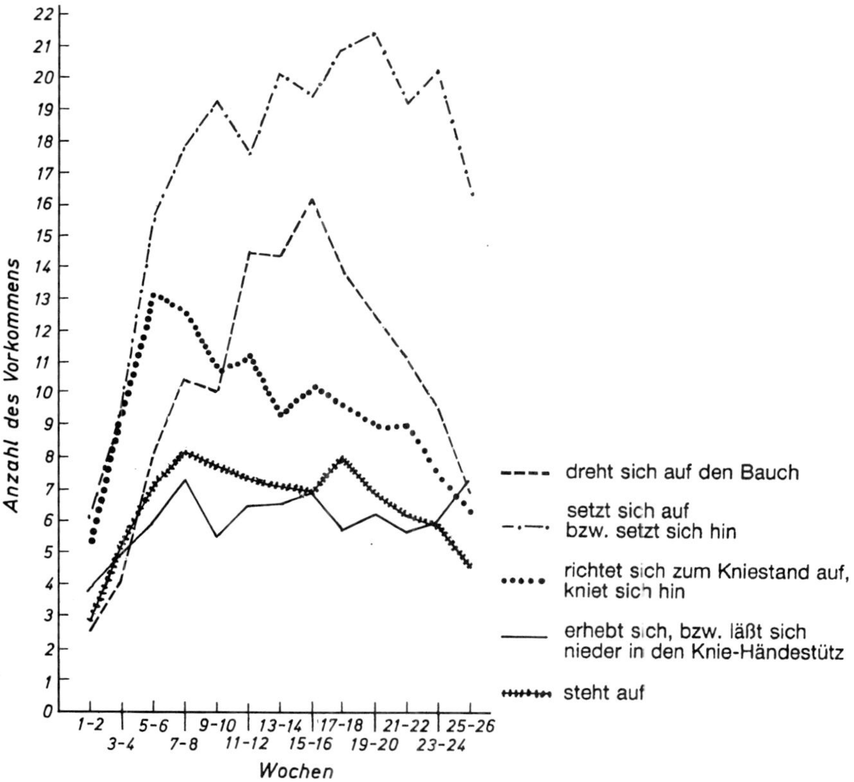

Abb. 6: Die Häufigkeit mit der die Säuglinge die genannten Positionen in den 26 Wochen nach ihrem Erscheinen aufsuchten. (Durchschnittliche Angaben bezogen auf 30 Minuten, auf Grund der Daten von 10 Kindern.)

Aufsetzens zu (die Kurve steigt steil an). Beim Drehen auf den Bauch dauert es am längsten, bis die Häufigkeit des Drehens zunimmt.
Die stufenweise Zunahme der Positionswechsel zeigt sich weiterhin darin, daß die am häufigsten beobachteten Positionen in den einzelnen Entwicklungsphasen meist nicht die zuletzt erlernten sind (s. Tab. 4 S. 48 und 49).
Die Kinder brauchten unterschiedlich lange, bis sie von der alten auf die neue, die gleiche Funktion erfüllende Position vollständig überwechselten. Es gab Kinder, bei denen es 4, andere, bei denen es 24 Wochen dauerte, bis sie nach dem ersten Sich-Aufsetzen die Bauchlage kaum mehr aufsuchten.
Auf ähnliche Ergebnisse kamen wir bei der Auswertung der Daten der Platzwechselbewegungen. Neu erlernte Platzwechselbewegungen nahmen aber in

kürzerer Zeit – in ca. einem Monat – zu, als dies bei den Positionswechseln der Fall war. Am intensivsten nahm das freie Gehen in der entsprechenden Entwicklungsphase zu.
Nach dem ersten Erscheinen einer neuen Position suchte das Kind diese allmählich nicht nur immer häufiger auf, sondern es hielt sich auch insgesamt immer längere Zeit darin auf (s. Abb. 7).
Auf dem Bauch und im Sitzen, also in Positionen, die für das längere Spielen geeignet sind, verbrachten die Kinder mehrere Monate lang insgesamt zunehmend mehr Zeit. Die Gesamtzeit des Stehens nahm auch zu, nur weniger. Die Gesamtzeit im Knie-Händestütz sowie im Kniestand nahm dagegen nur 3 bis 5 Wochen lang und bedeutend weniger zu.
Wenn wir untersuchten, wie lange sich die Kinder in *ein- und derselben* Position ohne Unterbrechung aufhielten, fanden wir nach ihrem ersten Erscheinen keine stufenweise Zunahme der Dauer (s. Abb. 8).

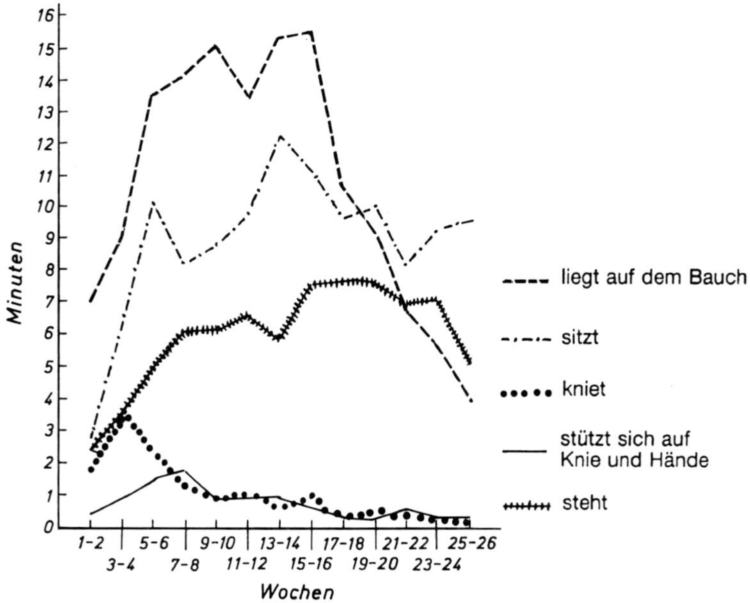

Abb. 7: Die Gesamtzeit, die die Säuglinge in den genannten Dauerpositionen verbrachten, in den 26 Wochen, die ihrem ersten Erscheinen folgten. (Durchschnittliche Angaben bezogen auf 30 Minuten auf Grund der Daten von 10 Kindern.)

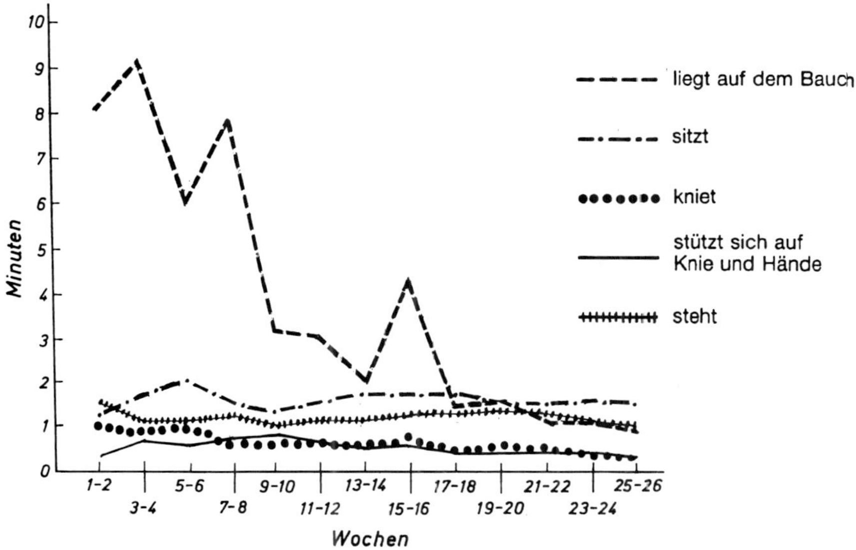

Abb. 8: Die Zeit, die die Säuglinge ohne Unterbrechung in den genannten Dauerpositionen verbrachten, in den 26 Wochen, die ihrem ersten Erscheinen folgten. (Durchschnittliche Angaben bezogen auf 30 Minuten auf Grund der Daten von 10 Kindern.)

Nach dem Erscheinen der Positionen Knie-Händestütz, Sitzen, Kniestand und Stehen veränderte sich die Zeit, die die Kinder darin ohne Unterbrechung verbrachten, nicht wesentlich. Sie hängt also nicht davon ab, seit welchem Zeitpunkt die Kinder die neue Position aufsuchen.
Die Bauchlage bedeutet in diesem Zusammenhang eine Ausnahme. Die Säuglinge und besonders die, die sich vor ihrem sechsten Lebensmonat auf den Bauch gedreht haben, verbrachten anfangs auffallend viel Zeit in dieser Lage. Dies liegt wahrscheinlich an ihren Anfangsschwierigkeiten, sich auf den Rücken zurückzudrehen.

ANALYSE DER BEWEGUNGSENTWICKLUNG UNTER DEN BEDINGUNGEN IM LÓCZY

Wir hatten schon früher beschrieben, daß für die Säuglinge und Kleinkinder im Lóczy ihre *Beweglichkeit* charakteristisch ist und nicht die erreichte Position oder die Platz- und Positionsgebundenheit. Unsere Untersuchungen haben dies bestätigt. Die Kinder verbringen ihre wache Zeit in mehreren Positionen, sie wechseln häufig ihre Lagen und Stellungen und immer häufiger ihren Platz. Sie halten sich in einer Position ohne Unterbrechung meist nicht so lange auf wie ihre auf den Bauch gelegten und dann in verschiedene Geräte gesetzten oder gestellten Altersgenossen. Obwohl wir darüber in der Literatur keine Daten gefunden haben, wie lange ein Kind in einer bestimmten Position, in der es sich heimisch fühlt, zum Spielen und zum Herumschauen gehalten wird, hält man aber zehn Minuten im allgemeinen für kurz, selbst bei der Einführung einer neuen Position.

Die von uns beobachteten Kinder bleiben ohne Unterbrechung wesentlich kürzer als zehn Minuten in einer Position, im Durchschnitt zweieinhalb Minuten. Je nach Entwicklungsphase kam es nur vereinzelt vor, daß die Kinder mehr als zehn Minuten in einer Position, in der Bauchlage*, im Sitzen oder im Stehen verbracht haben. Aber auch ein fünf Minuten langes Verweilen in der Bauchlage, im Sitzen oder Stehen kann man nicht in jedem der Protokolle von 30 Minuten Beobachtungszeit finden.

Unserer Ansicht nach hängt dies eng damit zusammen, daß das Erlernen einer neuen Position bei uns damit beginnt, was in der konventionellen Entwicklung eine spätere Phase darstellt. Während das auf den Bauch gelegte, aufgesetzte, aufgestellte Kind erst in späteren Phasen lernt, die bereits bekannten Positionen selbständig aufzusuchen, fangen die im Lóczy aufwachsenden Kinder – nach dem Erlernen von Übergangspositionen bzw. Bewegungen – damit an, die neuen Positionen bzw. Bewegungen kennenzulernen, indem sie – als Ergebnis ihrer eigenen Initiative und Versuche – die neuen Positionen aufsuchen und die neuen Bewegungen probieren. Sie können also jederzeit die aufgenommenen Positionen verlassen bzw. mit den angefangenen Bewegungen aufhören.

Auch was die Aktivität beim Platzwechsel angeht, sind die Kinder im Lóczy gegenüber ihren, unter den konventionellen Umständen aufwachsenden, Altersgenossen im Vorteil. In erster Linie deshalb, weil sie im Säuglingsalter viel häufiger ihren Platz wechseln, obwohl sie im allgemeinen später anfangen zu gehen. Wie sich aus den allgemeinen Beobachtungen und Daten ergibt, wechseln

* Mit Ausnahme einiger Wochen, nachdem sie sich das erste Mal auf den Bauch gedreht hatten.

sie nach dem Drehen auf den Bauch regelmäßig ihren Platz durch Rollen und Kriechen bzw. Krabbeln auf Knien und Händen immer häufiger. Das Gehen bedeutet für sie nicht den Anfang der freien Fortbewegung, sondern nur eine neue, vollkommenere Form hiervon. Das sichere Gehen lernen sie jedoch gleichzeitig mit den Kindern, denen dies wie üblich beigebracht wurde.
Da sich die Kinder im Lóczy jede neue Position aus eigener Initiative und durch selbständige Versuche aneignen, nimmt daran ihre gesamte Körpermuskulatur ohne krampfhafte Versteifung und mit gutem Gleichgewicht teil. Die Kinder bewegen sich leicht und sitzen nicht wie steife Puppen da (s. Bild 36–39).
Anfangs kommt es manchmal vor, daß ein Kind in einer Position nicht sofort sein Gleichgewicht findet. Dann wird es unsicher und schwankt ein wenig, aber selbst in dieser Situation versteift es sich nicht. In der neuen Position verbringt es stufenweise insgesamt mehr Zeit, aber durchschnittlich hält es sich darin nicht länger als zweieinhalb Minuten auf. In der ersten Zeit sitzt es z. B. seltener und auch nicht so lange, obwohl es sich aufsetzen und sich auch leicht wieder hinlegen kann oder aufstehen und sich wieder niederlassen kann. Aber solange das Kind diese Positionen nicht mit sicherem Gleichgewicht eingeübt hat, spielt es lieber weiterhin auf dem Bauch oder es bewegt sich auf dem Bauch bzw. auf Knien und Händen krabbelnd fort. Dies tut es auch dann noch eine Weile, wenn es die ersten freien Schritte bereits unternommen hat.
Der Säugling korrigiert nicht nachträglich in der fehlerhaft erlernten Position und während der falschen Bewegung die Fehler, sondern er übt wochenlang in einer der neuen Position bzw. Bewegung vorangehenden Periode die vorbereitenden Bewegungen. Wenn er auf dem Bauch kriecht oder auf Knien und Händen krabbelt, sind das «Turnübungen», die er viele Wochen ausführt, bevor er sich aufsetzt oder aufsteht. Er krabbelt hinauf und herunter und spielt auch im Kniestand, ehe er zum Stehen kommt. Bevor er freihändig aufsteht und die ersten freien Schritte wagt, übt er das Stehen, das Bücken und das wiederholte Sich-Aufrichten sowie zahlreiche Formen des Balancierens auf beiden Füßen.
Nach unseren Erfahrungen gelangt das Kind bei der beschriebenen Bewegungsentwicklung zu einem gewissen Grad an Vorsicht und Umsicht (s. Bild 30–35). Es lernt, auf unerwartete Zwischenfälle zu reagieren, auch auf das Hinfallen, was beim Spielen immer vorkommen kann.
Dem ist zu verdanken, daß die Kinder im Lóczy sich äußerst geschickt bewegen, noch vor dem Erlernen des Gehens Treppen hinauf- und herunterkrabbeln, schon mit etwa 1 ¼ bis 1½ Jahren in ihre hohen Gitterbetten hinein- und aus ihnen herausklettern, in andere hinüberklettern und auf jeden erreichbaren Gegenstand hinauf- und herunterklettern. Für Außenstehende ist es manchmal beunruhigend zu sehen, in welche scheinbar gefährlichen Situationen sie ab und zu kommen und wie sie dabei gelegentlich auch fallen. Seit dem Bestehen unseres

Instituts während mehr als 20 Jahren kam es unter 1500 Kindern, die als Neugeborene zu uns kamen, bei all ihrer Beweglichkeit kein einziges Mal zu einem Knochenbruch.

Es ist zu bemerken, daß wir die Kinder nie in Situationen kommen lassen, in denen ihre bisherigen Erfahrungen sie nicht vor Unfällen schützen würden. Im Lóczy gibt es an den Fenstern Gitter, bei denen der Abstand im Zimmer zwischen dem Fußboden und dem Fenster niedriger ist als draußen zwischen dem Fenster und dem Erdboden. Wir schützen die Kinder vor solchen Möbelstücken, die auf sie kippen könnten, wenn sie sich daran festhalten. Deshalb sind die Schränke und die Regale an den Wänden bzw. am Fußboden befestigt. Wir schützen die Kinder auch vor sonstigen Unfällen: Es gibt z. B. keine Möbel, die sie mit vereinter Kraft umstoßen könnten. Die Kanten und Ecken der Möbel sind jedoch nicht abgerundet.

Die Abhängigkeit des Kindes vom Erwachsenen während des Spielens, der Bewegung und der Aktivität nimmt im Laufe der Entwicklung gleichmäßig ab. Je entwickelter ein Kind ist, je größer sein Bedürfnis nach Aktivität ist, umso leichter und sicherer bewegt es sich, umso besser kann es sich selbst helfen, umso eher kann es sein Spielzeug allein wieder holen und tut das auch, weil es daran gewöhnt ist.

All dies bedeutet aber nicht, daß der Erwachsene den selbständig sich bewegenden und spielenden Säugling ohne Aufsicht lassen kann. Die Kinder sind zwar zum Erlernen der neuen Position bzw. Bewegung und zum Erreichen des Spielzeugs auf den Erwachsenen nicht angewiesen, sie verlangen auch beim Erreichen einer höheren Entwicklungsstufe, z. B. wenn sie sich zum ersten Mal auf den Bauch drehen oder aufstehen, nicht nach seiner Mitwirkung und Hilfe. Kommt es dabei gelegentlich doch vor, daß sie unruhig werden, zu weinen anfangen und sich plötzlich nicht mehr selbst helfen können, dann legen wir die Kinder in solchen Fällen wieder in ihre Ausgangsposition zurück. Auch sonst kann der unerfahrene Säugling, während er sich bewegt und spielt, gelegentlich in unerwartete Situationen kommen, aus denen er allein nicht herausfindet (z. B. verfängt sich sein Fuß in etwas, ein Kleidungsstück verrutscht oder er bleibt irgendwo hängen). In solchen Fällen braucht er natürlich Hilfe, bekäme er sie nicht, würde er in seinen weiteren Bewegungsversuchen entmutigt werden. Diese Hilfe unterscheidet sich aber von der, nach der ein aufgesetztes oder aufgestelltes Kind verlangt, da sie nicht regelmäßig vorkommt und sich nur auf die Befreiung aus zufälliger, bedrängter Situation beschränkt, wobei das Kind in eine ihm bereits bekannte Position zurückgelegt wird.

Die Kontinuität der Aktivität ist ein weiterer Vorteil der Entwicklung im Lóczy. Das Kind hält sich in einer neuen Position, in der es sich noch unsicher fühlt, nur

solange auf, wie es an ihr interessiert ist. Dasselbe gilt für jede neue, noch unsichere Bewegung: Das Interesse des Kindes bestimmt, wie lange es sie ausprobiert. Wenn es Lust hat, zu hantieren oder schneller seinen Platz zu wechseln, kehrt es zu der bereits bekannten Position bzw. Bewegungsform zurück. Im Laufe seiner Entwicklung verringern sich also während des Erlernens der Großbewegungen die Manipulationen oder sonstigen Tätigkeiten des Kindes nicht. Diese Kontinuität der Aktivität können wir nach unseren Erfahrungen nur bei den Kindern beobachten, die daran nicht gehindert werden bzw. denen es nicht verboten wird, sich in früheren Positionen aufzuhalten (s. Bild 36) oder Platzwechselbewegungen zu benutzen, die von den Erwachsenen bereits als überholt betrachtet werden.
Unsere Untersuchungen haben ergeben, daß das «Lehren» oder «Fördern», die direkte Hilfe oder der Ansporn der Erwachsenen sowie die Benutzung von Hilfsgeräten weder in Familien noch in Institutionen Voraussetzung für die Bewegungsentwicklung sind.
Beim Erlernen bestimmter höherentwickelter Bewegungsformen spielen das Üben dieser Bewegungen und Gymnastik eine wichtige Rolle. Auch die Kinder im Lóczy üben und turnen in dem Sinne, daß sie die Bewegungen, die eine entwickeltere Bewegungsform vorbereiten, aus eigener Initiative und selbständig immer wieder ausführen. Dies hat im Vergleich zum Üben der Erwachsenen mit den Kindern den Vorteil, daß es nicht krampfhaft geschieht, sondern bei guter Muskelkoordination und einer adäquaten statischen Grundposition. Wie wir im Lóczy beobachten können, üben die Kinder nicht nur zeitweise, sondern kontinuierlich, sich zu bewegen. Es ist also ein organischer Bestandteil ihrer täglichen Aktivitäten.
Das Sich-Bewegen und Spielen in der Bauchlage sowie das Kriechen auf dem Bauch bzw. Krabbeln auf Knien und Händen würden wir als «Gymnastik» der Gesamtmuskulatur, besonders der Muskulatur des Rumpfes sowie der unteren Gliedmaßen hervorheben. Diese Bewegungen werden als Vorübungen zum Aufsetzen und zum Aufstehen in mehreren Werken als Empfehlung dafür angeführt, das Kind so früh wie möglich auf den Bauch zu legen. Auch das Kind im Lóczy verbringt während seiner Entwicklung viel Zeit auf dem Bauch. Es bewegt sich und spielt in dieser Lage und kriecht und krabbelt lange. Von dem Zeitpunkt an, zu dem sich das Kind zum ersten Mal auf den Bauch dreht – etwa mit einem halben Jahr -, bis zu der Zeit, zu der es sich nicht nur aufsetzt, sondern auch sitzend spielt – also ungefähr im Alter von einem Jahr – spielt das Kind im Lóczy den größten Teil seiner wachen Zeit in der Bauchlage. Diese Entwicklungsphase dauert etwa ein halbes Jahr, d. h. ein Drittel der Gesamtzeit, die die Entwicklung der Bewegungen bis zum sicheren Gehen in Anspruch nimmt.
Bei der konventionellen Bewegungsentwicklung legt man das Kind bereits in

seinen ersten Lebenswochen auf den Bauch, damit es entsprechende Zeit in dieser Lage verbringen und vorbereitende Bewegungen ausüben kann. Aber wenig später wird es aufgesetzt, aufgestellt bzw. zum Aufsetzen oder Aufstehen angespornt. Damit kürzt man aber die Zeit, die es sich in der Bauchlage aufhält und darin spielt, gerade ab. In der Literatur haben wir kein Argument gefunden, wodurch bestätigt wird, daß sich das Kind bewegungsmäßig besser entwickeln würde, wenn es längere Zeit in der Bauchlage in einer Entwicklungsphase verbringt, in der es in dieser Lage noch hilflos ist, sich noch nicht selbst auf den Bauch dreht und sie zum Spielen nicht benutzt, weil es nur seinen Kopf anheben kann. Auch fehlen Argumente dazu, daß die Bauchlage an Bedeutung verlieren würde, wenn das Kind sich bereits selbständig auf den Bauch dreht und sich in dieser Lage frei bewegt. Wir konnten keinen Hinweis dafür finden, warum es zweckmäßig sei, die Phase der Bauchlage einerseits zeitlich vorzuziehen, andererseits sie aber durch Aufsetzen und Aufstellen des Kindes abzukürzen.
Was die passiven Positionswechsel betrifft, die die Kontaktaufnahme mit der Umwelt «fördern» und das Interesse wecken sollen, so ist, unserer Erfahrung nach, das auf den Bauch gelegte oder noch nicht zum selbständigen Sitzen fähige, aber aufgesetzte Kind bei der konventionellen Erziehung weder in seiner kognitiven Entwicklung noch in seiner Manipulationsfähigkeit gegenüber den Kindern im Vorteil, die sich bewegungsmäßig selbständig entwickeln.
Auf dem Rücken liegend wendet das Neugeborene bereits seinen Kopf leicht nach rechts und links und folgt mit seinem Blick bzw. Kopf dem, was in seiner Umgebung sein Interesse erweckt. Der Säugling von etwa zwei Monaten wird mit seinen Händen vertraut (s. Bild 14–18). Durch das Verfolgen der spontanen Bewegungen seiner Hände entwickelt sich die Koordination der Kopf-, Augen-, Arm- und Handbewegungen, die die Grundlage zu späteren, komplizierten Tätigkeiten der Hände bildet. Dagegen kann der Säugling, der sich noch nicht selbst auf den Bauch dreht, aber auf den Bauch gelegt wird, seinen Kopf nur ruckartig, krampfhaft, für kurze Zeit anheben, um die weitere Umgebung in sein Blickfeld zu bekommen. Gleichzeitig wird er daran gehindert, seine Arme und Hände, die an der Unterstützung teilnehmen müssen, zu bewegen und in sein Blickfeld zu heben. Diese Position ist in dieser Phase der Entwicklung weder dazu geeignet, eine genauere Koordination zwischen Augen- und Kopfbewegungen zu entwickeln, noch eine entsprechende Koordination zwischen Augen-, Kopf- und Handbewegungen auszubilden.*
Das Sitzen erleichtert sowohl das Hantieren wie auch die Beobachtung der Umgebung. Dies gilt jedoch nicht für das unsicher sitzende oder im Sitzen

* Detaillierte Ausführungen zum Vergleich von früher Rückenlage und früher Bauchlage s. S. 98 und 108.

befestigte Kind, sondern für jenes, das bereits gelernt hat, so zu sitzen, daß es seinen Kopf und Rumpf frei drehen kann. Bis das Kind dies erreicht, kann es sich schon aufsetzen und hinlegen, es hat also nicht nötig, aufgesetzt und gestützt zu werden. Andere im Lóczy durchgeführte Untersuchungen (BARKOCZI, 1964, 1966; TARDOS 1966 b) haben gezeigt, daß die unter diesen Bedingungen aufwachsenden Säuglinge auch hinsichtlich der Manipulationsentwicklung nicht hinter den internationalen Angaben zurückbleiben, obwohl sie noch auf dem Rücken bzw. auf dem Bauch liegend hantieren, während ihre Altersgenossen bereits im Sitzen tätig sind. Es zeigt sich auch, daß Quantität, Qualität und Inhalt der Manipulationen vom Grad der Bewegungsentwicklung und von der Position unabhängig sind, in der die Kinder den größten Teil ihrer Zeit verbringen. Im Gegensatz zu den konventionell aufwachsenden Kindern, die während ihrer Bewegungsentwicklung relativ platzgebunden sind, können Säuglinge, denen selbständige Bewegungen ermöglicht werden, bereits vom dritten bis vierten Monat an immer schneller und zielbewußter den Platz wechseln.

Verschiedene Autoren beziehen sich darauf, daß Kinder sich freuten, wenn sie aufgesetzt oder aufgestellt werden, daß sie Hilfe erwarteten und sie sich wünschten. Dies würde auch zu einer guten Beziehung zwischen Kind und Erwachsenem führen. Sie argumentieren: Wenn der Erwachsene dem Säugling seine Finger reicht, zieht sich dieser glücklich zum Sitzen hoch, und später, wenn der Säugling unruhig ist, beruhigt er sich, wenn man ihn aufsetzt. Er freut sich, wenn man ihn aufstellt; wenn er vorher quengelig war, beruhigt er sich, und später verlangt er nach Hilfe zum Gehen.

Auch wir halten es im Interesse der weiteren Entwicklung des Kindes für notwendig, daß eine gute Beziehung zwischen dem Kind und dem pflegenden Erwachsenen entsteht. Dies ist die Voraussetzung für einen befriedigenden Zustand und damit für eine befriedigende Entwicklung des Kindes. Diese gute Beziehung des Kindes zum Erwachsenen entsteht aber im Lóczy in erster Linie während der Pflege und nicht als Folge direkter Hilfeleistung zur Bewegung. Die Kinder ziehen sich nicht, die Finger des Erwachsenen ergreifend, in die Höhe und erwarten auch nicht, hochgezogen zu werden. Allerdings streckt der Erwachsene dem auf dem Rücken liegenden Säugling seine Finger auch nicht entgegen. Will er ihn aus irgendeinem Grund aus dem Bett heben, stellt er sich neben das Bett und hebt den Säugling immer liegend, Gesäß, Schulter und Kopf unterstützend heraus.

Das im Sinne der selbständigen Bewegungsentwicklung aufwachsende Kind erwartet also vom Erwachsenen nicht, daß er es aufsetzt und aufstellt. Allerdings kennt es diese Positionen auch nicht, weil der Erwachsene es nie aufsetzt und aufstellt, nicht einmal während der Pflege und auch dann nicht, wenn er es aus anderen Gründen im Arm hält.

Aufgrund unserer Erfahrungen denken wir, daß das Verhalten der Kinder der konventionellen Bewegungsentwicklung keine angeborene Eigenschaft darstellt, und daß es auch nichts mit ihrer Reife zu tun hat; es ist vielmehr die Folge der Verhaltensweise der Erwachsenen bzw. der Umgebung. Wenn das Kind nicht durch verfrühtes Üben zu weiterentwickelten Positionen und Bewegungen verführt wird, fühlt es solange kein Verlangen nach ihnen, bis es sie selbständig erreichen bzw. ausüben kann.

Die unter unseren Bedingungen lebenden Kinder freuen sich in jeder Entwicklungsstufe an ihren eigenen, selbständigen Versuchen. Während ihrer Versuche verlieren sie selbst dann die Lust nicht, wenn der Erwachsene nicht eingreift. Wenn ihnen aber selbständig eine neue Bewegung gelingt bzw. sie eine neue Position erreichen, freuen sie sich sichtlich darüber. Sie lenken die Aufmerksamkeit ihrer Umgebung auf ihr Gelingen. Und die Mutter oder der das Kind pflegende Erwachsene, der in einer guten Beziehung mit dem Kind lebt, freut sich mit ihm zusammen. Die Freude ist eben auch dann gemeinsam, wenn der Erwachsene nicht direkt am Erreichen der neuen Position bzw. Bewegungen beteiligt war.

Im Gegensatz zu der Meinung, daß der direkte Eingriff der Erwachsenen in die Bewegungsentwicklung der Kinder natürlich sei, möchten wir die Anthropologen B. und M. WHITTING zitieren (MUSSEN 1964, S. 933): «... wenn man das Kind innerhalb der Grenzen einer einzigen Kultur studiert, erscheinen einem viele Geschehnisse als natürlich, offensichtlich zu der menschlichen Natur gehörig. Deshalb beschreibt man sie nicht und darum werden sie auch nicht als variabel angesehen. Erst wenn man merkt, daß die als ein Bestandteil der menschlichen Natur angesehene Praxis von anderen Völkern nicht befolgt wird, akzeptiert man diese als eine reguläre Variabilität ...».

Wenn jemand in Familien oder im Lóczy die freie Bewegungsentwicklung der Kinder beobachtet hat oder selbst auf diese Weise aufgewachsen ist, empfindet er es als unnatürlich, das Kind auf den Bauch zu legen, wenn es gerade bequem auf seinem Rücken liegt oder es aufzusetzen, wenn es schon auf dem Bauch liegend sich bewegt, aber sich selbst noch nicht aufsetzen kann. Ihm tut im allgemeinen der Säugling leid, der hilflos, inaktiv und ungeschickt gemacht wird, er empfindet einen derartigen Eingriff der Erwachsenen als unnatürlich.

DIE BEDEUTUNG UNSERER ERGEBNISSE FÜR DIE GEMEINSCHAFTSERZIEHUNG VON KLEINKINDERN

In Kinderkrippen und Säuglingsheimen bedeutet die Bewegungsentwicklung unter unseren Bedingungen eine unschätzbare Erleichterung gegenüber der konventionellen Bewegungsentwicklung.

Bei der Gruppenerziehung muß eine Pflegerin in einer Arbeitsschicht mehrere Kinder gleichen Alters gleichzeitig versorgen. In Ungarn durchschnittlich 8 bis 9, in anderen Ländern in besser ausgestatteten Heimen müssen 4 bis 6 Kinder von einer Pflegerin betreut werden. Also unabhängig davon, ob der Säugling oder das Kleinkind in einer besser oder schlechter ausgestatteten Institution lebt, die Pflegerin beschäftigt sich im Laufe des Tages mehr oder weniger immer mit etwas anderem, im allgemeinen mit einem anderen Kind.

Bei der konventionellen Bewegungsentwicklung müssen die Kinder einzeln in verschiedene Lagen gelegt, aufgesetzt und aufgestellt werden. Wenn die Kinder müde werden, muß man sie in eine andere Position bringen, ihnen ihr Spielzeug immer wieder in die Hand geben, weil sie allein hilflos sind. Die Pflegerin hat fast pausenlos allein schon mit der Bewegung und dem ständigen Hinreichen des Spielzeugs zu tun. Dies nimmt einen bedeutenden Teil ihrer Arbeitszeit in Anspruch. So verbringen die Kinder mehr oder weniger Zeit des Tages mit Warten. Es passiert z. B. nicht selten, daß die hingesetzten Kinder nach vorne kippend einschlafen, bevor man ihnen zu Hilfe kommt. Oder sie stehen weinend längere Zeit, weil sie an der Hand geführt werden wollen. Selbst die gelegentlich rechtzeitige Hilfe ändert nicht viel an ihrer Situation, da sie bald wieder eine neue Hilfe brauchen.

Die Pflegerin, die in Krippen und Säuglingsheimen im Falle der konventionellen Bewegungsentwicklung gewissenhaft arbeiten möchte, muß sich immer mehr beeilen, nicht nur mit den üblichen Aufgaben, sondern auch mit der Pflege der einzelnen Kinder, dem Baden, Füttern, Wickeln usw. Sie muß sogar ihre Pflegetätigkeit öfter unterbrechen. Die Eile und Hast in der Pflege verhindern aber das Entstehen einer guten Beziehung zwischen dem Kind und der Pflegerin, was wiederum die gesamte Entwicklung des Kindes ungünstig beeinflußt, ja sogar wesentlich stört. Die Schwierigkeiten vermehren sich dadurch, daß man dort, wo man das Aufsetzen, Aufstellen und An-der-Hand-führen für wichtig hält, meistens die Bereitstellung eines entsprechenden Platzes und adäquater Möglichkeiten zur freien Bewegung vernachlässigt. So verbringen die Kinder im allgemeinen unnötig viel Zeit in ihren engen Betten. Auch wenn man sie in Spielgittern unterbringt, haben sie dort häufig nicht einmal die Fläche eines Bettes zur

Verfügung (in ein Spielgitter von 120×120 cm kommen 3 bis 4, in ein Spielgitter von 200×200 cm 6 bis 8 oder mehr Kinder). Wenn sie versuchen, sich zu bewegen oder zu spielen, gefährden sie sich gegenseitig ungewollt in dem Gedränge, weil sie noch nicht fähig sind, sich zu schützen oder einander auszuweichen. So beraubt man sie sogar im Spielgitter der Ungestörtheit und Freude an ihrer aktiven Bewegung.

Die fehlende Bewegung wird häufig durch zusätzliche «Übungen», durch sogenannte Gymnastik ersetzt. Aber weder diese noch andere Formen des «Förderns» bedeuten eine Lösung, wenn man die Behinderung der Bewegung nicht abschafft. Und dort, wo der freien Bewegung nichts im Wege steht, ist die Notwendigkeit einer Säuglingsgymnastik grundsätzlich fragwürdig. Die übliche Säuglingsgymnastik ist nicht nur keine Lösung der Probleme, sondern sie schafft sogar unphysiologische Situationen, indem sie die Säuglinge meistens vor Aufgaben stellt, die ihre jeweilige Entwicklungsstufe übersteigen.

Der unmittelbare Eingriff in die Bewegungsentwicklung vom Drehen auf den Bauch bis zum Üben des Gehens ist in Institutionen selbst dann von Nachteil, wenn im übrigen genügend Platz für die freie Bewegung vorhanden ist. In Institutionen nämlich – unter ungünstigen Umständen aber auch in Familien – findet ein Teil der aufgesetzten, aufgestellten und an der Hand geführten Kinder an der Position bzw. Bewegung keine Freude mehr, die sie selbständig einzunehmen bzw. auszuüben in der Lage wären, selbst dann nicht, wenn sie hierzu die Möglichkeit hätten. Sie bleiben eher passiv oder warten weinend ab, daß man mit ihnen die Positionen bzw. Bewegungen übt, die sie noch nicht selbständig einnehmen bzw. ausüben können. In Institutionen kommt dies im Gegensatz zu den Familien deshalb häufiger vor, weil die Pflegerin, die sonst auch nie Zeit hat und während der Pflegetätigkeiten unpersönlich schnell ist, sich nur beim Üben der Bewegungen ausschließlich mit einem Kind befaßt (in Familien, wo es gleichzeitig meistens nur einen Säugling gibt, verschärft sich die Situation nur selten so).

Bei der Bewegungsentwicklung im Lóczy, bei der das Kind stufenweise lernt, sich selbständig zu bewegen, sein Spielzeug selbständig sucht und seine Position und seinen Platz selbständig wechselt, ist der Arbeitsvorgang genau umgekehrt. Das Kind ist beim Spielen selten auf Hilfe angewiesen. Wenn es aus Unerfahrenheit oder aus anderen nicht voraussehbaren Gründen Hilfe braucht und aus der störenden Situation befreit wird, sucht es diese im allgemeinen nicht wieder auf. Wird das Problem gelöst, spielt es aktiv und friedlich weiter.

Dadurch kann die Pflegerin der Pflege des einzelnen Kindes ruhig mehr Zeit widmen. Sie lebt nicht in ständiger Spannung und Eile. Gelegentlich, wenn das Kind Hilfe braucht, hat sie eher Zeit, ihm zu helfen und es zu beruhigen. Als Folge dessen entsteht zwischen ihr und ihren Pfleglingen eine bessere Beziehung,

die Kinder sind fröhlicher, aktiver und haben Lust, sich auf ihren adäquaten Spielplätzen zu bewegen.
Bei den Ergebnissen, die wir im Verhüten des Hospitalismus erreichten, spielt unserer Ansicht nach die selbständige Bewegungsentwicklung unter den Bedingungen im Lóczy eine bedeutende Rolle.

ZUSAMMENFASSUNG, SCHLUSSFOLGERUNGEN

Um die Auswirkung einzelner, die Bewegungsentwicklung unmittelbar beeinflussender Umweltfaktoren kennenzulernen, in erster Linie jedoch um zu klären, inwieweit das «Fördern» und «Üben» mit den Kindern notwendig bzw. wünschenswert ist, damit der physiologische Verlauf der Bewegungsentwicklung gesichert wird, haben wir im Lóczy die Bewegungsentwicklung von 722 gesunden Kindern, vom Sich-auf-die-Seite-Drehen bis zum sicheren Gehen beobachtet.
Wir haben für die Bedingungen entsprechender Pflege und Erziehung gesorgt. Wir hielten es für wichtig, daß die Kinder so gekleidet sind, daß sie sich frei bewegen können und daß sie genügend Platz haben, um sich selbst oder die anderen Kinder nicht zu gefährden. Gleichzeitig haben wir ihnen immer die Möglichkeit zum selbständigen Üben der verschiedenen Bewegungen gegeben.
Mit der guten Beziehung der Kinder zu den Erwachsenen haben wir erreicht, daß sie im allgemeinen in guter Stimmung und in ihrer wachen Zeit aktiv tätig waren. Ihre Bewegungsentwicklung haben wir jedoch weder durch unmittelbare Unterstützung noch durch Hilfe beeinflußt.
Die 722 Kinder, deren Bewegungsentwicklung wir aufgearbeitet haben, lebten zwischen 1946 und 1966 im Lóczy. Die weiteren fünf Kinder, bei denen wir die Bewegungsaktivität analysiert haben, waren zwischen 1966 und 1969 in unserem Institut. Die Beobachtungen, die als Grundlage zu den beiden Untersuchungen dienten, führten wir unter den gewohnten Umständen, bei den täglichen Aktivitäten der Kinder durch, also nicht in experimentellen Situationen.
Aus den beiden Untersuchungen und der Beobachtung des täglichen Lebens der Kinder im Lóczy einerseits und aus dem Vergleich mit den Daten der Fachliteratur sowie mit dem täglichen Leben der Kinder in Familien oder in anderen Institutionen andererseits ergibt sich folgendes:
1. Wenn eine entsprechende persönliche Beziehung besteht und wenn das freie Üben der aus eigener Initiative entstandenen Bewegungen ermöglicht wird, erfolgt die Entwicklung der Bewegungen vom Sich-auf-die-Seite-Drehen bis zum sicheren Gehen im allgemeinen ohne wesentliche Verspätung und regelmäßig,

ohne den direkten, modifizierenden, fördernden und lenkenden bzw. verbietenden Eingriff der Erwachsenen.
2. In der Bewegungsentwicklung spielen, parallel mit der Ausreifung des Nervensystems, die für das Säuglingsalter charakteristischen Übergangsbewegungen und ihr Üben eine bedeutende Rolle. Sie bereiten den Organismus in einer seinem Entwicklungsgrad und seinen Anlagen gemäßen Weise und dem ihm entsprechenden Zeitmaß für die höher entwickelten Bewegungen vor. Diese Übergangs-Bewegungsformen sind: das Sich-vom-Rücken-auf-die-Seite-und-zurück-Drehen, das-Sich-auf-den-Bauch-und-zurück-Drehen, das Spielen auf dem Bauch, das Wälzen, das Rollen, das Kriechen auf dem Bauch und das Krabbeln auf Knien und Händen sowie die Übergangsformen des Sich-Aufsetzens und Sich-Niederlassens.
3. Das Erscheinen der Übergangsbewegungen ist unter günstigen Umständen gesetzmäßig, man kann es aber auch unterdrücken. Ihr Erscheinen reguliert der mit dem Kind in guter Beziehung lebende Erwachsene einerseits dadurch, daß er sie verbietet oder zuläßt, andererseits indem er die äußeren Bedingungen für sie schafft oder nicht schafft (Platz, Kleidung, Spielzeug usw.). Der Erwachsene, der zeitweise das Kind auf den Bauch legt, aufsetzt, aufstellt und an der Hand führt, unterdrückt das Erscheinen sowie das Üben der Übergangsbewegungen noch nicht vollständig, er macht diese Bewegungen nur für die Zeit unmöglich, während der er das Kind in diesen Positionen hält bzw. mit ihm Positionen und Bewegungen übt, die es ohne Hilfe einzunehmen bzw. auszuführen noch nicht fähig ist. Bei der Bewegungsentwicklung im Lóczy kommen die Übergangs-Bewegungen regelmäßig vor und bilden einen organischen Bestandteil der Bewegungsentwicklung.
4. Im Laufe der selbständigen Bewegungsentwicklung unter den Bedingungen im Lóczy verbringen die Kinder ihre wache Zeit äußerst beweglich in vielfältigen Positionen und wechseln diese häufig. Sie wechseln auch immer häufiger ihren Platz und ihre Fortbewegung, z. B. Kriechen auf dem Bauch und Krabbeln auf Knien und Händen wird immer ausdauernder.
5. Im Verlauf der selbständigen Bewegungsentwicklung können die Kinder die Übergangsbewegungen nach ihrem Belieben üben während sie wach sind. Sie kennen die Positionen und Bewegungen nicht, die zu üben sie noch nicht reif genug sind. Jede nächstfolgende Stufe suchen sie aus eigener Initiative selbständig auf. Dies begünstigt die gute Koordination, in der sie sich höher entwickelte Stufen der Bewegungsentwicklung aneignen, sowie ihre stufenweise wachsende Selbständigkeit, ihr selbständiges Spielen und ihre Aktivität im allgemeinen.
Auf die Bewegungslust der Kinder wirkt es sich positiv aus, daß ihre Beweglichkeit während des Erlernens der Grund-Bewegungsformen gleichmäßig bleibt und daß sie als Folge aktiver Tätigkeit die immer neuen Stufen der Bewegungs-

entwicklung sowie ihre Umwelt selbständig kennenlernen. Das schafft die Grundlage zu einem guten, emotionalen Zustand wie auch zu einer entsprechenden kognitiven wie allgemein psychischen Entwicklung.
6. Diese Art der Bewegungsentwicklung hat durch die größere Selbständigkeit der Kinder einen günstigen Einfluß auf die Beziehung zwischen Kind und Erwachsenem. Die Kinder belasten die Erwachsenen weniger und dadurch entwickelt sich, besonders in Institutionen, aber auch im Falle beschäftigter Mütter, die gegenseitige Beziehung ruhig und ausgeglichen.

Wenn wir die typischen Merkmale der konventionellen Bewegungsentwicklung mit den charakteristischen Merkmalen der selbständigen Bewegungsentwicklung im Lóczy vergleichen, müssen wir die zuletzt genannte Form als physiologisch ansehen.

FOTOS ZU BEZIEHUNG, PFLEGE UND BEWEGUNG

Die folgenden Fotografien sind von der Fotografin Marian Reismann im Laufe von vielen Jahren im Lóczy aufgenommen worden. Sie dokumentieren die Beziehungen der Pflegerinnen zu den Kindern, die sorgsame, die Autonomie des Kindes respektierende Pflege und eine Bewegungsentwicklung, für die dem Kind genügend Zeit gelassen wird.

Bild 1

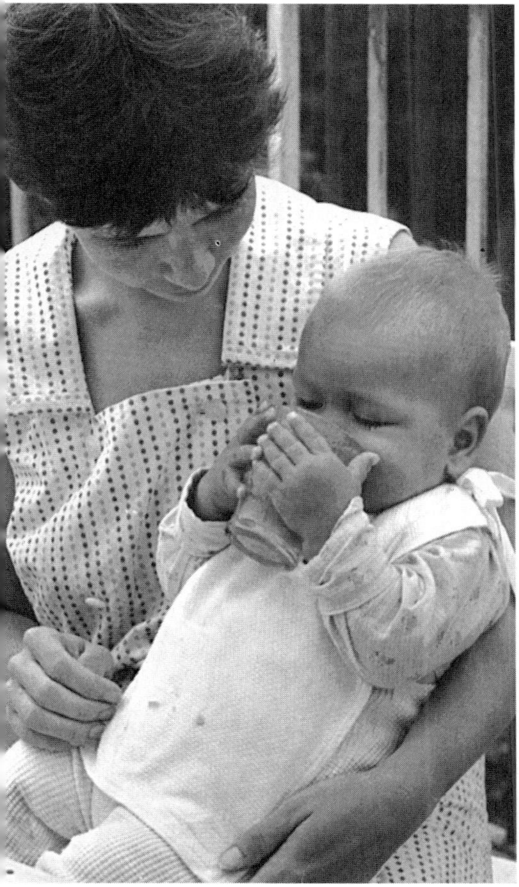

Bild 2

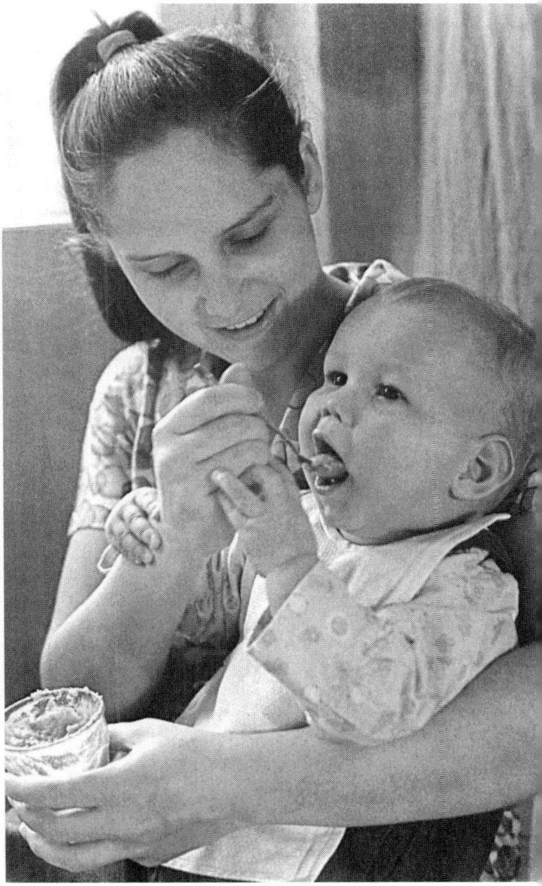

Bild 3

Bild 4

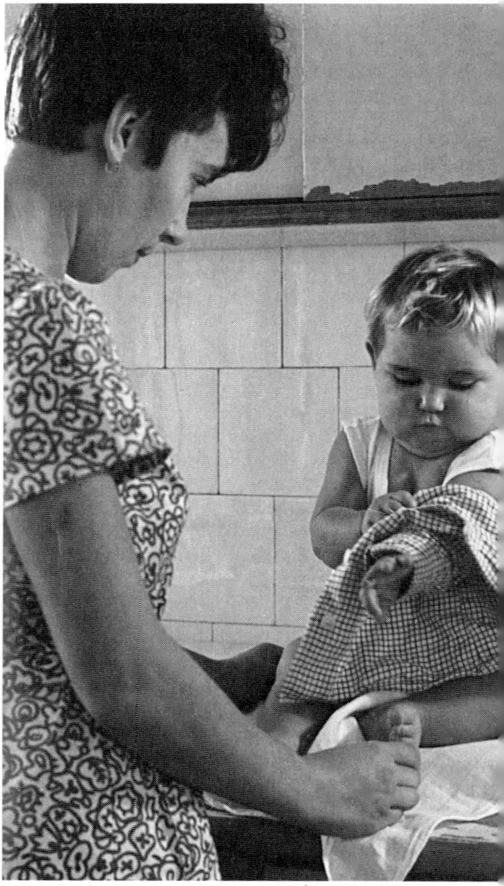

Bild 5

Bild 6

Bild 7

Bild 8

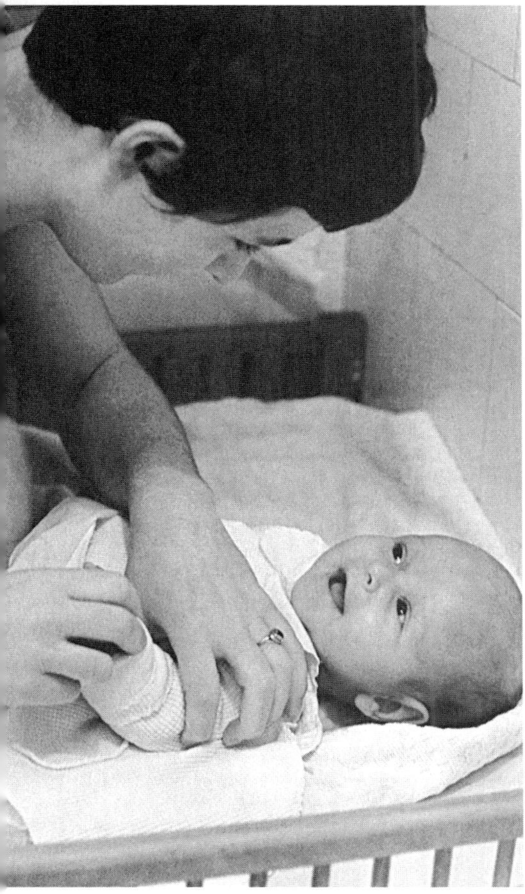
Bild 9

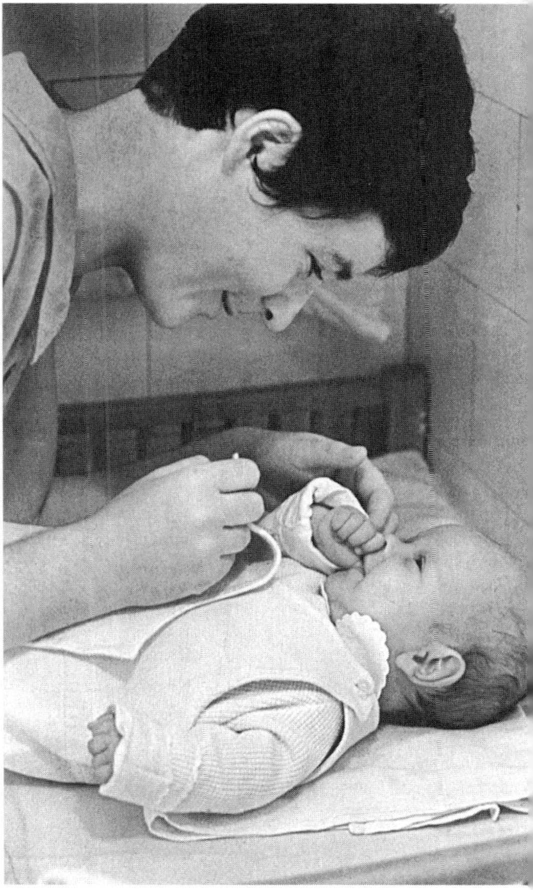
Bild 10

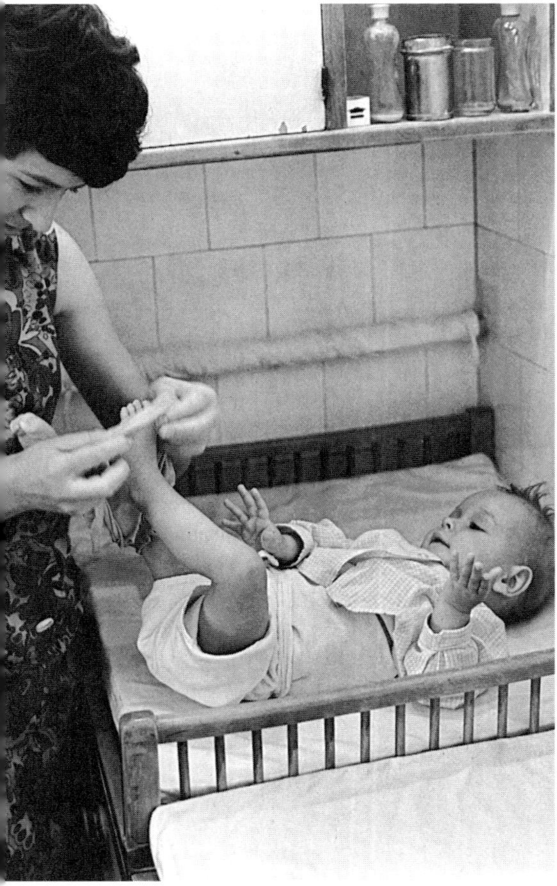

Bild 11

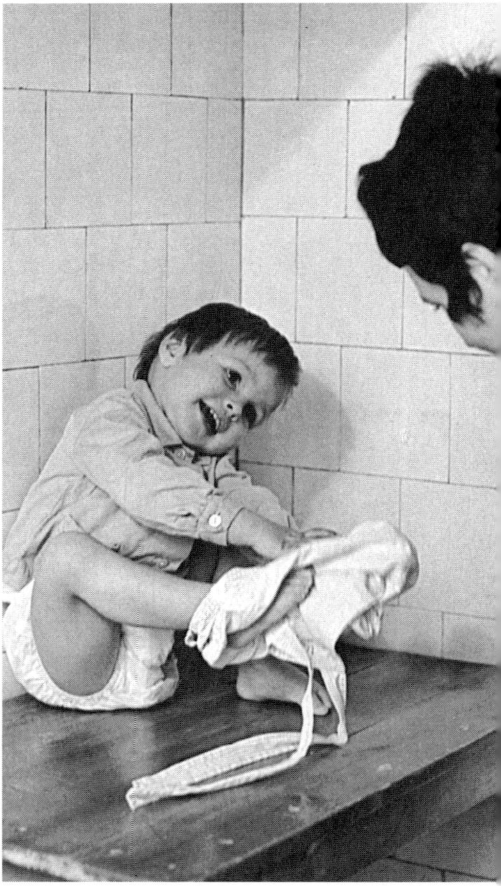

Bild 12

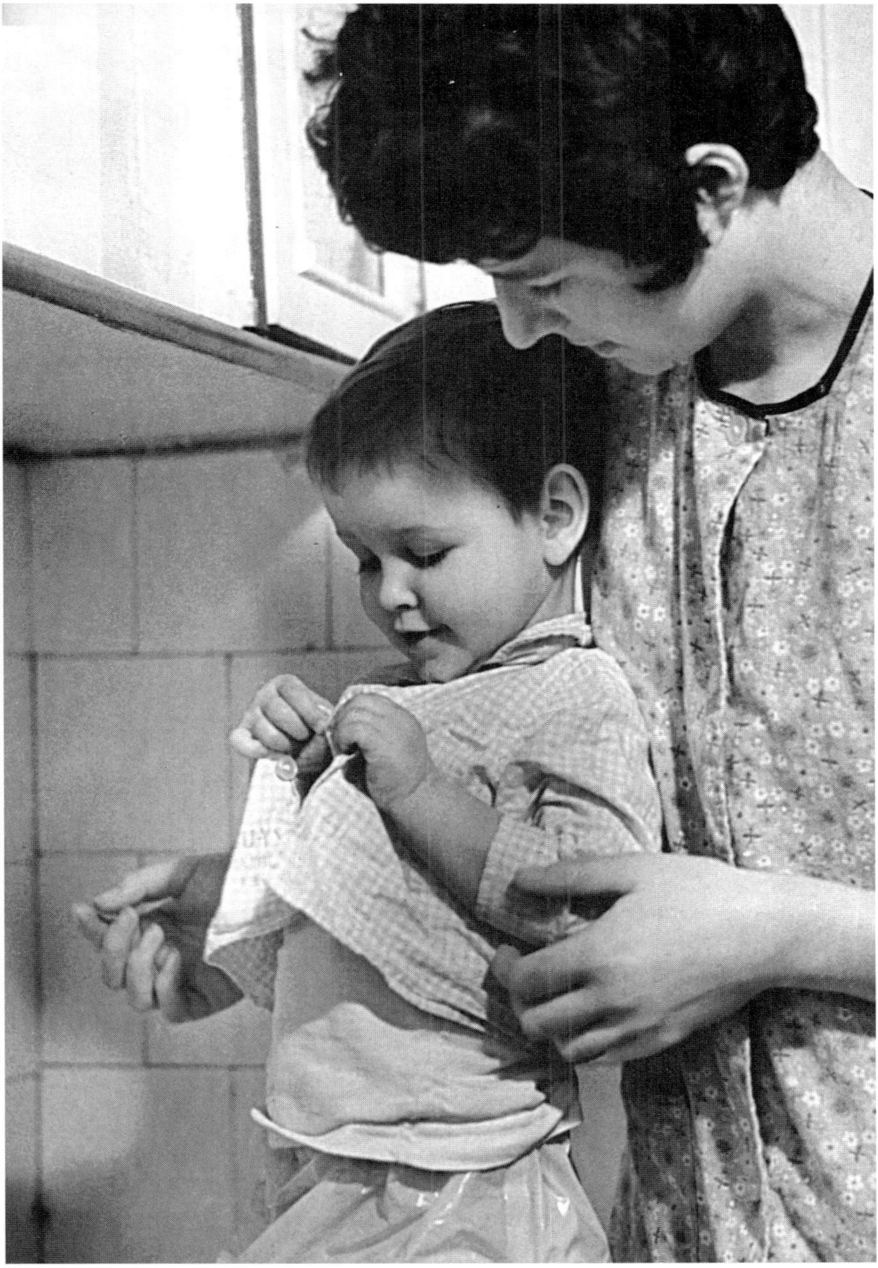

Bild 13

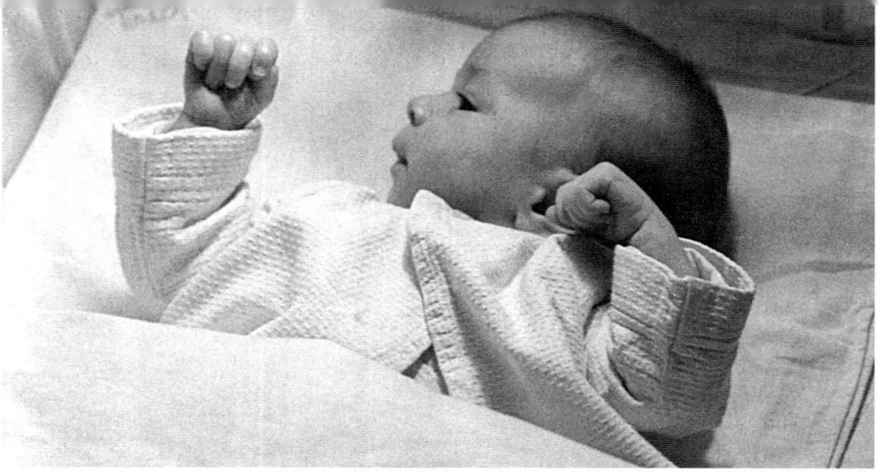

Bild 14 △ *Bild 15* ▽

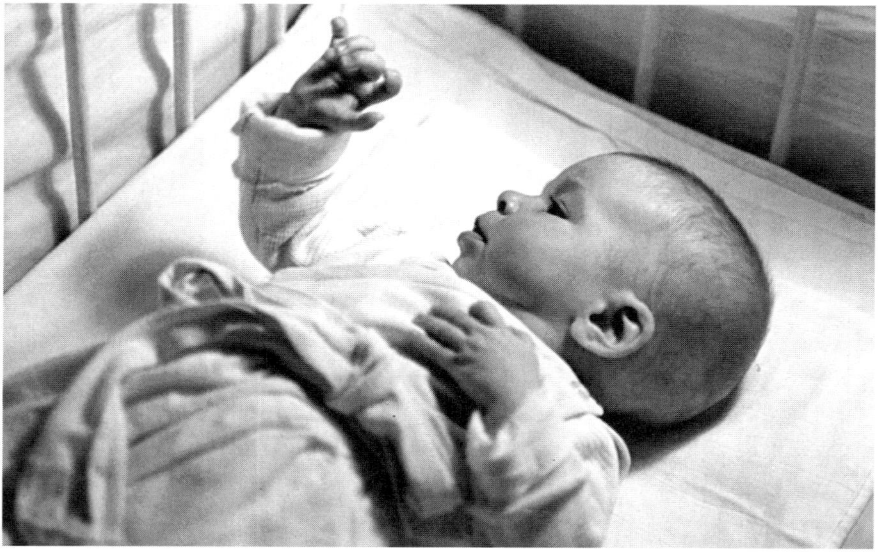

Bild 16 ▽

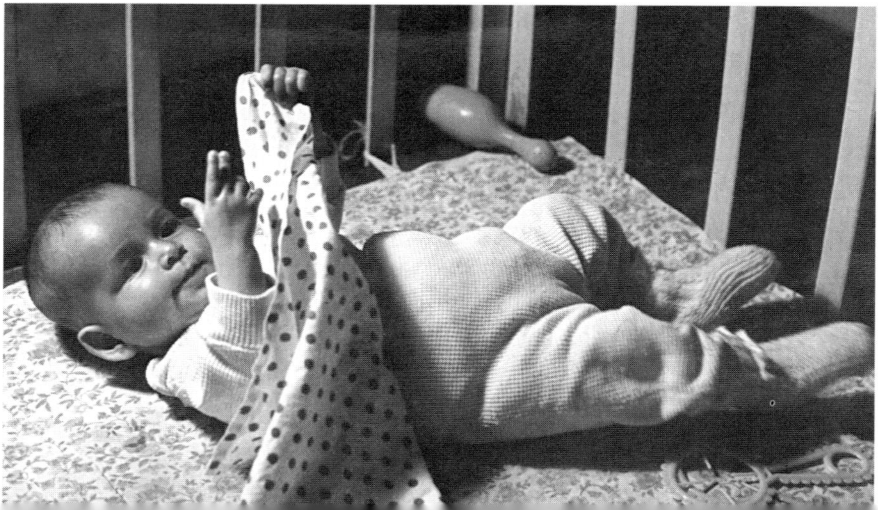

Bild 17

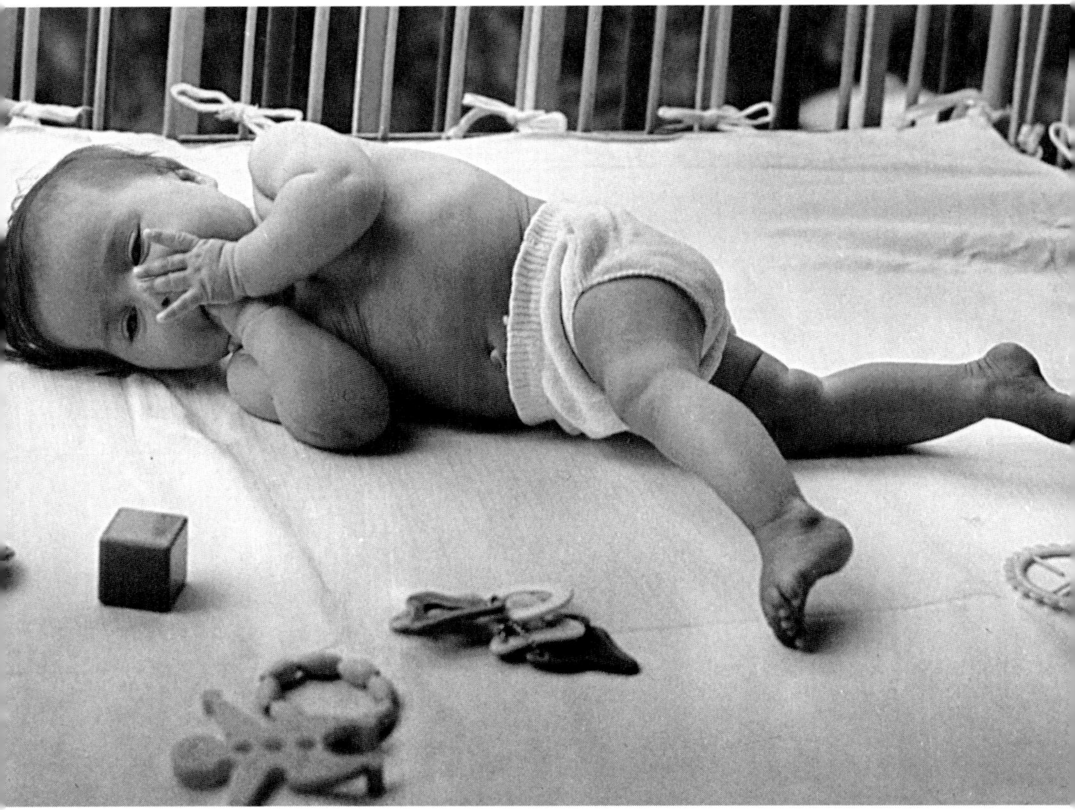

Bild 18

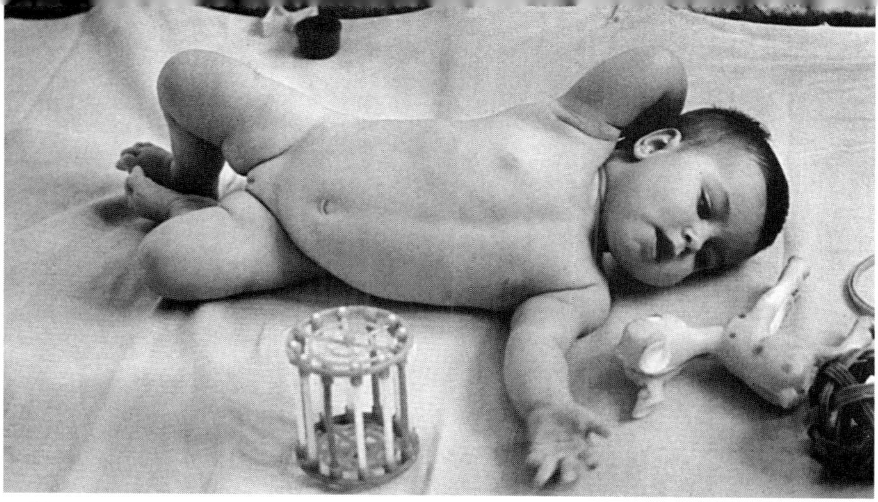

Bild 19 △

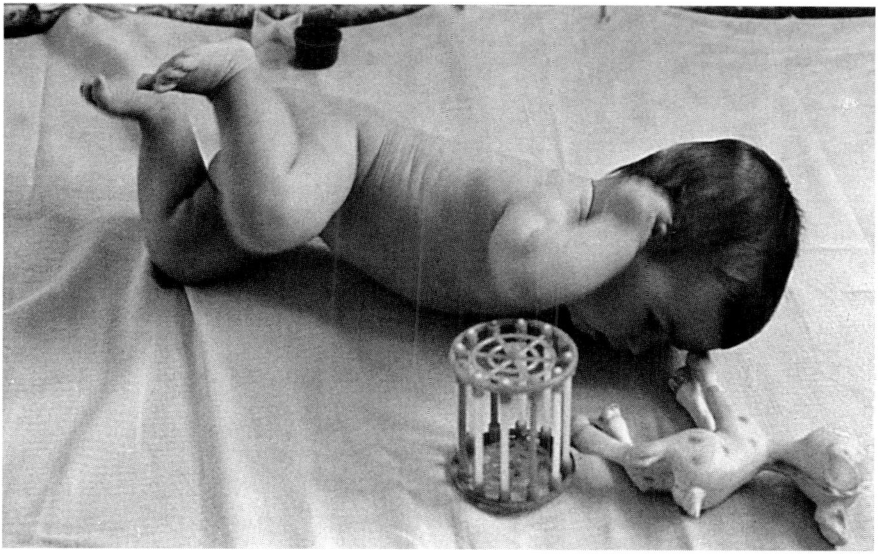

Bild 20 △

Bild 21 ▽

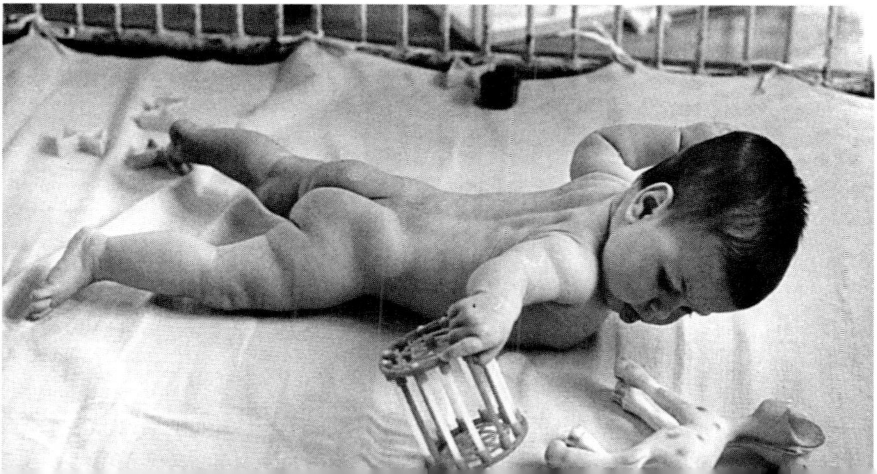

Bild 22

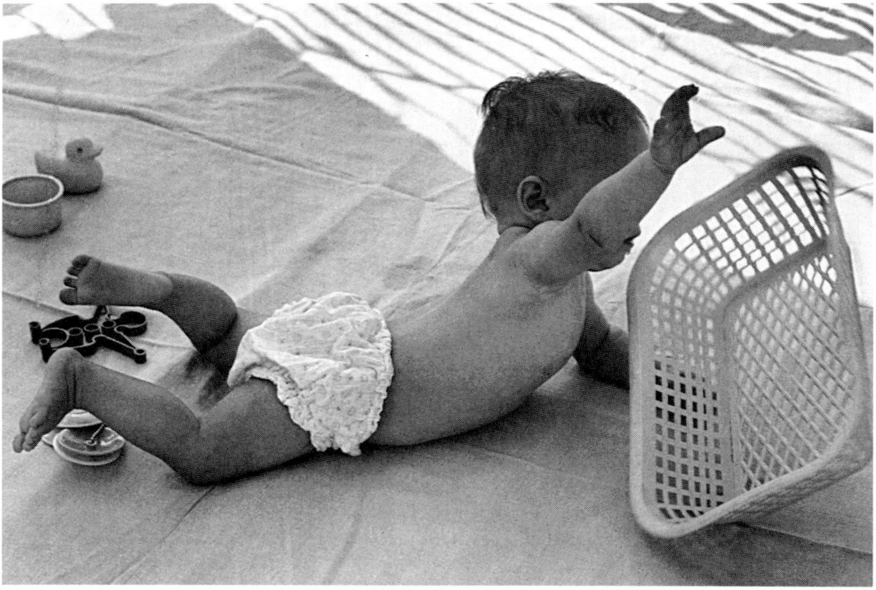
Bild 23

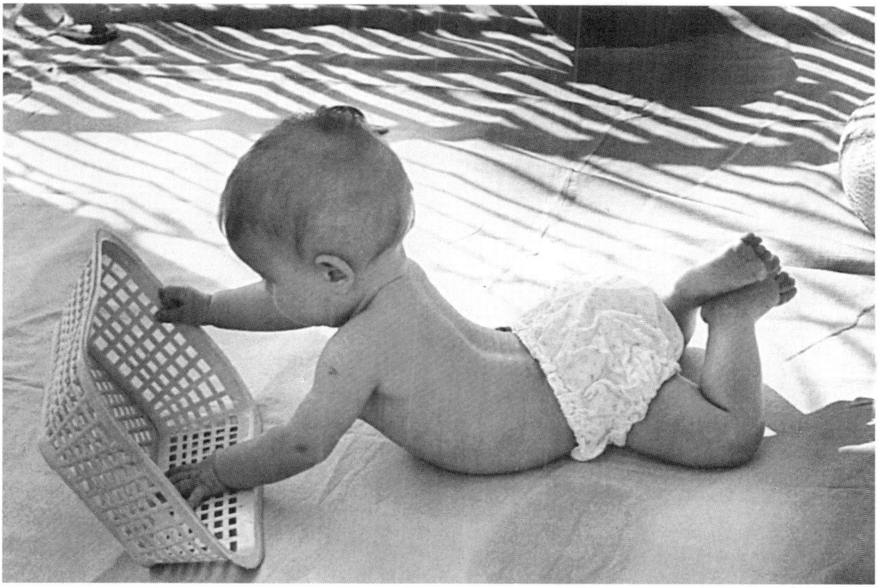

Bild 24 △

Bild 25 ▽

Bild 26

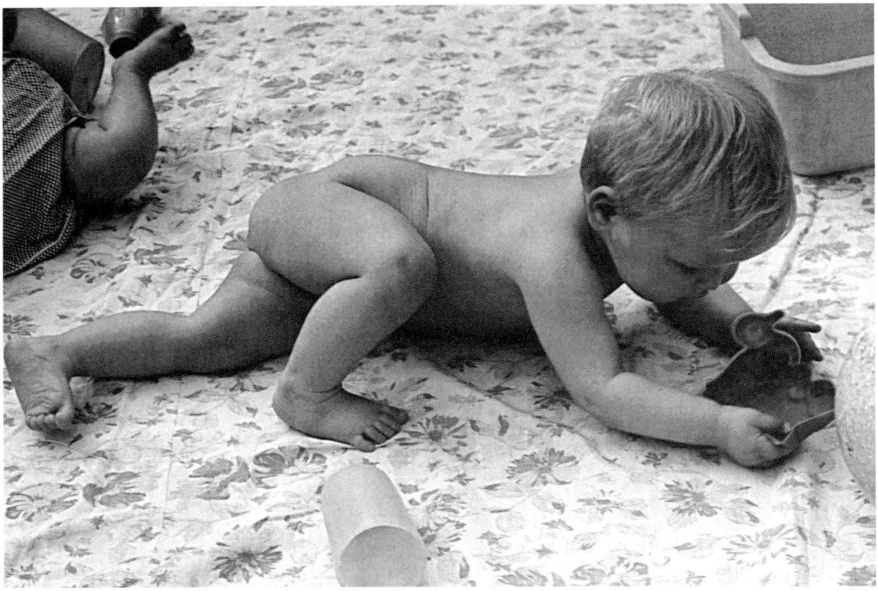

Bild 27

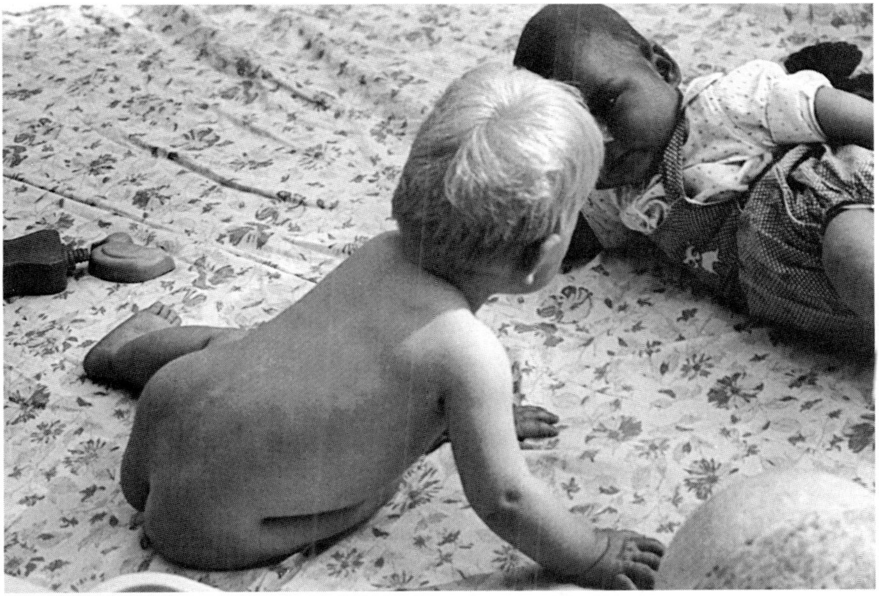

Bild 28 △

Bild 29 ▽

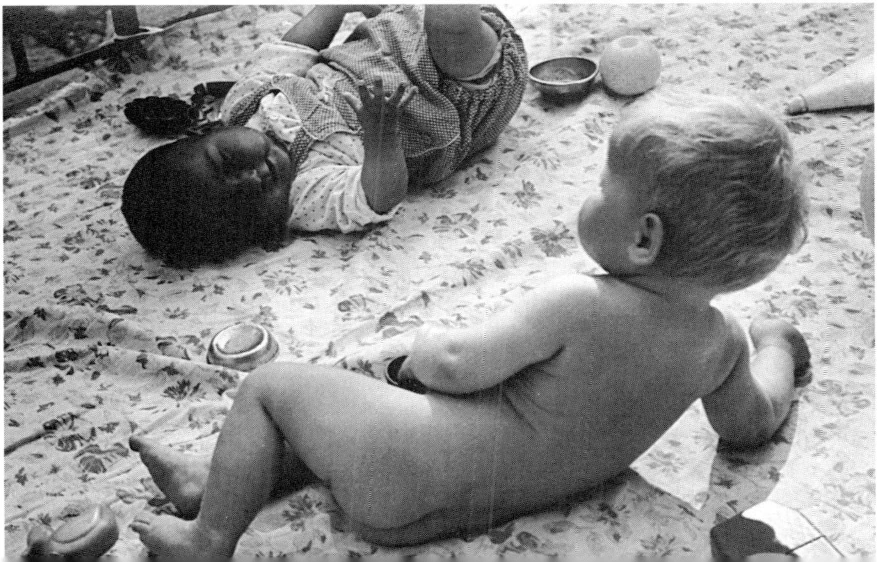

Bild 30

Bild 31

Bild 32

Bild 33

Bild 34

Bild 35

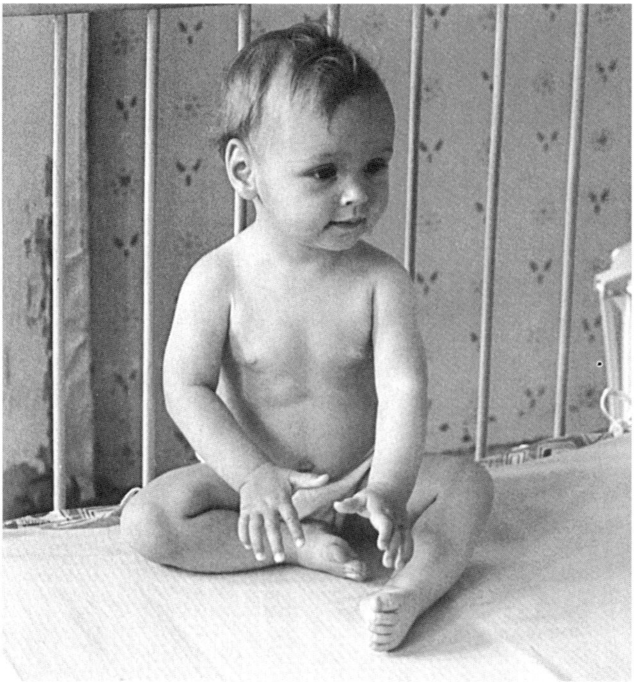

Bild 36 △

Bild 37 ▽

Bild 38 △

Bild 39 ▽

Bild 40

Bild 41

Bild 42

Angaben zu den Fotoserien

Serien	Bild Nr.	Name	Geburtsdatum	Geburts-gewicht	Alter des Kindes bei seiner Aufnahme ins Lóczy	Alter des fotografierten Kindes
1. Pflege und Beziehung I.	1	Irén K.	12. II. 1969	3800 g	15 Tage	5 Monate 25 Tage
	2	Elöd K.	22. XI. 1965	3750 g	11 Tage	12 Monate
	3	Tibor K.	09. II. 1969	3450 g	15 Tage	7 Monate 23 Tage
	4	Gabriella J.	02. XI. 1966	3200 g	16 Tage	12 Monate 16 Tage
	5	Krisztina B.	23. XI. 1969	3300 g	13 Tage	22 Monate 13 Tage
	6	Tamás E.	13. IV. 1969	4000 g	12 Tage	9 Monate 29 Tage
2. Pflege und Beziehung II.	7	Angela H.	08. VII. 1969	2800 g	17 Tage	2 Monate 30 Tage
	8	Angela H.	08. VII. 1969	2800 g	17 Tage	11 Monate 11 Tage
	9	Angela H.	08. VII. 1969	2800 g	17 Tage	2 Monate 30 Tage
	10	Angela H.	08. VII. 1969	2800 g	17 Tage	2 Monate 30 Tage
	11	Angela H.	08. VII. 1969	2800 g	17 Tage	8 Monate 24 Tage
	12	Angela H.	08. VII. 1969	2800 g	17 Tage	21 Monate
	13	Angela H.	08. VII. 1969	2800 g	17 Tage	19 Monate
3. Das Interesse für die Hände beginnt in der Rückenlage	14	Krisztina B.	23. XI. 1963	3300 g	13 Tage	1 Monat 19 Tage
	15	Krisztina B.	23. XI. 1963	3300 g	13 Tage	2 Monate 23 Tage
	16	Krisztina B.	23. XI. 1963	3300 g	13 Tage	5 Monate 10 Tage
	17	Krisztina B.	23. XI. 1963	3300 g	13 Tage	10 Monate 17 Tage
4. Seitlage, Drehbewegungen und Beweglichkeit in der Bauchlage	18	Andrea H.	16. II. 1971	2950 g	14 Tage	5 Monate 19 Tage
	19–21	Szilvia S.	09. VI. 1973	3500 g	20 Tage	8 Monate 4 Tage
	22–25	Emöke B.	03. III. 1971	1970 g	3 Monate 7 Tage	5 Monate 8 Tage
5. Anna in Übergangspositionen	26–29	Anna R.	14. VI. 1966	2400 g	28 Tage	11 Monate 27 Tage
6. Umsicht und Geschicklichkeit	30–35	Maria Z.	22. III. 1965	3100 g	8 Tage	18 Monate 15 Tage
7. Angela sitzt und spielt auch liegend	36	Angela H.	08. VII. 1969	2800 g	17 Tage	10 Monate 25 Tage
	37	Angela H.	08. VII. 1969	2800 g		10 Monate 25 Tage
	38	Angela H.	08. VII. 1969	2800 g		13 Monate 2 Tage
	39	Angela H.	08. VII. 1969	2800 g		14 Monate 3 Tage
8. «Selbstständig»	40–41	Irén L.	26. I. 1977	2500 g	1 Monat 4 Tage	16 Monate
	42	István E.	20. VI. 1964	3760 g	19 Tage	24 Monate

2.
Ergänzende Materialien zur selbständigen Bewegungsentwicklung

SOLL MAN DAS NEUGEBORENE AUF DEN RÜCKEN ODER AUF DEN BAUCH LEGEN?

Seit mehr als zwanzig Jahren empfehlen viele Ärzte, die Säuglinge vom ersten Tag an – ständig oder von Zeit zu Zeit – auf den Bauch zu legen. Viele Kinderärzte, vor allem aber Orthopäden, sehen darin eine vorteilhafte Methode zur Behandlung von Hüftdysplasien und zu ihrer Prophylaxe. Sie hoffen, damit verhindern zu können, daß die bewegliche, asymmetrische Lage, die man bei der Geburt noch für physiologisch hält, sowie der Schiefhals muskulären Ursprungs sich fixieren.

Daneben verbreitet sich immer mehr die Ansicht, die psychische und motorische Entwicklung des Säuglings würde günstig beeinflußt, wenn er – bevor er sich aufrichtet – so lange wie möglich auf dem Bauch spielen könnte. Seine Rumpfmuskulatur würde sich kräftigen, wenn er sich in dieser Lage aktiv bewegen und kriechend fortbewegen könnte. Auch sei es von Vorteil, daß die motorische Entwicklung des Kindes, das auf dem Bauch erzogen wird, schneller vor sich ginge (MAU 1969a). Einige Autoren halten die Bauchlage von Geburt an für physiologisch, während die Rückenlage nur ein Erbe der Zivilisation sei (MAU 1969a, HEMPEL 1965).

Andere Argumente haben ausschließlich therapeutischen Charakter, mit ihnen werden wir uns hier nicht beschäftigen. Was die übrigen Vorteile der Bauchlage angeht, stimmen wir denjenigen völlig zu, die schreiben, daß die Phase, in der das Kind den größten Teil seines Tages auf dem Bauch verbringt, eine große Rolle bei der Verhinderung von Hüftdysplasien oder für den Ausgleich verschiedener Asymmetrien spielt.

Auch wir erkennen die wesentliche Bedeutung der motorischen und psychischen Entwicklung des Kindes in dieser Phase an. Wir sind mit denen einverstanden, die wünschen, daß der Säugling, bevor er sich aufsetzt oder aufsteht, so viel wie möglich auf dem Bauch kriecht oder auf Knien und Händen krabbelt und sich von der Bauchlage aus nur dann aufsetzt oder aufsteht, wenn er das selbständig und aus eigener Initiative heraus vermag (MAU 1965, REISETBAUER/CZERMAK 1972 u. a.).

Wir haben jedoch Zweifel, ob es, um dies alles zu erreichen, sinnvoll ist, den Säugling gleich von Geburt an auf den Bauch zu legen.

Widersprüche bei den Vergleichen

Die Vor- und Nachteile der beiden Positionen sind systematisch untersucht worden, es ist aber schwierig, zu einer Beurteilung zu kommen, da einige Autoren für diese Vergleiche Entwicklungsprozesse parallel setzen, die absolut nicht zu vergleichen sind. Schließlich ist es nicht nur die Ausgangslage, die sich von Kind zu Kind unterscheidet. Auch die Bedingungen, unter denen die beobachteten Kinder aufwuchsen, sind vollkommen verschieden.

So berichtet REISETBAUER (1971) von einer Serie von Untersuchungen, die bei 3603 Kindern ohne sichtbare Anzeichen von Hüftluxationen vorgenommen wurden. 900 von diesen Kindern wurden von der zweiten Woche an ständig auf den Bauch, 2703 Kinder wurden auf den Rücken gelegt. In der ersten Gruppe zeigten sich während des Zeitraumes der Beobachtung keinerlei Anomalien. Dagegen wurden in der zweiten Gruppe 80 Fälle von Hüftdysplasien zwischen der 5. und 16. Woche diagnostiziert. Der Autor nimmt an, daß die Rückenlage einen exogenen Schädlichkeits-Faktor bei dem Auftreten dieser Dysplasien darstellt: Also schlägt er als Präventionsmaßnahme für das Neugeborene die Bauchlage vor.

Dabei bestand hier der Unterschied zwischen beiden beobachteten Gruppen nicht nur in der Ausgangslage (Rücken oder Bauch), sondern auch, wie es der Autor selbst beschreibt, in der Art und Weise, in der die Säuglinge gewickelt und angezogen wurden. Diejenigen, die auf den Bauch gelegt wurden, waren so gekleidet, daß ihnen eine große Bewegungsfreiheit ermöglicht wurde. Durch die Art des Wickelns wurde die Bewegung der Hüftgelenke nicht behindert. Sie wurden in mobiler Abduktion gehalten, während die Säuglinge, die auf dem Rücken lagen, traditionsgemäß gewickelt wurden, d. h. die Hüftgelenke wurden in der künstlichen Extensions-Adduktionshaltung fixiert.

Interviews mit REISETBAUER und CZERMAK (1971, 1972) über das gleiche Thema in der «Medical Tribune» und in «Le Pediatre» sind durch Zeichnungen (Abb. 9, 10) illustriert, die schematisch die motorische Entwicklung bei der Bauchlage (a) bzw. Rückenlage (b) als Ausgangslage darstellen.

Die Serie, die die motorische Entwicklung bei Rückenlage als Ausgangslage illustriert, zeigt offensichtlich die Entwicklung eines Kindes, das sich auf dem Rücken nicht frei bewegen kann, vermutlich weil es in Adduktion gewickelt war und so in seinen Bewegungen behindert wurde. Unter diesen Bedingungen kann es auch nur mit Hilfe der Erwachsenen passiv zum Sitzen gekommen sein, was anscheinend als Voraussetzung seiner weiteren Entwicklung angesehen wurde.

HEMPEL (1965) nimmt eine analoge Auswertung vor. Er vergleicht Kinder, die von Geburt an auf den Bauch gelegt wurden unter Bedingungen, die freie

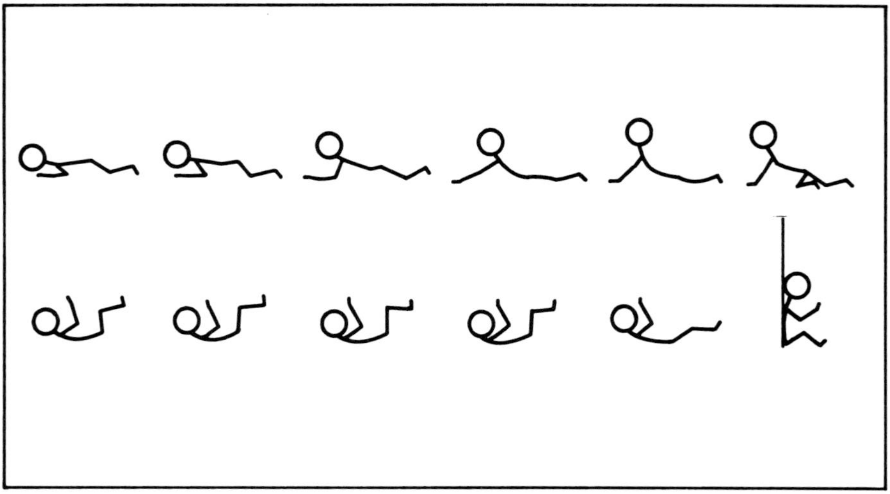

Abb. 9: Illustration des Verlaufs der Bewegungsentwicklung im 1. Lebenshalbjahr von Reisetbauer und Czermak.

Erklärungstext des Autors:
Beeinflussung der statischen Entwicklung im 1. Lebenshalbjahr. In Bauchlage (obere Reihe): Kontinuierliche statische Entwicklung. In Rückenlage (untere Reihe): Keine statische Entwicklung. Aus: E. Reisetbauer und H. Czermak, Wien: Die Körperlage des Säuglings. Tägl. Prax. 13. 403–412, Hans Marseille Verlag, München, 1972.

Abb. 10: Illustration des Verlaufs der Bewegungsentwicklung im 2. Lebenshalbjahr von Reisetbauer und Czermak.

Erklärungstext des Autors:
Beeinflußung der statischen Entwicklung im 2. Lebensjahr. Aus der Bauchlage: Aufrichtung über Quadrupedenstadium. Aus der Rückenlage: Nach künstlichem «Sitzstadium» verzögerte Aufrichtung. Aus: E. Reisetbauer und H. Czermak, Wien: Die Körperpflege des Säuglings. Tägl. Prax. 13. 403–412, Hans Marseille Verlag, München, 1972.

Bewegung erlaubten, mit Kindern, die in Rückenlage und traditionell gewickelt aufwuchsen. Auch ERLACHER (1959) hält die Rückenlage und das Wickeln, bei dem die Hüft- und Kniegelenke gestreckt werden, für eine unauflösliche Einheit.
Zweifellos bedeutet die Bauchlage gegenüber der Rückenlage in Verbindung mit der traditionellen Art des Wickelns einen Vorteil, wenn sie den Säugling von den Unannehmlichkeiten dieses Wickelns befreit. Gleichwohl ist die Extensions-Adduktions-Wickelart und die damit verbundene Bewegungsbehinderung der unteren Gliedmaßen nicht unauflöslich mit der Rückenlage verbunden.

Rückenlage und Bewegungsentwicklung

Zur Passivität und beschränkten Bewegungsmöglichkeit des Kindes, das von Geburt an auf den Rücken gelegt wird, und zu seiner Unfähigkeit, sich aus der Rückenlage ohne Hilfe des Erwachsenen aufzurichten, wie es REISETBAUER (1971) beschreibt, möchten wir folgendes sagen.
Neugeborene oder Säuglinge können auch auf dem Rücken sehr beweglich sein, wenn man die rigide Wickelart, die ihre Bewegungen behindert und bei weitem nicht überall üblich ist, unterläßt. Wenn die Säuglinge sich auf dem Rücken liegend frei auf einer flachen, nicht nachgiebigen Unterlage bewegen können, bei ausreichendem Platz und in einer Kleidung, die die Gelenkbeweglichkeit möglichst wenig einengt, nimmt nach unseren Beobachtungen – und im Gegensatz zu dem oben Angeführten – die Bewegungsentwicklung der Kinder ohne direkte Hilfe des Erwachsenen regelmäßig ihren Anfang in der Rückenlage.
Gewöhnlich drehen sich die Säuglinge im dritten bis vierten Monat auf die Seite und zurück auf den Rücken. Während dieser Periode spielen sie abwechselnd auf der Seite und auf dem Rücken liegend. Ihre Bewegungen werden immer lebhafter, sie können sich sogar um ihre sagittale Achse drehen. Im allgemeinen können sie sich gegen Ende des ersten halben Jahres selbst auf den Bauch drehen, auf den Rücken zurückdrehen und tun dies immer häufiger (s. Bild 18–21)
Schließlich drehen sie sich um sich selbst, sie rollen. Während dieser Periode spielen sie abwechselnd auf dem Bauch oder auf dem Rücken; gelegentlich schlafen sie auf dem Bauch ein. Später kriechen sie auf dem Bauch und krabbeln dann auf Knien und Händen. Aus dem Knie-Händestütz richten sie sich zum Kniestand auf, dann setzen sie sich auf und stehen auf. Ihre Entwicklung findet wie in dem Schema der Abbildung 1 S. 35 statt.
Damit diese Entwicklung der Großbewegungen beginnt und um zu erreichen, daß das Kind monatelang auf dem Bauch spielt und seine Reaktionen des Abstützens entwickelt (FALK 1964 b; REISETBAUER 1971) bzw. damit es sich von

der Bauchlage aus aufsetzt oder aufsteht, ist es nicht notwendig, das Neugeborene auf den Bauch zu legen und den Säugling monatelang in dieser Position zu halten, bevor er sich selbst auf den Bauch drehen kann. Dagegen muß auch in der Rückenlage für die Freiheit seiner Bewegung gesorgt und seine Lust, sich zu bewegen, beachtet werden.

Was aber das Auftreten oder Nichtauftreten der Hüftgelenkdysplasie und anderer orthopädischer Probleme bei den Kindergruppen, die von REISETBAUER beobachtet wurden, angeht, ist es nach unserer Erfahrung weder nötig, die Kinder von Geburt an auf den Bauch zu legen, noch sie in eine symmetrische Lage zu zwingen, um eine Asymmetrie oder einen geringen muskulären Schiefhals zu korrigieren. Ebenso braucht man diese Vorsichtsmaßnahme nicht, um Hüftdysplasien vorzubeugen. Im Lóczy, in dem die große Mehrheit der ankommenden Kinder zwischen einer und vier Wochen alt ist, haben wir kein Auftreten von Hüftdysplasie unter den Kindern beobachtet, die diesbezüglich keine Symptome bei ihrer Aufnahme zeigten. Zudem wurden die 31 Kinder, die zwischen dem 1. 1. 1958 und dem 31. 12. 1962 mit Symptomen oder der Verdachtsdiagnose einer Dysplasie des Hüftgelenkes in unser Institut aufgenommen wurden – und die unter ständiger orthopädischer Beobachtung standen – geheilt. Sie zeigten ohne besondere orthopädische Behandlung weder einen bleibenden klinischen noch einen radiologischen Befund. Wir führen diese Heilung auf die adäquaten Pflegebedingungen und insbesondere auf die optimale Bewegungsfreiheit zurück (FALK 1965).

Diese Säuglinge wurden, wie alle anderen, die im Lóczy inzwischen seit mehr als 30 Jahren aufgewachsen sind, von ihren Pflegerinnen im Bett oder Spielgitter auf den Rücken gelegt und zwar solange, bis sie sich von selbst und aus eigener Initiative auf die Seite und dann auf den Bauch drehten. Auch wenn sie asymmetrisch lagen, korrigierte der Erwachsene weder ihre Lage, noch machte er Gymnastik mit ihnen. Die Bewegungsentwicklung aller Kinder ging von der Rückenlage aus, wie sie diese in den ersten Lebenswochen spontan einnahmen. Bevor sie sich von selbst auf den Bauch drehten, befanden sie sich nur einige Momente in der Bauchlage, z. B. beim Abtrocknen nach dem Baden oder eventuell bei einer medizinischen Untersuchung. Auch wenn viele Kinder während der ersten Wochen ihres Lebens spontan eine schiefe oder ein wenig zur Seite gedrehte Lage einnahmen, d. h. eine Seite bevorzugten, entwickelte sich daraus keine dauernde Rückgratverkrümmung. Wir haben weder eine Skoliose beobachtet, noch einen bleibenden muskulären Schiefhals.

Man kann also annehmen, daß nicht die Rückenlage – die Position der 2703 Kinder, die in der Studie von REISETBAUER beobachtet wurden -, sondern die Behinderung ihrer Bewegungen verantwortlich für die beschriebenen Anomalien war, d. h. für das Fortbestehen des muskulären Schiefhalses oder seiner Verschlimmerung wie auch für die Entwicklung von Skoliosen und Schieflagen, die sich zum Dauerzustand entwickelten sowie bei 10 Prozent der Kinder einer Kombination dieser beiden Anomalien (Mau 1969). Wir nehmen an, daß die guten Resultate, die in den Vereinigten Staaten und England erzielt wurden (Mau 1965, 1969 a, 1969 b), nicht in erster Linie mit der Bauchlage zusammenhängen, die als einziger Faktor hervorgehoben wird, sondern mit der Bewegungsfreiheit, derer sich für gewöhnlich die Kinder dieser Länder erfreuen können.

Deshalb sind wir der Ansicht, daß ein Kind keineswegs größere Vorteile hat, wenn es von Geburt an auf dem Bauch liegt, vorausgesetzt es erhält in der Rückenlage die gleiche Bewegungsfreiheit. Wenn man seine Bewegungsmöglichkeiten begrenzt, indem man das Kind daran behindert, die Bauchlage zu verlassen, dann ist diese gegenüber der Rückenlage, die dem Kind seine Bewegungsfreiheit läßt, jedoch ein Nachteil (s. Fußnote am Ende des Kapitels. Anm. A. T.).

Drehbewegungen

Im Verlauf der Entwicklung beginnen die Kinder, ob sie nun auf den Bauch oder auf den Rücken gelegt wurden – vorausgesetzt sie können sich wirklich frei bewegen -, sich umzudrehen und abwechselnd auf dem Rücken oder auf dem Bauch zu spielen.

Diejenigen, die empfehlen, die Säuglinge von Geburt an in der Bauchlage zu halten, erwähnen die verschiedenen Drehbewegungen des Kindes nicht als wünschenswerte Bewegungen. Nun sind aber das Drehen auf den Rücken wie auf den Bauch, das wiederholte Hin- und Zurückdrehen, d. h. das Wälzen und das Rollen, sehr wesentlich sowohl zum Üben der Rumpfmuskeln wie auch zur Entwicklung des Gleichgewichtssinnes. Zudem kann das Kind durch diese Bewegungen nicht nur seine Lage ändern, sondern sogar seinen Platz wechseln, bevor es auf dem Bauch kriecht oder auf Knien und Händen krabbelt. Drehbewegungen werden als Übungen in der Gymnastik für Kinder und Erwachsene aber auch in der Krankengymnastik therapeutisch-korrigierend eingesetzt. Bei der sogenannten spontanen Heilung von Hüftdysplasien spielen die Bewegungen, die das Kind mit Becken, Oberschenkeln und den ganzen Beinen ausführt, wenn es sich auf den Bauch oder Rücken dreht, eine wesentliche Rolle.

Die geringe Bewertung dieser Bewegungen zieht verständlicherweise nach sich, daß viele Eltern und praktizierende Ärzte von dem Säugling, der in der Bauchlage gehalten wird, weder erwarten, daß er sich zurückdreht noch daß er sich rollt. Auch wenn man es nicht so beabsichtigt, behindert man doch diese Bewegungen entweder auf indirekte Art, indem man das Kind an einem zu engen Ort hält,

z. B. in einem Korb, einer Wiege oder in einem zu kleinen Bett, oder auf direkte Art, indem man es immer wieder auf den Bauch legt, wenn es die Bauchlage verläßt.

Immobilisierung des Säuglings

Um eine symmetrische Entwicklung zu erreichen, empfehlen zahlreiche Autoren, den Säugling während der ersten Wochen oder Monate abwechselnd auf die eine und dann auf die andere Seite zu legen. Andere raten, Bauch-, Rücken- und Seitlage miteinander abzuwechseln. Diese Anordnungen werden nicht nur zur Behandlung von erkannten Erkrankungen empfohlen, sondern auch als Vorbeugung gegen eine eventuelle pathogene Entwicklung bei den nicht fixierten Asymmetrien, die man bei der Geburt als physiologisch betrachtet. Wir haben weiter oben unsere Ansicht über die Unnötigkeit dieser Anordnungen geäußert. Das, was uns hier interessiert, sind die Mittel.

Damit das Kind die adäquate Lage einnimmt oder um seine Asymmetrie zu korrigieren, werden von einigen Autoren (MAU/GABE 1962; MAU 1969 u. a.) selbst bei nichtpathologischen Fällen Zwangslagerungen empfohlen. Sie befürworten es, den Säugling, der die erwünschte Lage, z. B. die Bauchlage, verlassen möchte, durch Deckenrollen oder andere Mittel daran zu hindern, selbst wenn er schreit. Man empfiehlt, den Säugling, der spontan eine bewegliche, schiefe Lage einnehmen würde, durch Sandsäcke oder Kissen auf der Seite oder in einer symmetrischen Lage zu halten, die er von selbst nicht einnehmen würde.

Wir haben die mechanische Vorstellung überwunden, nach der die Beine des Kindes gerade würden, wenn man es straff in Windeln wickelt. Die Wickeltechnik, die die Hüft- und Kniegelenke streckt, wird übereinstimmend von Medizinern als unphysiologisch angesehen. Zunehmend hält man die selbständige Aktivität des Kindes auf allen Gebieten seiner psychomotorischen Entwicklung für wichtig. Und doch übersieht man, daß bei den oben erwähnten Methoden der Erwachsene es ist, der aktiv wird. Er ist es, der korrigiert oder bewegt, der dreht und zurückdreht, während das Kind passiv bleibt. Es wird hingelegt und dann in einer vorgeschriebenen Position gehalten.

Zweifellos ist es einfacher, das kleine Kind durch verschiedene Mittel auf dem Bauch oder auf der Seite in einem engen Bett oder in einem Kinderwagen zu fixieren, als ihm ausreichenden Platz in engen Wohnungen zu verschaffen oder einen geschützten, gepflegten Platz auf öffentlichen Grünflächen vorzusehen, wo es verschiedene Bewegungen «üben» könnte, die seinem Alter und dem Niveau seiner Entwicklung entsprechen würden. Jedoch sollte in Frage gestellt werden, ob die oben genannten mechanischen Methoden, selbst wenn sie bei der Behandlung einiger Krankheiten wirksam sind, das wünschenswerte und adäquate Vorgehen bei der Erziehung von gesunden Säuglingen sind.

Die orthopädischen Behandlungsmethoden entwickeln sich in der Richtung, daß die rigide Fixierung immer mehr zugunsten von Methoden aufgegeben wird, die die Bewegung weniger behindern und immer mehr aktive Bewegungen unterschiedlichster Art erlauben (z. B. MAU/GABE 1962).
Unserer Ansicht nach schafft man, wenn man den gesunden Säugling in irgendeiner Position fixiert, einen unphysiologischen Zustand. Auf dem Rücken hört er nicht auf, sich zu bewegen, sich zu strecken, die Lage seines ganzen Körpers zu verändern. Ab dem dritten bis fünften Monat, wenn er sich auf die Seite zu legen lernt und sich auf seine Weise bewegen kann, hält er sich im allgemeinen nur eine sehr kurze Zeit in der gleichen Position auf. Unsere Untersuchungen haben gezeigt, daß das Kind von sich aus im Durchschnitt meist nicht länger als zweieinhalb Minuten in der gleichen Position bleibt (s. S. 44 bis 66). Die Dauer der gewöhnlich praktizierten Immobilisierung ist wesentlich länger als diese zwei Minuten; man schränkt also das Kind in seinen spontanen Bewegungen ein.

Rückenlage und psychische Entwicklung

Im Gegensatz zu denen, die versichern, daß die Bauchlage von den ersten Wochen an am vorteilhaftesten für die psychische Entwicklung sei, sind wir der Ansicht, daß sie nicht vorteilhafter ist als die Rückenlage. Gerade während der ersten Monate ist die Rückenlage durch die günstigen Bedingungen zum Aufnehmen und Verarbeiten von visuellen Stimuli ein Vorteil für das Kind, der nicht übersehen werden sollte. Auf dem Rücken ist selbst das Neugeborene fähig, mit Augen- und Kopfbewegungen, dem zu folgen, was seine Aufmerksamkeit erregt, und sei es auch nur für einige Sekunden. Im Alter von vier bis fünf Wochen kann es mit dem Blick ein Objekt abtasten. Das Kind von fünf bis sieben Wochen folgt einem Gegenstand mit dem Blick, indem es seinen Kopf bis zu 90° nach rechts und links dreht (WHITE/CASTLE/HELD 1964; WOLFF 1959). Es stimmt, daß das auf den Bauch gelegte Kind fähig ist, von der ersten Woche an den Kopf ein wenig von der Unterlage im Bett zu heben, aber nur mit steifen, ruckartig verkrampften Bewegungen. Erst Wochen später wird es den Kopf in beweglichem Gleichgewicht heben können, um kontinuierlich dem zu folgen, was es interessiert.
Auch das Koordinieren von Kopf-, Augen-, Arm- bzw. Handbewegungen ist ein wesentlicher Schritt innerhalb der psychischen Entwicklung. Während der ersten Monate ist das «übende» Bewegen der Glieder in der Rückenlage und das Beobachten ihrer Bewegungen eine gute Basis für die Ausbildung des Körperschemas und für den Erwerb weiterer Kenntnisse. Im Laufe der ersten drei bis vier Monate lernt das Kind, auf dem Rücken liegend, den Bewegungen seiner

Hand zu folgen. Danach beginnt es, die Hand nach einem Objekt auszustrecken und danach zu greifen. Ungefähr nach dem vierten Monat hebt es die Füße so, daß es sie sehen kann, betrachtet sie, betastet sie, fängt sie, spielt mit ihnen, macht ihre Bekanntschaft. Bevor es sich aufsetzt und sitzt, ist die Rückenlage die Position, die dafür am besten geeignet ist.

Der Wunsch der Eltern und Säuglingspflegerinnen, das Gesicht des Kindes zu sehen, wenn es strahlt, ist für MAU (1969) ein unerwünschtes Hindernis zur Verbreitung der Bauchlage. Dieser für ihn «unwichtige» Aspekt, weil nur «affektiver Natur», erscheint uns hingegen als sehr wesentlich und absolut gerechtfertigt. Jeder Mensch, der mit einem anderen bekannt werden möchte, mit ihm Kontakt aufnehmen will, wendet sich ihm zu. Kontakt aufzunehmen mit einem Kind, das man von sich weggedreht hinlegt, das Gesicht zum Leintuch, ist nicht nur deshalb schwieriger, weil der Erwachsene das Gesicht des Kindes nicht sieht, sondern auch, weil man dem Kind die Möglichkeit entzieht, schon in den ersten Lebenswochen mit den koordinierten Kopf- und Augenbewegungen den Erwachsenen zu finden und seiner Tätigkeit und seinen Bewegungen zu folgen.

Der Rhythmus der Bewegungsentwicklung

MAU und CZERMAK betonen, daß die Bewegungsentwicklung der in Bauchlage gehaltenen Kinder schneller vor sich ginge. Die Bauchlage-Kinder würden früher aufstehen und anfangen zu gehen als die in Rückenlage gehaltenen Kinder (vgl. Abb. 12).

Abgesehen davon, daß (wie wir schon erwähnt haben) die miteinander verglichenen Säuglinge in Wirklichkeit nicht vergleichbar sind – weil sie nicht dieselben Pflegebedingungen erfuhren -, muß in Frage gestellt werden, ob das frühe Sich-Aufsetzen, Aufstehen und Gehen ein Kriterium für eine gute Entwicklung ist. Aus diesem Grund hält man nämlich den Zustand eines Säuglings, der sich in den statischen Funktionen langsam entwickelt, für unbefriedigend, auch wenn er sich im übrigen gut koordiniert bewegt, aktiv und beweglich ist.

Diese Anschauung verhindert aber in der Praxis die Verbreitung der immer mehr akzeptierten Erkenntnis, daß das Kriechen auf dem Bauch und das Krabbeln auf Knien und Händen eine wesentliche Periode in der psychomotorischen Entwicklung des Kindes ist. Wenn man nämlich den psychisch und somatisch im übrigen sich normal entwickelnden Säugling auf zu begrenztem Platz hält und ihm zum Kriechen und Krabbeln keinen Raum sichert, wird er diese wesentliche Periode ganz oder teilweise auslassen. Er wird die Gitterstäbe des engen Bettes oder «Laufställchens» als «Krücken» benutzen und sich früher aufsetzen und aufstellen.

Zusammenfassung

Unabhängig davon, in welche Position man das Neugeborene legt, eine physiologische Bewegungsentwicklung kann man dem gesunden Säugling nur sichern, wenn man ihn weder in der Rückenlage noch in der Bauchlage fixiert. Sie wird ihm nur ermöglicht, wenn man weder regelt, in welchen Positionen er sich bewegen und spielen soll, noch der Symmetrie zuliebe korrigierend in seine selbst gesuchte Lage eingreift und damit seine Bewegungsfreiheit verhindert. Physiologisch können sich seine Bewegungen nur entwickeln, wenn wir fortwährend für freie Bewegungsmöglichkeiten sorgen und damit seine Bewegungslust erhalten. Die Drehbewegungen in den ersten sechs Monaten und später das Wälzen und Rollen sind wertvolle, die Rumpfmuskulatur und den Gleichgewichtssinn entwickelnde «Übungen». Es ist daher nicht richtig, sie zu verhindern.

Im ersten halben Jahr ist die Rückenlage sowohl für die Entwicklung der Augen-Hand-Koordination günstig als auch für die Ausbildung der Greifbewegungen und des Kontaktes zwischen Kind und Erwachsenem.

Um die bei Neugeborenen zu beobachtende nicht fixierte Asymmetrie des Rumpfes, des Halses und leichte Hüftdysplasien auszugleichen, ist es nicht nötig, Säuglinge von Geburt an in der Bauchlage zu halten, ihre Lage symmetrisch zu richten oder mehrmals täglich zu ändern.

Nach unseren Beobachtungen gleichen sich diese Asymmetrien aus, und die Schieflage fixiert sich auch dann nicht, wenn wir Säuglinge, die sich somatisch und emotional in gutem Zustand befinden, im Bett oder im Spielgitter auf den Rücken legen, wobei wir ihre freie Beweglichkeit ermöglichen, indem wir für ausreichenden Platz und Spielgegenstände sorgen, die ihrem Interesse entsprechen.

Das Spiel in Bauchlage, das Kriechen auf dem Bauch und das Krabbeln auf Knien und Händen sind wichtige Etappen bei der psychomotorischen Entwicklung des Kindes. Der Säugling, der auf den Rücken gelegt wird und sich frei bewegen kann, erreicht spontan die Bauchlage in der zweiten Hälfte des ersten Jahres; er verbringt beachtliche Zeit damit, auf dem Bauch zu spielen, zu kriechen usw. Er wird dies wochen- oder monatelang tun, wenn man ihn in dieser Zeit weder aufsetzt noch aufstellt, noch dazu ermuntert, wie es allgemein üblich ist. Um das Niveau der Bewegungsentwicklung zu beurteilen, wäre es nicht nur sinnvoll, den Zeitraum zu erweitern, in dem man das Erreichen verschiedener statischer Funktionen und Bewegungsformen erwartet, sondern es wäre auch für die Voraussetzungen der weiteren Entwicklung günstig, neben dem Stehen und Gehen die Bedeutung anderer Positionen und Fortbewegungsarten zu erkennen.

Seit dem Erscheinen des Artikels (Gyermekgyógyászat 23, 408–416, 1973, Budapest), auf dem diese Publikation basiert, wurden in unserem Institut zwei Gruppen von Säuglingen von Geburt an auf den Bauch gelegt. Im allgemeinen haben sich die oben erwähnten theoretischen Überlegungen in der Praxis als richtig erwiesen: Die Bauchlage ist gegenüber der Rückenlage nicht von Vorteil, wenn in beiden Fällen für Bewegungsfreiheit gesorgt wird. Wenn es um die Qualität, Koordination und Harmonie der groß- und feinmotorischen Bewegungen geht, ist die Bauchlage sogar von Nachteil.*

* Dieses Kapitel enthält Emmi Piklers erste Analyse und ihre Zweifel an der Bauchlage als Ausgangslage für Neugeborene. Als diese Ausgangslage im Lóczy genau beobachtet und im Detail analysiert wurde, ermittelten Emmi Pikler und ihre Mitarbeiterinnen, daß z. B. in der zweiten bis zwölften Lebenswoche bei den Bauchlage-Kindern seltener als bei den Rückenlage-Kindern die breite Abduktion der Hüftgelenke zu beobachten war (MAJOROS 1982).
Beim Vergleich der Protokolle der Bewegungsentwicklung von drei Monaten bis anderthalb Jahren ergab sich, daß die Bauchlage-Kinder weit häufiger ihr Gleichgewicht verloren und fielen als die Rückenlage-Kinder. Diese und weitere nachteilige Ergebnisse haben Pikler bewiesen, daß die Bauchlage als Ausgangslage für Neugeborene ungünstig ist. (Anm. A. T.)

VERNACHLÄSSIGTE BEWEGUNGEN

Neugeborene gewöhnen sich an ganz verschiedene Lagen. Bei einem Hopi-Indianer-Stamm werden sie z. B. in der Rückenlage auf ein Brett gebunden, bei einem anderen Stamm in Süd-Mexiko verbringen sie die ersten Monate ihres Lebens mit bedecktem Gesicht in einem Tragetuch auf dem Rücken der Mutter. An welche Lage sie sich gewöhnen, hängt davon ab, in welche man sie gleich nach der Geburt bringt. In Europa haben sie jahrhundertelang einen großen Teil ihrer Säuglingszeit mit gestreckten Beinen und gestreckt am Körper festgewickelten Armen im Steckkissen verbracht. Wenn sie im übrigen gut versorgt werden, sind sie bei alldem zufrieden und ruhig. Daher gewöhnen sie sich auch als Neugeborene an die Bauchlage, genauso wie an die Rückenlage.

Einige der Ärzte, die empfohlen haben, den Säugling von Geburt an auf den Bauch zu legen (CZERMAK, HEMPEL, REISETBAUER), beabsichtigten, das Kind von dieser, seine Bewegungen einengenden Wickelart zu befreien. Denn um in der Bauchlage die Erstickungsgefahr auszuschließen, muß der Säugling frei beweglich sein und darf nicht in einer weichen Unterlage einsinken. In Ländern, wo das Wickeln mit gestreckten Beinen im Steckkissen noch üblich ist, und der Säugling meist in einem Stubenwagen auf weiche Kissen gelegt wird, ist der Wunsch naheliegend, das Kind von diesen Einengungen zu befreien, wenn man die Bauchlage befürwortet. Weniger verständlich ist die Einführung der Bauchlage in Ländern, wo dem Neugeborenen die freie Bewegung der Arme und Beine auf einer unnachgiebigen Unterlage auch in der Rückenlage möglich ist.

Sicher ist, daß bei der Verbreitung der Empfehlung, das Neugeborene auf den Bauch zu legen, die in der Rückenlage möglichen Bewegungen des Säuglings nicht berücksichtigt wurden, vielleicht weil ihre Bedeutung noch nicht erkannt worden war.

Die Rückenlage

Welche Bewegungen führt das Neugeborene bzw. der Säugling aus, wenn man ihn auf den Rücken auf eine ebene, nicht nachgiebige Unterlage legt und seine Bewegungsfreiheit nicht durch Kleidung, durch die Art des Wickelns und schwere oder eng umhüllende Decken beeinträchtigt wird? Was sieht der Säugling? Wie spielt er? Wie entwickeln sich seine Bewegungen?

In den ersten Wochen, wenn das gesunde Neugeborene in der Rückenlage ruht oder schläft, liegt sein Kopf zu einer Seite gedreht, seine Arme liegen neben dem Kopf, die Fäuste in der Höhe der Ohren. Der Arm, zu dem sein Gesicht gewendet ist, ist etwas weniger gebeugt als der andere. Sein Rumpf ist ein wenig seitlich gebogen, die Oberschenkel sind in der Hüfte gebeugt und gespreizt, die Knie an den Bauch gezogen, die Füße eventuell übereinandergelegt.

Um die Hüfte gebeugt und abduziert zu halten, ist keine zusätzliche Spreizung notwendig, man muß die Windeln nur so anlegen, daß die Spreizung nicht verhindert wird, und man darf keine zu schwere Decke wählen, die die Knie niederdrückt.

Ist der Säugling wach, beginnt er, sich zu bewegen. Er kann von Geburt an, mit dem Hinterkopf auf der Unterlage aufliegend, seinen Kopf aus der Ruhelage nach rechts und links drehen, sowie nach vorn und hinten beugen. Diese Bewegungen sind von Anfang an fein, gut koordiniert, nicht ruckartig, nicht krampfhaft.

Der Säugling kann Gegenstände sehend wahrnehmen und, wenn sie ihn interessieren, auch ihrer Bewegung mit Blick und Kopf folgen, in den ersten Stunden und Tagen des Lebens natürlich nur für ganz kurze Zeit, aber diese Zeit wird immer länger.

In der Rückenlage sind die Arme des Neugeborenen von Anfang an in allen Gelenken frei beweglich. Es kann sie in jeder Richtung bewegen, und es bewegt sie auch, fröhlich mit den strampelnden Beinen zusammen oder wenn es unruhig ist und schreit. Nach einigen Wochen beginnt der Säugling, sich für seine Hand zu interessieren. Er erblickt seine Hand zuerst zufällig als ein fremdes Objekt, dann sucht er sie, übt die Augen-Hand-Koordination im Raum; denn die Hände bewegen sich ja frei im Raum. Er lernt, daß er sie selbständig bewegen kann, daß sie seine Hände sind. Während der Säugling seine Handbewegungen studiert, orientiert er sich gleichzeitig auch im Raum. Er übt während dieser großen Armbewegungen auch den oberen, vorderen Teil der Rumpf- und Armmuskulatur.

Von Geburt an strampelt das Kind auch kräftig mit den Beinen. Die Bewegungsmöglichkeit, falls sie nicht durch Kleidung und Windeln eingeengt wird, ist in allen Gelenken der unteren Gliedmaßen frei. Der Säugling strampelt mit den Beinen aus Lust und wenn er sich ärgert. Im Laufe der Wochen strampelt er immer kräftiger und ausdauernder, immer ausgreifender nach allen Seiten und übt so tage- und wochenlang seine Bauchmuskulatur.

Um die Bauchmuskeln von größeren Kindern oder Erwachsenen zu kräftigen, läßt man in der Gymnastik, Krankengymnastik und im Turnen ähnliche Bewegungen als «Übungen» in der Rückenlage ausführen.

Von Anfang an bewegt der Säugling in Rückenlage auch seinen Rumpf, sei es mit

energischen Bewegungen seiner Gliedmaßen, sei es, indem er beim Strampeln sich vorübergehend auf die Fersen stützt und den Rumpf abhebt. Ungefähr nach dem dritten Lebensmonat, während das Bewegungsausmaß der Arme und auch der Beine sich weiter vergrößert, dreht sich der Säugling auf die Seite. Der Kopf liegt noch auf der Unterlage, das obere Bein und der obere Arm greifen über auf die andere Seite. Die Seitdrehung kann vom Becken und den unteren Gliedmaßen oder vom Oberkörper und dem Arm ausgehen. Die durch das Strampeln gekräftigte Bauchmuskulatur ist hierbei wesentlich beteiligt. Das Gleichgewicht in der Seitlage zu wahren, ist anfangs schwer. Oft fällt der Säugling auf den Rücken oder dreht sich dahin zurück, um sich bald wieder auf die Seite zu drehen. Tagelang probiert er diese Drehbewegungen. Während er Arme und Beine bewegt, übt er seine seitliche Rumpf- und Bauchmuskulatur und bildet sie später beim Rollen weiter aus. Um diese Zeit spielt er schon mit beiden Händen. In der Seitlage ergreift er auch oft mit dem oberen Fuß die Gitterstäbe des Bettchens, manchmal auch ein leicht zu ergreifendes Spielzeug. Auf der Seite liegend sieht der Säugling auch seine Beine, seine Füße und spielt oft mit seinen Fußbewegungen. Dabei lernt er die Bewegungen seiner Füße und Beine kennen.
Wenn er schläft oder ruhend auf dem Rücken liegt, ist der Kopf des Säuglings etwa vom dritten Monat an nicht mehr zur Seite gedreht, sondern ruht in der Mittellage und langsam streckt sich auch sein Rumpf. Später hebt der Säugling in der Rückenlage seine Füße in sein Blickfeld, er spielt mit Händen und Füßen und hebt auch Gegenstände mit den Füßen auf.
Nach einem halben Jahr etwa – eventuell früher oder auch etwas später – dreht sich der Säugling auf den Bauch, dann dreht er sich zurück auf den Rücken, was er zusätzlich lernen muß. Er verbringt spielend oder schlafend mehr und mehr Zeit auf dem Bauch. Zur selben Zeit beginnt er, die Drehbewegungen zu benutzen, um seinen Platz zu wechseln. Zuerst sich hin- und zurückdrehend, also wälzend, dann in einer Richtung sich fortlaufend drehend, also rollend, um ferner liegende Gegenstände zu erreichen; natürlich nur, wenn er nicht in einem engen Bett oder in einem zu kleinen «Laufstall» gehalten wird, in dem er ohne fortlaufende Drehbewegungen alles erreicht.
Der seit seiner Geburt an die Rückenlage gewöhnte Säugling hebt erst, wenn er sich selbst auf den Bauch gedreht hat, zum ersten Mal seinen Kopf für längere Zeit von der Unterlage ab. Von Anfang an aber konnte er den Kopf, von der Rücken- und Halsmuskulatur unterstützt, mit guter Koordination frei nach jeder Seite bewegen und mit seinen Augen- und Kopfbewegungen bewegten Gegenständen folgen. Dabei hat er liegend seine vordere und seitliche Rumpf- und Halsmuskulatur wie auch die Muskulatur seiner Arme und Beine schon gut geübt. In der selbst erreichten Bauchlage fühlt er sich bald zu Hause, wird täglich beweglicher, zunehmend sicherer und übt dabei vor allem seine Rückenmusku-

latur, aber beim Sich-Drehen, Wälzen und Rollen wiederum seine gesamte Rumpfmuskulatur.
Nach einigen weiteren Wochen beginnt der Säugling zuerst auf dem Bauch zu kriechen, später auf Knien und Händen zu krabbeln, sich aufzusetzen und aufzustehen. All dies geschieht mit einer gut geübten und allseitig gekräftigten Rumpfmuskulatur.

Natürlich kann er Bauchlage-«Übungen» dieser Art, mit denen er monatelang beschäftigt ist, nicht genügend ausprobieren, wenn man ihn in dieser Zeit mit Hilfsmitteln im Sitzen hält und nicht wartet, bis er selbst seine Rumpfmuskulatur ausreichend «durchgeturnt» hat und sich ohne jede Hilfe aufsetzt und aufsteht.

Die Bauchlage

Wie verhält und wie bewegt sich der Säugling, der seit seiner Geburt an die Bauchlage gewöhnt wurde? Das auf dem Bauch liegende Neugeborene ruht oder schläft mit seitlich gedrehtem Kopf auf der einen Seite seines Gesichts. Seine einwärts gedrehten Arme – Handflächen nach oben – liegen entweder neben dem Rumpf oder ein Arm bzw. beide Arme befinden sich neben seinem Kopf. Die Beine hält es meistens unter den Bauch gezogen, die Füße einwärts oder auswärts gedreht. Ist es wach und hat Lust, sich zu bewegen, kann es den Kopf ruckweise mit verkrampfter Nackenmuskulatur von der Unterlage für Momente abheben, dabei aber nichts mit den Augen ruhig verfolgen. Es bewegt die Arme auf der Unterlage meist nur in der Horizontalen. Es kann, auf einer Gesichtsseite liegend, mit seinem «freien» Auge die Hand, die neben dem Gesicht liegt, betrachten und ihren Bewegungen folgen. Während der ganzen Zeit stützt sich das auf dem Bauch liegende Neugeborene nicht nur auf den Rumpf, sondern auch auf seine Schultern und Arme und teilweise auch auf seine angebeugten Beine und Füße auf.

Beim Neugeborenen, das auf dem Rücken liegt, sind die Füße frei beweglich und tragen außer ihrem eigenen kein Gewicht. Wenn sie auf der Unterlage sind, liegen nur die Fersen auf.

Die Beine kann das auf dem Bauch liegende Neugeborene zwar anziehen und wieder strecken, eventuell baumelt es auch mit den Unterschenkeln, aber es kann seine Beine nicht heben. Es kann die Füße nicht sehen und probiert nicht, mit ihnen zu greifen.
Auch der in der Bauchlage aufwachsende Säugling dreht sich bzw. «fällt zufällig» etwa im dritten bis vierten Monat auf seinen Rücken. Von der

a) Kennenlernen der eigenen Hand in Bauchlage

BEA

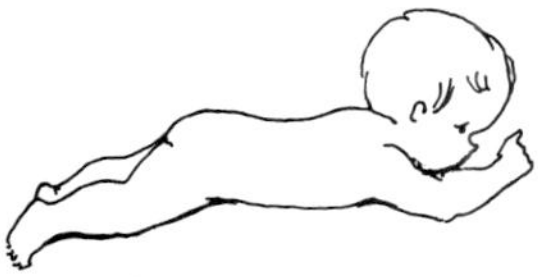

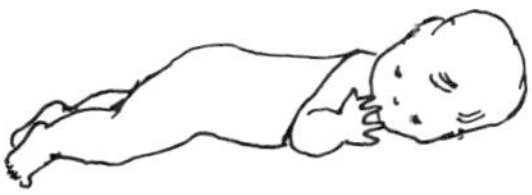

Alter: 9 Wochen, 2 Tage — 9 Wochen, 6 Tage

10 Wochen, 2 Tage — 12 Wochen, 2 Tage

b) Kennenlernen der eigenen Hand in Rückenlage

MONI

Alter: 6 Wochen, 3 Tage — 7 Wochen

8 Wochen, 4 Tage — 9 Wochen

Bea wurde als Neugeborenes stets nur auf den Bauch gelegt, Moni immer nur auf den Rücken. Beide mit freier Bewegungsmöglichkeit, ohne aktives Eingreifen in die Bewegungsentwicklung. – Die Kinder wurden in regelmäßigen Abständen, unbekleidet, während ihres normalen täglichen Lebens gezeichnet.

Abb. 11 a–b: Kennenlernen der eigenen Hand in Bauch- und Rückenlage

a) Eine typische Art, sich aus der Bauchlage in den Knie-Händestütz zu erheben und der Kniestand bei einem in Bauchlage aufwachsenden Kind (Bea).

BEA

Alter: 32 Wochen, 6 Tage

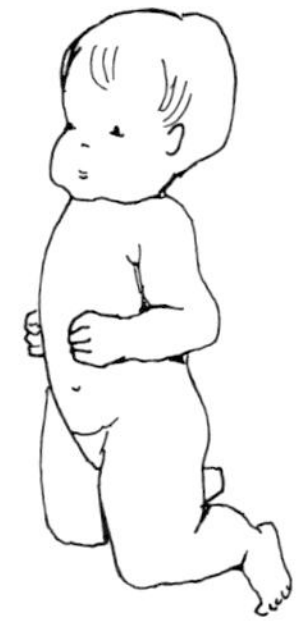

Alter: 46 Wochen, 6 Tage

b) Eine typische Art, sich aus der Bauchlage in den Knie-Händestütz zu erheben und der Kniestand bei einem in Rückenlage aufwachsenden Kind (Moni). Bemerkenswert sind Nacken und Füße!

MONI

Alter: 30 Wochen, 5 Tage

Alter: 40 Wochen, 3 Tage

Abb. 12a–b: Unterschiede bei der Aufrichtung aus der Bauchlage und beim Kniestand beim «Bauch- und Rückenlage-Kind»

Rückenlage aus dreht er sich auf die Seite und lernt auch, sich in die Bauchlage zurückzudrehen. Dann spielt auch er auf dem Rücken liegend, da er aber an die Bauchlage gewöhnt ist, bedeutend kürzere Zeit, als der in der Rückenlage aufwachsende Säugling und meistens nur, um zu hantieren, weniger um zu strampeln.

Natürlich dreht sich der «Bauchlage-Säugling» nur dann auf die Seite und auf den Rücken und spielt in diesen Lagen, wenn er sich frei bewegen kann. Leider erlaubt man ihm dies in den ersten Monaten oft nicht, sondern dreht ihn immer wieder in die von den Erwachsenen für gut gehaltene Bauchlage zurück, sobald er diese Bewegung versucht.

Im fünften, sechsten, siebten Monat etwa wird der in der Bauchlage aufwachsende Säugling – ebenso wie das von selbst aus der Rückenlage in die Bauchlage sich drehende Kind – in dieser Lage beweglich und hebt seinen Kopf immer sicherer, allerdings verkrampft und mit verkürzter Nackenmuskulatur. Die Außen- oder Innenrotation der Füße bleibt weiterhin auffallend. Auch dieses Kind bewegt sich und spielt monatelang auf dem Bauch. Natürlich nur, falls es genügend Platz hat und falls es nicht – kaum daß es das Alter und die Fähigkeit erreicht hat, sich gut in der Bauchlage zu bewegen – passiv aufgesetzt oder aufgestellt wird. Setzt oder stellt man den «Bauchlage-Säugling» passiv hin, so verbringt er praktisch nur jene Entwicklungsperiode auf dem Bauch, während der er in dieser Lage noch recht unbeweglich ist. In dieser Periode kann er also die Vorteile der Bauchlage bewegungsmäßig noch nicht ausnutzen.

Einige typische Unterschiede in der Bewegung von Kindern, die in der Bauchlage bzw. Rückenlage aufwuchsen, sind auf den Abbildungen 11 und 12 zu sehen. Die Kinder wurden während ihrer üblichen Betätigung in regelmäßigen zeitlichen Abständen gezeichnet.

DIE BEDEUTUNG UNSERER FORSCHUNGS-ERGEBNISSE BEI EINER VERZÖGERTEN BEWEGUNGSENTWICKLUNG

Wie können wir gesunden Säuglingen und Kleinkindern helfen, deren Bewegungsentwicklung langsamer verläuft, als es durchschnittlich üblich ist?
Die adäquate oder inadäquate Lösung dieser Frage wird bei vielen Kindern in ihrem späteren Bewegungsverhalten und ihrer Persönlichkeitsentwicklung nicht zu übersehende Spuren hinterlassen.
Aus unseren Untersuchungen, in denen die Bewegungsentwicklung von 722 Kindern analysiert wurde (s. S. 32/33), geht hervor, daß die unmittelbar eingreifende Hilfe des Erwachsenen keine Voraussetzung für die Bewegungsentwicklung eines gesunden Kindes ist.
Wie wir im Lóczy nachweisen konnten, bestehen folgende ausschlaggebende Faktoren, die Voraussetzung einer selbständigen, unbehinderten Bewegungsentwicklung gesunder Säuglinge sind und diese gleichzeitig positiv beeinflussen:

a) Ein guter emotionaler Zustand des Säuglings, in dem er Lust zur Eigenaktivität hat. Dies kann nur auf der Basis einer guten Beziehung zwischen Erwachsenem und Säugling erreicht werden;
b) Kleidung, die die Bewegungsfreiheit nicht behindert;
c) Genügend Raum, um sich frei bewegen zu können;
d) Spielzeug, mit dem der Säugling nach Belieben ohne Gefahr selbständig spielen kann.

Trifft dies auch für Kinder zu, deren Bewegungsentwicklung langsamer als durchschnittlich vor sich geht?
Unserer Überzeugung nach, ja. Bei den sich langsam entwickelnden Kindern halten wir sogar die Übergangspositionen für noch wesentlicher sowie alle Bewegungen, die das Kind darin probiert oder mit denen es seine Position oder seinen Platz wechselt, bevor es sich aufsetzt, aufsteht oder zu gehen beginnt. Also das Spielen auf dem Rücken oder auf dem Bauch, das Sich-Drehen, Wälzen, Rollen, Bauchkriechen oder Krabbeln auf Knien und Händen. Kurz alles, womit die Kinder spontan aber ausgiebig die Vorstufen der späteren Bewegungen üben.

Falls der Erwachsene selbst oder mit Geräten die «langsamen» Kinder – in einem üblicherweise nach Tabellen bestimmten Alter – termingerecht in die zu erreichenden Positionen bringt und die zu erreichenden Bewegungen mit ihnen übt – also viel früher, als diese Kinder dazu reif wären – werden sie all dies noch fehlerhafter und krampfhafter durchführen, als wenn man dem sich durchschnittlich entwickelnden Kind auf dieselbe ungünstige Art und Weise helfen würde. Außerdem ist das sich durchschnittlich entwickelnde Kind zu dem in Frage kommenden Zeitpunkt entweder schon reif oder fast reif zu den Leistungen, die ihm zugemutet werden und kann schneller korrigieren, was ihm nicht behagt.

Die Situation ist aber wesentlich anders bei den sich langsam entwickelnden Kindern. Da das Sitzen, Stehen oder Gehen ihrem Reifegrad noch nicht entspricht, dauert die verkrampfte oder schlaffe Art, in der sie in der vom Erwachsenen erwünschten Position verharren, manchmal wochen- sogar monatelang an, ebenso die unkoordinierte, unharmonische Weise, in der sie ihre Bewegungen ausführen. Noch nicht reif dazu, selbständig die Position, in die sie gebracht wurden oder die Qualität ihrer Bewegungen verändern zu können, werden sie daran gewöhnt – wir möchten sagen – werden sie gezwungen, sich an fehlerhafte Bewegungen oder z. B. an ein Sitzen mit krummem Rücken zu gewöhnen.

Gleichzeitig verlieren diese Kinder unter solchen Umständen oft gerade wegen dieser «Hilfe» jede Lust am selbständigen Üben derjenigen Bewegungsformen, die ihrer Entwicklung entsprechen würden. Sehr oft hindern die Erwachsenen sie auch am Ausüben dieser Bewegungen, z. B. lassen sie den Säugling nicht liegend spielen, oder die Kinder müssen sich recht und schlecht auf zwei Beinen fortbewegen, bevor sie sicher gehen können. Das Herumkriechen auf dem Bauch oder das Krabbeln, zu dem sie fähig wären, wird ihnen nicht erlaubt. Und leider, je größer die Zeitspanne des Zurückbleibens in ihrer Bewegungsentwicklung ist, desto mehr forciert man, desto intensiver übt man mit ihnen die Positionen und Bewegungen, die laut Tabelle an der Zeit wären.

Aber gerade durch das Forcieren von Bewegungen oder Positionen, die gut auszuführen diesem sich langsam entwickelnden Kind noch nicht möglich ist, verlieren die meisten dieser Kinder ihre Bewegungslust, die Freude daran, sich aktiv zu bewegen. Da sie sich deshalb kaum bewegen, werden sie ungeschickt, ihre Bewegungen unsicher und dies nicht nur in der Säuglings- und Kleinkindzeit, sondern auch später. Den auslösenden Grund mit dem Resultat verwechselnd, beruft man sich dann öfter als Erklärung des späteren, ungeschickten Verhaltens darauf, daß das Kind schon in der Säuglingszeit ungeschickt war, obwohl diese Ungeschicklichkeit nur die Folge einer nicht angemessenen Hilfe ist.

Um von dem Gesagten einen Eindruck zu vermitteln, folgen zwei Fotoserien, die

die Bewegungsentwicklung von zwei Kindern zeigen, die zur selben Zeit und vom ersten Lebensmonat an im Lóczy aufwuchsen. Sie kamen mit normalem Geburtsgewicht zur Welt, Tibi wog 3800 g, Attila 3400 g. Der Altersunterschied betrug 6 Wochen.

Die Entwicklung der beiden Kinder entsprach im allgemeinen der Entwicklung der Kinder im Lóczy, mit Ausnahme der Bewegungsentwicklung. Tibi war in dieser Hinsicht ein Frühentwickler, Attila ein Spätentwickler.

Die Fotoserien (von denen die Autorin zu ihrem Vortrag 8 Bilder gezeigt hat, s. Nachwort. Anm. A. T.) dokumentieren die Bewegungsentwicklung der beiden vom Zeitpunkt ihrer Aufnahme ins Lóczy bis zum sicheren Gehen und Klettern. Sie zeigen, wie reich das Bewegungsrepertoire von Kindern ist, die sich selbständig entwickeln können, und wie beweglich sie sind. Weder das im normalen Rhythmus sich entwickelnde Kind noch das extrem langsame ist in der Anfangsphase einer neuen Bewegung steif oder unbeholfen. Ihre gesamte Muskulatur ist von den Fußzehen bis zu den Fingerspitzen in guter Koordination beim Wahren des Gleichgewichts beteiligt.

Am Ende der Serien sehen wir beide Kinder bei der gleichen Aufgabe: Mit der gleichen Unternehmungslust, mit weichen, sicheren Bewegungen gehen sie daran, diese Aufgabe zu lösen; sie ist schwierig und erfordert Mut, Umsicht und Geschicklichkeit.

Ähnliche Resultate haben wir bisher mit jedem gesunden, im Lóczy erzogenen Säugling erreicht, wie lange sich auch seine Bewegungsentwicklung hinzog, also mit jedem bewegungsmäßig sich spät entwickelnden Kind.

Falls wir also den in der Bewegung sich langsam entwickelnden Kindern die Möglichkeit geben, sich ihrem eigenen Bewegungsentwicklungsniveau gemäß selbständig und aktiv zu betätigen, und ihnen die dazu nötige Zeit lassen, werden sie nicht ungeschickt und ihre Bewegungen nicht unsicher. Sie werden sich viel und fröhlich bewegen und ihre Bewegungen genauso genießen wie jedes andere Kind. Nach dem Kleinkindalter werden sie sich in ihrer Bewegungsqualität in nichts von sich durchschnittlich entwickelnden Kindern unterscheiden. Und da die Aktivität des spät reifenden Kindes in der Säuglingszeit nicht behindert wurde, ist zu erwarten, daß die verzögerte Bewegungsentwicklung die spätere Entwicklung des Kindes auch auf anderen Gebieten nicht ungünstig beeinflußt.

FOTOSERIEN VON TIBI UND ATTILA

Tibi und Attila

In den folgenden Fotoserien werden einige charakteristische Stufen der Bewegungsentwicklung von zwei Kindern, Tibi und Atilla, gezeigt. Sie verbrachten ihre Säuglings- und Kleinkindzeit im Lóczy. Die Großbewegungen der beiden Kinder und die Situationen, in denen diese vorkommen, wurden zusätzlich zu der im Lóczy üblichen Dokumentation regelmäßig fotografiert und ihre Großbewegungs- und Manipulationstätigkeit auch in regelmäßigen Intervallen in Beobachtungsprotokollen aufgenommen.*

Auf dem Gebiet der Großbewegungen wich der zeitliche Verlauf der Bewegungsentwicklung der beiden Kinder wesentlich voneinander ab, obwohl die Kinder mit einem fast gleichen Geburtsgewicht (Tibi 3800 g, Attila 3400 g) als gesunde Neugeborene ins Lóczy gekommen sind. Tibi war 14, Attila 17 Tage alt, und beide haben sich während ihres Aufenthaltes bei uns gut entwickelt. Tibi zeigte in seinem Beobachtungsbogen** auf dem Gebiet der Großbewegungen eine frühzeitige Entwicklung, in der der Zeitpunkt des Erreichens der meisten Stufen bei ca. 3 Prozent der Häufigkeitsskala liegt. Attila entwickelte sich aber auffallend langsam auf dem Gebiet der Großbewegungen, die Zeitpunkte der meisten Stufen liegen bei ihm bei 97 Prozent***.

Durch die unvorhergesehene, zufällige Verschiedenheit des zeitlichen Verlaufs der Entwicklung der Großbewegungen ist der durch die Fotos dokumentierte Verlauf der Bewegungsentwicklung der beiden Kinder geeignet, Eigenheiten der selbständigen Bewegungsentwicklung aufzuzeigen, die allgemein im Verlauf der Bewegungsentwicklung bei den im Lóczy aufwachsenden Säuglingen und Kleinkindern auftreten.

Beide Kinder erhielten die in unserem Land vorgeschriebenen Pflichtimpfungen und die Vitamin-D-Prophylaxe. Sie hatten keine ernste Krankheit und keine

* Die Beobachtungsprotokolle dieser beiden Kinder sind Bestandteil der Untersuchungen S. 44.

** Aufgrund der Bewegungsentwicklung von 150 im Lóczy erzogenen gesunden Kindern haben wir einen Beobachtungsbogen über den zeitlichen Verlauf der Gesamtentwicklung erarbeitet (Falk/Pikler 1968).

*** Tibi gehörte also zu den 3 Prozent der Kinder, die am schnellsten einige Entwicklungsstufen erreichten, während Attila zu den 4 Prozent der Kinder gehörte, die sich am langsamsten entwickelten.

Erkrankung mit hohem Fieber. Sie aßen mit gutem Appetit und hatten keine Verdauungsprobleme.

Vergleich der Gewichtszunahme

Alter	Tibi	Attila
Bei der Geburt	3 800 g	3 400 g
mit 1 Jahr	9 490 g	10 040 g
mit 2 Jahren	11 570 g	13 000 g

Obwohl Attila bei seiner Geburt um 400 g. leichter war, nahm er mehr zu und war mit einem Jahr um 550 g, mit zwei Jahren um 1 430 g schwerer als Tibi.

Vergleich des Längenwachstums

Alter	Tibi	Attila
Bei der Aufnahme	52 cm	54 cm
mit 1 Jahr	76 cm	76 cm
mit 2 Jahren	88 cm	90 cm

Bei seiner Aufnahme ins Lóczy war Attila um 2 cm größer als Tibi, mit einem Jahr waren sie beide gleich groß, mit zwei Jahren war Attila wieder um 2 cm größer.

Vergleich der Zunahme des Kopfumfanges

Alter	Tibi	Attila
Bei der Aufnahme	36 cm	38 cm
mit 1 Jahr	46 cm	49,5 cm
mit 2 Jahren	48,5 cm	55 cm
mit 2½ Jahren	49,5 cm	55 cm

Attilas Kopfumfang war schon bei seiner Aufnahme um 2 cm größer als Tibis; mit einem Jahr betrug der Unterschied 3,5 cm, mit zwei Jahren 5,5 cm. Es war auffallend, daß die Fontanelle von Tibi sich im Alter von 9 Monaten schloß und die von Attila erst im 18. Monat. Tibi begann im 6. Monat zu zahnen, in der üblichen Reihenfolge und Zeit, d. h. mit 20 Zähnen im 29. Monat. Attila begann erst im 8. Monat zu zahnen, seine Zähne erschienen in nicht üblicher Reihenfolge, z. B. die Zweier nach den Vierern. Er hatte erst im 34. Monat 20 Zähne.
Was den Anfang der Manipulationstätigkeit betrifft, betrachtete Tibi seine Hände in der 8. Woche, Attila in der 9. Woche. Tibi konnte zielsicher in der 16. Woche etwas ergreifen, Attila in der 18. Woche.
Beide Kinder lächelten im zweiten Monat und reagierten mit hörbarem Lachen

auf das Ansprechen durch die Pflegerin am Ende des dritten Monats. Tibi antwortete mit Lauten auf das Angesprochenwerden in der 7., Attila in der 8. Woche. Die Entwicklung der Sprache verlief im großen und ganzen auch parallel. Tibi erzählte ein Ereignis mit 22, Attila mit 23 Monaten. Tibi sprach im 24. Monat schon in zusammengesetzten Sätzen, Attila erst im 26. Monat.
Das Verhalten und die Persönlichkeit der beiden Kinder war im Neugeborenenalter durchaus verschieden.
In der ersten Zeit nach seiner Aufnahme ins Lóczy war Tibi lebhaft, munter, oft wach und weinte ziemlich viel. Attila schlief wochenlang auffallend viel, er war etwas hypoton und weinte wenig. Allerdings war er in den wenigen Minuten, die er wach war, lebhaft, kontaktfreudig und heiter. Sowohl Tibi als auch Attila waren empfindlich und schnell beleidigt. In den Großbewegungen benahmen sie sich unterschiedlich. Tibi war auffallend unternehmungslustig, er hatte Freude an großen Bewegungen und übte sie schon in der Phase, als er sich auf die Seite und zurück bzw. auf den Bauch drehte. Wenn er sich ein bißchen gestoßen hatte oder in eine unbequeme Situation geriet, fing er an zu weinen; aber diese Erfahrung hielt ihn nicht davon ab, die gleichen Bewegungen immer wieder zu versuchen. Obwohl sich seine Manipulationstätigkeit normal entwickelte, unterbrachen die Großbewegungen oft sein Manipulationsinteresse. Attila war viel vorsichtiger in den Großbewegungen, ihn fesselten mehr die Feinbewegungen. Er hantierte lange, vertieft und abwechslungsreich. Er ging sehr ökonomisch mit den Großbewegungen um. In erster Linie verwendete er Bewegungsformen, die er bereits sicher anwenden konnte. Neue Großbewegungen übte er eher im Laufe seiner Bemühungen, einen Gegenstand zu erreichen, der ihn interessierte. Wenn er in eine für ihn unangenehme, unbequeme Situation gelangte oder sich stieß, fing er zu weinen an, aber im Gegensatz zu Tibi probierte er nach derartigen Mißerfolgen diese Bewegungsformen für lange Zeit nicht wieder. Er kehrte zu seinen gewohnten, gut eingeübten Bewegungen zurück, verfeinerte und vervollkommnete sie, und erst Tage oder Wochen später versuchte er die zuvor mißglückte Bewegung auf einem höher entwickelten Koordinationsniveau.
Beide Kinder waren interessiert, freundlich, spielfreudig und kooperierten gut mit ihrer Pflegerin. Tibi war gegenüber Fremden zurückhaltend, aber im allgemeinen freundlich. Attila wurde in seinem zweiten Lebensjahr gegenüber fremden Menschen mehr oder weniger mißtrauisch. Dieses Mißtrauen hörte erst nach dem 28. Monat vollkommen auf.
Was den *Verlauf* der Bewegungsentwicklung angeht – abgesehen von gewissen individuellen Eigenheiten – gestaltete sich dieser im großen Ganzen bei beiden Kindern auf die gleiche Art und Weise.
Als erste, die Körperlage ändernde Bewegung lernten die Kinder, sich vom Rücken aus eigener Initiative selbständig auf die Seite und zurückzudrehen.

Danach lernten sie, sich auf den Bauch und vom Bauch zurückzudrehen. Von der Zeit, die sie wach waren, verbrachten sie allmählich immer mehr Zeit auf dem Bauch und immer weniger auf dem Rücken. Parallel dazu bewegten sie sich auf einer immer größeren Fläche. In den Bewegungen, mit denen Tibi in den frühen Phasen seiner Entwicklung seinen Platz wechselte, unterschied er sich von anderen Kindern. Er versuchte kaum, sich zu rollen oder später auf dem Bauch zu kriechen. Er fand eine eigene Art der Fortbewegung. Aus der Bauchlage rückte er so vorwärts, daß er sich mit ganz ausgestreckten Armen auf die Hände stützte. Während er fast seinen ganzen Rumpf vom Boden abhob, ruhte sein Gewicht außerdem auf den Oberschenkeln und nur noch ein wenig auf dem Unterbauch. Er beugte ein Bein seitlich an und stieß sich mit dem Fuß ab. Seine Arme benutzte er abwechselnd, um sich darauf zu stützen und sich mit ihnen schrittweise im Kreis weiterzubewegen. So bewegte er sich in einem immer größeren Umkreis weiter. Er verwendete diese Fortbewegungsart so lange, bis er sie mit dem Krabbeln auf Knien und Händen vertauschte. Attila bewegte sich anfangs rollend, später kroch er auf dem Bauch und dann krabbelte er. Beide lernten, sich aufzusetzen und wieder hinzulegen. Nach einer Übergangsperiode spielten beide auch im Sitzen. Attila spielte wochenlang in seiner Lieblings-Position auf den Fersen oder zwischen den Fersen sitzend. Beide Kinder richteten sich vor dem Aufstehen zum Kniestand auf. Attila spielte auch lange kniend, er ging sogar fast vier Monate lang (vom 17. bis zum 21. Monat) auf den Knien. Gelegentlich ist er in dieser Zeit auch auf Knien und Händen gekrabbelt oder hat, sich festhaltend, erste Schritte versucht. (Der Kniegang kommt im allgemeinen bei den Kindern vor, die Schwierigkeiten mit dem Aufstehen haben. Sie stehen später auf und unternehmen auch ihre ersten freien Schritte später. Dies kommt im Lóczy sehr selten vor, nur bei ungefähr einem Prozent der Kinder.)
Beide Kinder standen auf, indem sie sich festhielten und die ersten Schritte unternahmen. Später lernten sie, freihändig vom Boden aufzustehen und unternahmen so die ersten freien Schritte. Danach kamen sie zum sicheren Gehen und verwendeten es seitdem aus eigener Initiative, auch wenn sie es eilig hatten, anstelle des Krabbelns. Sie wurden von den Erwachsenen weder zum Gehen angespornt noch daran gehindert, weniger entwickelte Fortbewegungsarten zu gebrauchen. Beide hatten begonnen, noch bevor sie zweieinhalb Jahre alt waren, ohne sich festzuhalten, Treppen zu steigen. Vielleicht ist bemerkenswert, daß zwischen beiden Kindern ein Unterschied von fast neun Monaten bis zum Erreichen des Gehens bestand und beim freihändigen Treppensteigen der Unterschied nur noch zwei Monate betrug.
Die wesentlichste gemeinsame Eigenheit der Bewegung der beiden Kinder war, daß – auf welcher Stufe der Bewegungsentwicklung sie sich auch immer befanden – sie innerhalb ihres Entwicklungsniveaus beweglich waren, während sie

Einige Hauptdaten der Bewegungsentwicklung von Tibi und Attila

	Tibi geboren am 05. 02. 1968 Geburtsgewicht 3 800 g		Attila geboren am 19. 12. 1967 Geburtsgewicht 3 400 g	
		Alter		
Bewegungsform	Wochen	Tage	Wochen	Tage
Dreht sich auf die Seite	13	3	16	4
Dreht sich auf den Bauch	14	4	32	6
Dreht sich zurück vom Bauch	17	2	37	2
Rollt sich (zur Fortbewegung)	*		40	5
Kriecht auf dem Bauch	*		47	3
Krabbelt auf Knien u. Händen	31	4	60	6
Setzt sich auf (nieder)	30	6	61	1
Spielt sitzend	35	4	67	
Richtet sich zum Kniestand auf	31	6	59	6
Steht auf, sich festhaltend	34	1	71	6
Sich festhaltend unternimmt er Schritte	34	6	74	6
Steht frei auf	44	2	79	6
Unternimmt erste freie Schritte	48	3	80	
Geht sicher	57	6	100	1
Steigt Treppen, ohne sich festzuhalten	117	1	126	

* Er bewegt sich nicht durch Rollen vorwärts und kriecht nicht auf dem Bauch, sondern kommt auf eine eigentümliche Art vorwärts.

ihren Interessen entsprechend hantiert, gespielt oder mit anderen Kindern oder Erwachsenen Kontakt aufgenommen haben. Es ist vielleicht bemerkenswert, daß – laut Beobachtungs-Protokoll – im letzten Viertel des ersten Jahres für beide Kinder eine ähnlich große Beweglichkeit charakteristisch war, natürlich auf dem ihnen entsprechenden Entwicklungsniveau (Tardos 1972).
Auf welcher Stufe der Entwicklung die beiden Kinder auch immer waren, sie haben sich harmonisch, ohne Verkrampfung und mit guter Muskelkoordination bewegt, immer in der Weise, daß die gesamte Muskulatur ihres Körpers von den Zehen bis zu den Fingerspitzen an allen Bewegungen aktiv teilgenommen hat.
Durch die gute Koordination der Gesamtmuskulatur haben sie sich fortwährend so ausbalanciert, daß sie mühelos im Gleichgewicht blieben, während sie, ihrem Interesse folgend, sich mit Gegenständen beschäftigten, mit einem anderen Kind spielten, Kontakt mit Erwachsenen suchten oder Freude an den Großbewegungen fanden.

Erst nach dem Üben und Aneignen der vorbereitenden Bewegungen kamen beide Kinder in eine weiterentwickelte statische Position und versuchten weitere, neue Bewegungsformen. Sie erhoben sich z. B. erst in halbsitzende Positionen, als sie sich schon mit Sicherheit auf dem Bauch bewegten. Und dann erst setzten sie sich auf. Zuerst lernten sie, vom Boden aufzustehen ohne sich festzuhalten, erst dann unternahmen sie die ersten freien Schritte.
Sowohl mit den neuen Fortbewegungsarten als auch in den neuen statischen Positionen verbrachten sie anfangs nur wenig Zeit. Kontinuierlich, d. h. in dem Maße, als es ihnen immer besser gelang, harmonisch das jeweils entsprechende Gleichgewicht zu wahren, verbrachten sie immer mehr Zeit in dieser Position bzw. gebrauchten immer häufiger und länger die immer besser koordinierten Fortbewegungsarten.
Am wichtigsten ist, daß beide Säuglinge zu geschickten Kindern herangewachsen sind, die sich gern aus eigener Initiative bewegen, auch die kompliziertesten Formen der Großbewegungen genießen, wie z. B. selbständig auf geeignete Gegenstände, Treppen und andere Hindernisse hinauf- und herunterzuklettern und dabei ihre Bewegungsfähigkeit immer weiterentwickeln.

A) Fotos im annähernd gleichen Alter

Tibis Alter (Wochen)	Foto Nr.	Attilas Alter (Wochen)	Foto Nr.
19	4– 7	19	4– 5
36	14–18	39	6– 7
42	24–25	41	8– 9
48	26	46	10
60	31	63	11–12
70	33–36	71	15–17
82	37	84	20
		88	21–22

B) Fotos von annährend gleichen Bewegungsformen

Tibis Alter (Wochen)	Foto Nr.	Attilas Alter (Wochen)	Foto Nr.
26	11	41	8
36	15	63	12
36	16	71	16
36	14	71 und 88	17 und 22
60	31	88	24–25

Die Fotos zeigen, daß selbst ein langsamer Verlauf der Bewegungsentwicklung nicht mit schlechter Haltung verbunden sein muß und kein Grund für krampfhafte Bewegung ist. Dies alles tritt nicht ein, wenn man den langsamen Verlauf der Bewegungsentwicklung bei einem gesunden Nerven- und Bewegungssystem im gegebenen Fall als eine individuelle Eigenart der Entwicklung betrachtet, ebenso wie die außergewöhnlich schnelle Entwicklung. Unserer Ansicht nach sind die Krampfhaftigkeit und Ungeschicklichkeit, denen man bei Kindern mit langsamer Bewegungsentwicklung begegnet, Resultate des «Helfens» und «Drängens», zu dem die Erwachsenen sich bei diesen Kindern veranlaßt fühlen, um ihre Entwicklung zu beschleunigen.

Das Vorgehen beim Fotografieren

Die Fotos wurden von einer den Kindern bekannten Fotografin, Marian V. Reismann, aufgenommen. Sie fotografierte die Bewegungen der Kinder fortlaufend, wenigstens einmal im Monat. Wenn sie mit ihrem Apparat dahin kam, wo die Kinder spielten, suchte sie keinen Kontakt mit den Kindern. Diese waren mit ihren üblichen, selbständigen Tätigkeiten beschäftigt. Sie wartete ab, bis die Kinder sich nicht mehr für sie interessierten und sich wieder in ihre üblichen Spiele vertieften, und konnte so ihre selbständigen Bewegungen und Tätigkeiten einfangen. So erlauben also alle Fotos Einblicke in den Alltag der Kinder, in ihre gewohnte Bewegungstätigkeit. Sie unterscheiden sich vom Alltag nur darin, daß die Kinder zum Fotografieren ganz oder fast ganz ausgezogen wurden. Dies störte sie nicht, da Säuglinge, wenn es ihnen warm genug ist, im allgemeinen gern und mit Freude nackt spielen. Im Sommer spielen die Kinder übrigens auch viel nackt im Freien, im Garten. Die Kinder wurden eine gute Weile vor dem Fotografieren ausgezogen, damit sie Zeit hatten, sich wieder ihren gewohnten Beschäftigungen und Spielen zuzuwenden.
Die Daten im Text der Fotoserien sind, den fortlaufend geführten Tagebucheintragungen entsprechend, angegeben und zeigen, wann das Erscheinen einer neuen Bewegungsform das erste Mal registriert wurde. Informationen über die Art und Weise und die Zuverlässigkeit des Tagebuchführens s. S. 31.
Der Tag des Fotografierens der mit Stern bezeichneten Aufnahmen ist nicht genau eingetragen.

TIBI

Geburtsdatum	5. 2. 1968
Geburtsgewicht	3800 g
Alter bei der Aufnahme ins Lóczy	2 Wochen
Aufnahmedatum	19. 2. 1968
Gewicht	4070 g
Größe	52 cm
Kopfumfang	36 cm
Gewicht im Alter von 1 Jahr	9490 g
Größe	76 cm
Kopfumfang	46 cm
Gewicht im Alter von 2 Jahren	11 570 g
Größe	88 cm
Kopfumfang	48,5 cm

Bild 1

***Tibi im Alter von 134 Wochen** (30 Monate, 30 Tage)*

Aufgenommen: 4. September 1970

Bild 1

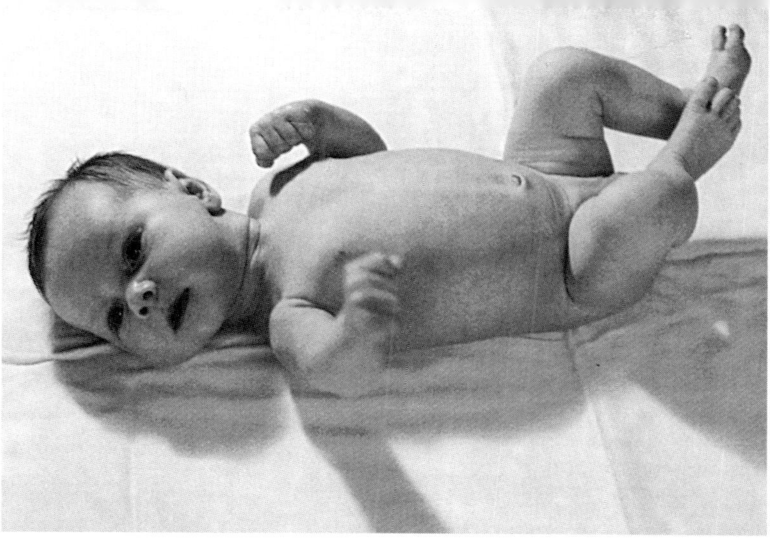

Bild 2

Bild 2

Tibi im Alter von 4 Wochen

Aufgenommen: 4. März 1968

Bild 3

Auf dem Rücken liegend betrachtet er seine Hand

Tibi im Alter von 8 Wochen (2 Monate)
Aufgenommen: 6. April 1968

Er dreht seinen Kopf leicht nach beiden Seiten. Betrachtet einmal die eine, dann die andere Hand (13. März 1968).

Bild 3

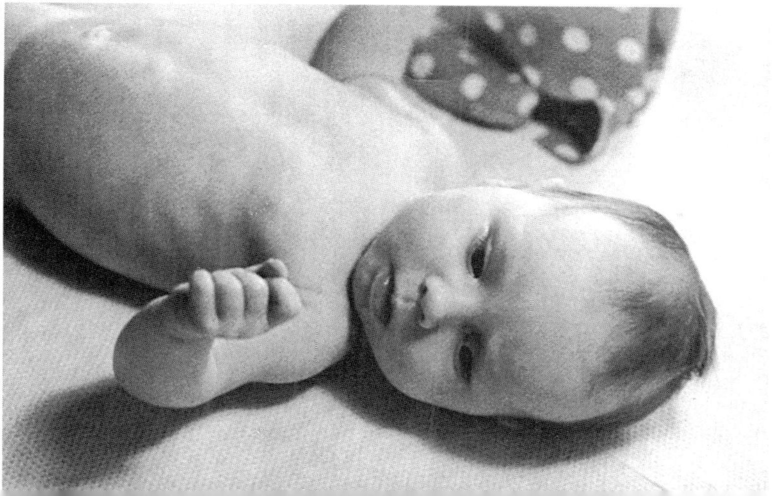

Bild 4, 5, 6 und 7

Dreht sich auf den Bauch

Tibi im Alter von 19 Wochen (4½ Monate)
Aufgenommen: Juni 1968*

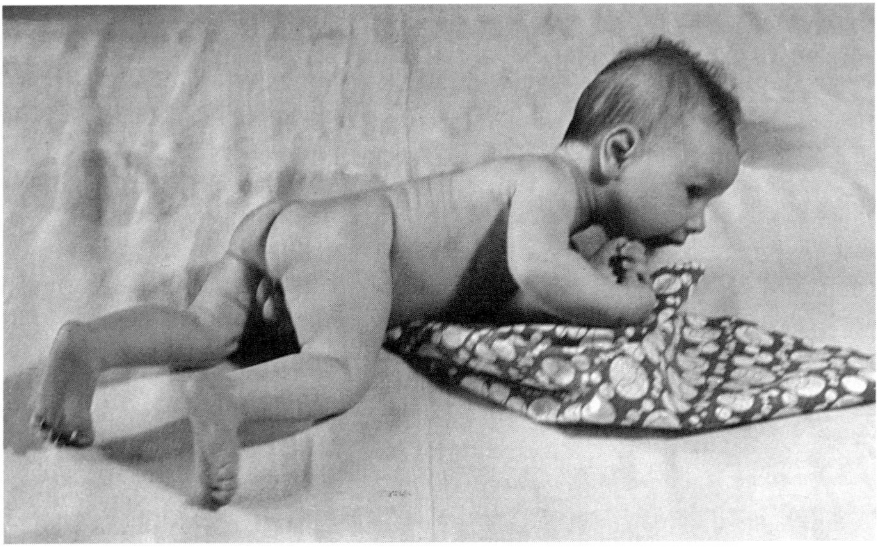

Bild 4 △ *Bild 5* ▽

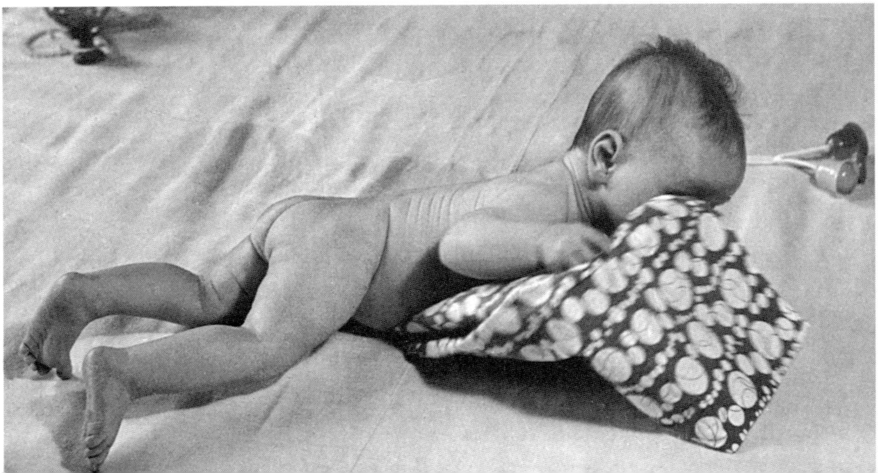

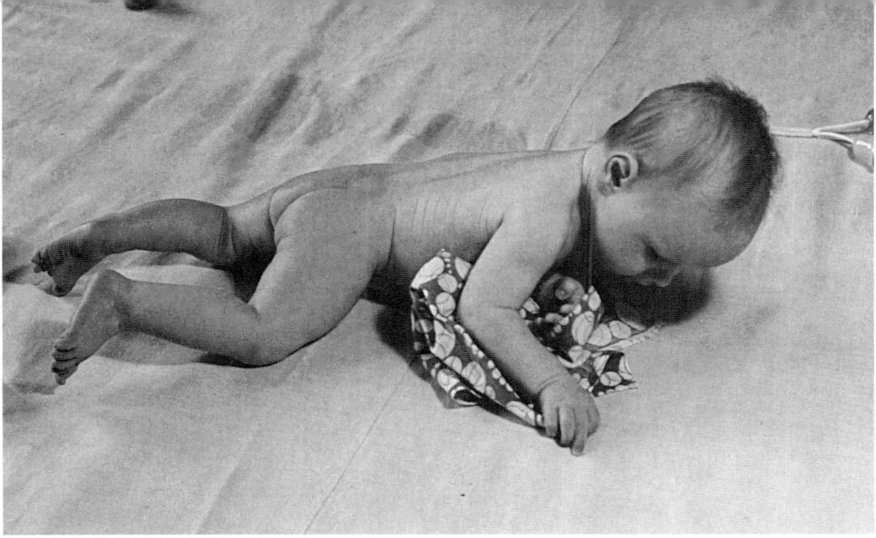

Bild 6 △ *Bild 7* ▽

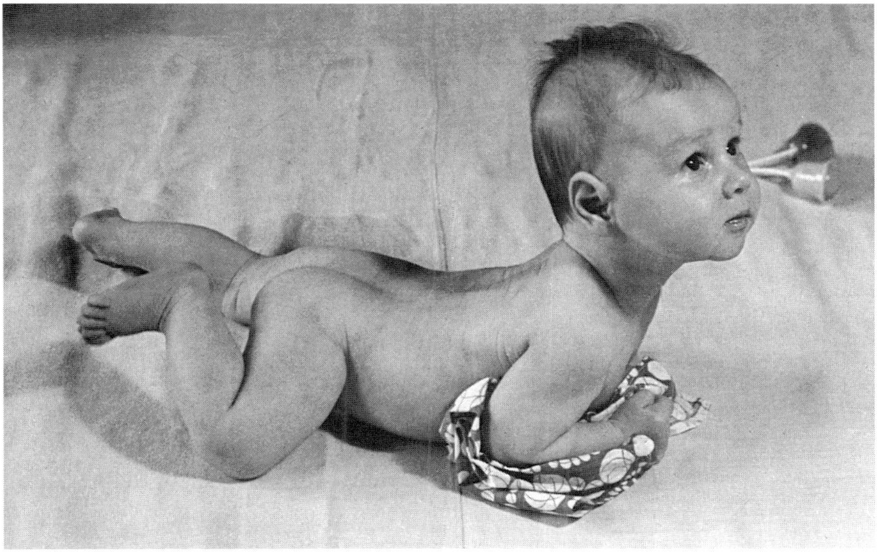

Charakteristische Bewegungen: Er dreht sich regelmäßig auf den Bauch (17. Mai 1968) und zurück (5. Juni 1968), spielt hauptsächlich auf dem Bauch liegend, sehr selten rollt er sich einmal um sich selbst.

Bild 8, 9, 10 und 11

Bewegungen in der Bauchlage

Tibi im Alter von 26 Wochen (6 Monate)
Aufgenommen: 5. August 1968

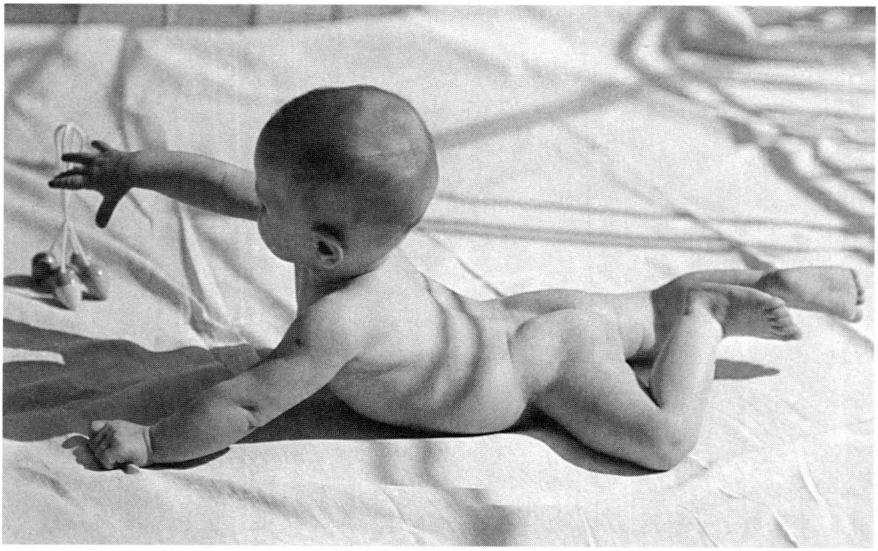

Bild 8 △ *Bild 9* ▽

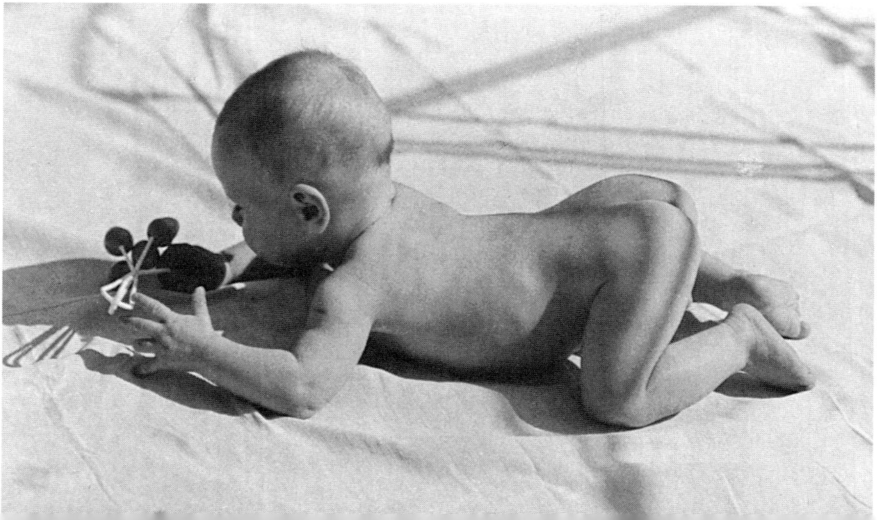

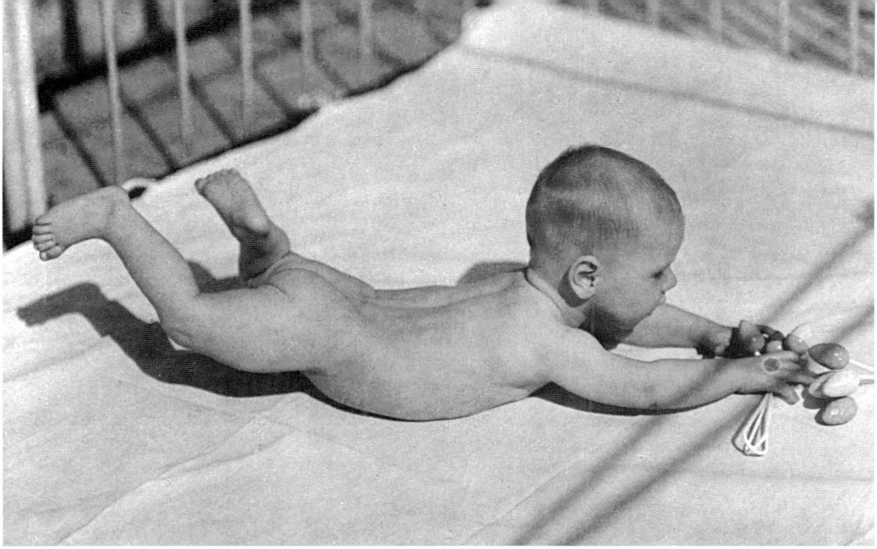

Bild 10 △ *Bild 11* ▽

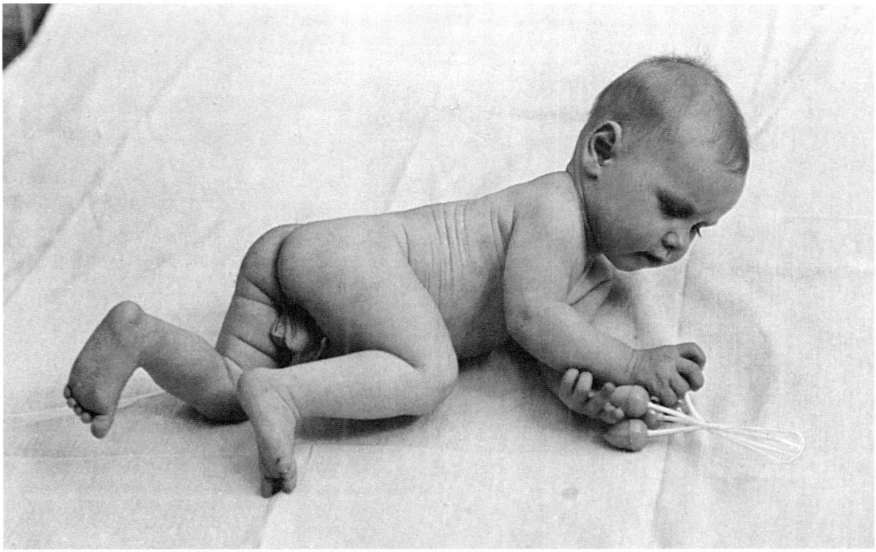

Neue charakteristische Bewegungen: Er versucht oft, die im Knie gebeugten Beine unter sich zu ziehen (5. August 1968). Er kreist um seine Sagittalachse. Brustkorb und Bauch hebt er meistens vom Boden ab, sein Gewicht ruht auf dem Oberschenkel und nur noch wenig auf dem Unterbauch. Ein Bein beugt er seitlich an und stößt sich mit dem Fuß ab. Seine Arme benutzt er abwechselnd, um sich darauf zu stützen und sich mit ihnen schrittweise im Kreis weiterzubewegen. Auf diese Weise bewegt er sich in immer größerem Umkreis, bevor er anfängt, auf Knien und Händen vorwärts zu krabbeln (22. Juli 1968).

Bild 12 und 13

Entwickeltere Bewegungen in der Bauchlage

Tibi im Alter von 30 Wochen (7 Monate)
Aufgenommen: September 1968*

Neue charakteristische Bewegungen: Er erhebt sich zum seitlichen Ellbogenstütz und läßt sich wieder nieder (3. September 1968). Er erhebt sich in den Knie-Händestütz (6. August 1968), er schaukelt im Knie-Händestütz und spielt auch im seitlichen Ellbogenstütz (17. August 1968).

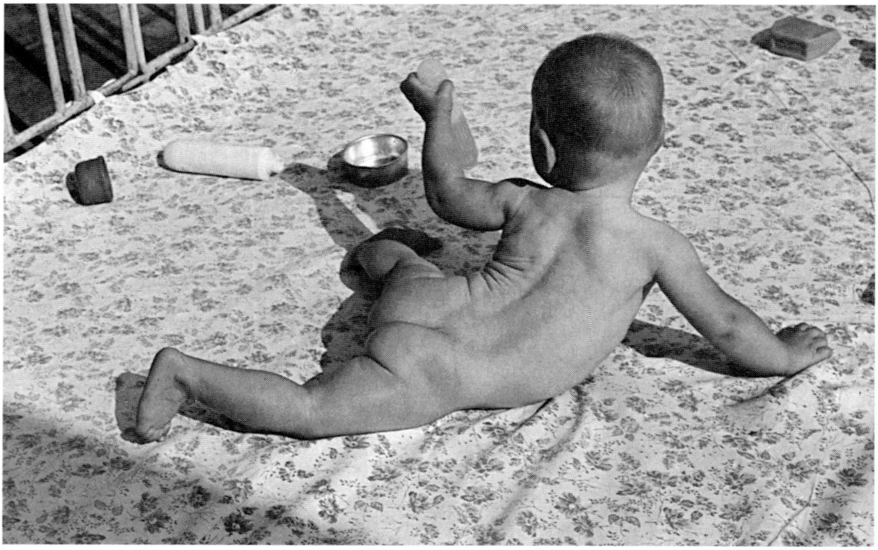

Bild 12 △

Bild 13 ▽

Bild 14, 15, 16, 17 und 18

Einige Bewegungen in der Entwicklungsphase des Sich-Aufsetzens und Aufstehens

Tibi im Alter von 36 Wochen (8 Monate, 9 Tage)
Aufgenommen: 14. Oktober 1968

Bild 14 △ *Bild 15* ▽

Bild 16 △

Bild 17 ▽

Neue charakteristische Bewegungen: Er setzt sich auf, setzt sich nieder (8. September 1968), richtet sich zum Kniestand auf und läßt sich nieder (15. September 1968), kommt in die Bärenstellung (28. September 1968), sich festhaltend steht er auf (1. Oktober 1968). Spielt im Kniestand und im abgestützten Seitsitz. Krabbelt auf Knien und Händen (13. September 1968), geht im Bärengang (13. Oktober 1968). Sich festhaltend unternimmt er seitwärts Schritte (6. Oktober 1968).

Bild 18

Bild 19, 20, 21, 22 und 23

Spielt sitzend, übt verschiedene Platz- und Positionswechsel

Tibi im Alter von 38 Wochen
(8 Monate, 28 Tage)
Aufgenommen:
2. November 1968

Bild 20 △

Bild 19 ▽

Bild 21 ▽

Bild 22 △ *Bild 23* ▽

Charakteristisch ist jetzt die Leichtigkeit, mit der er sich aufsetzt oder sich festhaltend aufsteht und sich wieder niederläßt, wie er sich, mit einer Hand am Gitter sich haltend, aus dem Stand hinhockt oder bückt. Er spielt sitzend. Ab und zu steht er mit dem Rücken sich an das Gitter lehnend. Sich festhaltend «geht» er schnell und leicht am Spielgitter entlang, klettert auf die Kiste und wieder herunter (7. Oktober 1968).

Bild 24 und 25

Klettert auf die Kiste und herunter

Tibi im Alter von 42 Wochen (9 Monate, 26 Tage)
Aufgenommen: 1. Dezember 1968

Weitere charakteristische Bewegungen: Auch auf der Kiste setzt er sich auf, kniet sich hin, geht sehr sicher am Spielgitter entlang, hält sich kaum fest. Ab und zu läßt er das Gitter los. Länge und Breite der Kiste sind 56 × 56 cm, ihre Höhe 17 cm.

Bild 24 △

Bild 25 ▽

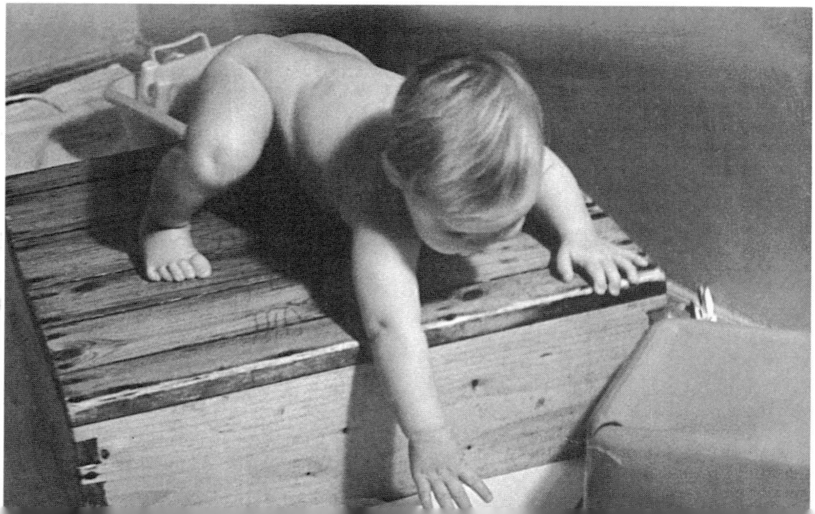

Bild 26

Hockt auf der Kiste

Tibi im Alter von 48 Wochen (11 Monate, 3 Tage)
Aufgenommen: 8. Januar 1969

Neu und charakteristisch für seine Bewegungen ist jetzt: Er steht auf, ohne sich festzuhalten, und hockt sich freihändig hin (11. Dezember 1968). Oft steht er ohne sich festzuhalten, mit einem Spielzeug in der Hand.

Bild 26

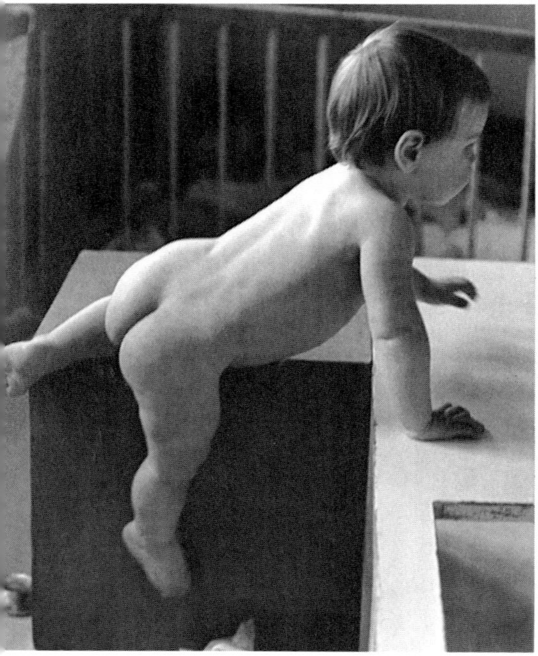

Bild 27

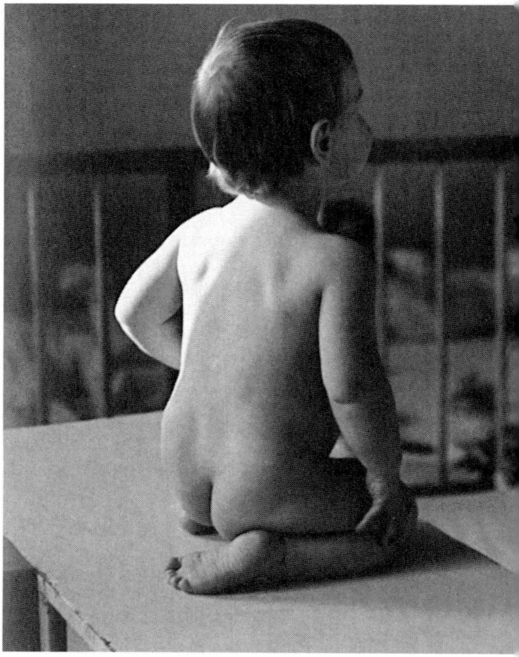

Bild 28

Bild 27, 28, 29 und 30

Klettert auf's «Labyrinth» und herunter

Tibi im Alter von 56 Wochen (13 Monate, 2 Tage)
Aufgenommen: 7. März 1969

Weitere neue, charakteristische Bewegungen: Er unternimmt erste freie Schritte (9. Januar 1969). Regelmäßig klettert er auf's Labyrinth und gleitet geschickt herunter (9. Februar 1969).

Das Labyrinth hat eine Länge von 120 cm, eine Breite von 40 cm und eine Höhe von 40 cm. Die Maße des anschließenden Würfels sind 40 × 40 cm.

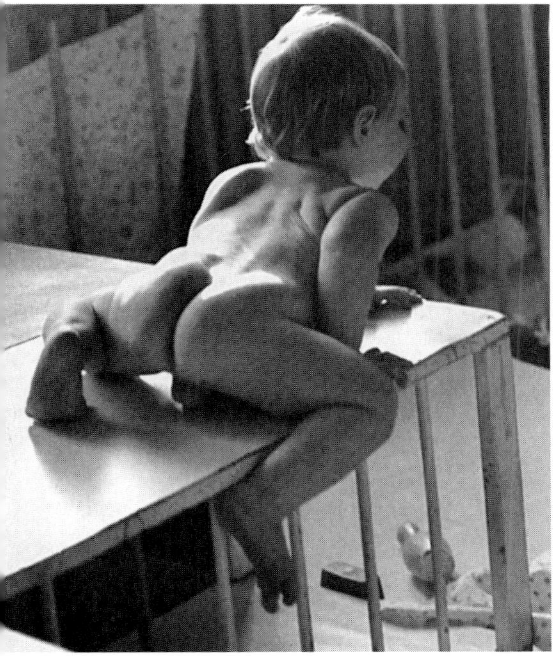

Bild 29

Bild 30 ▽

Bild 31

Er geht

Tibi im Alter von 60 Wochen (14 Monate)
Aufgenommen: 5. April 1969

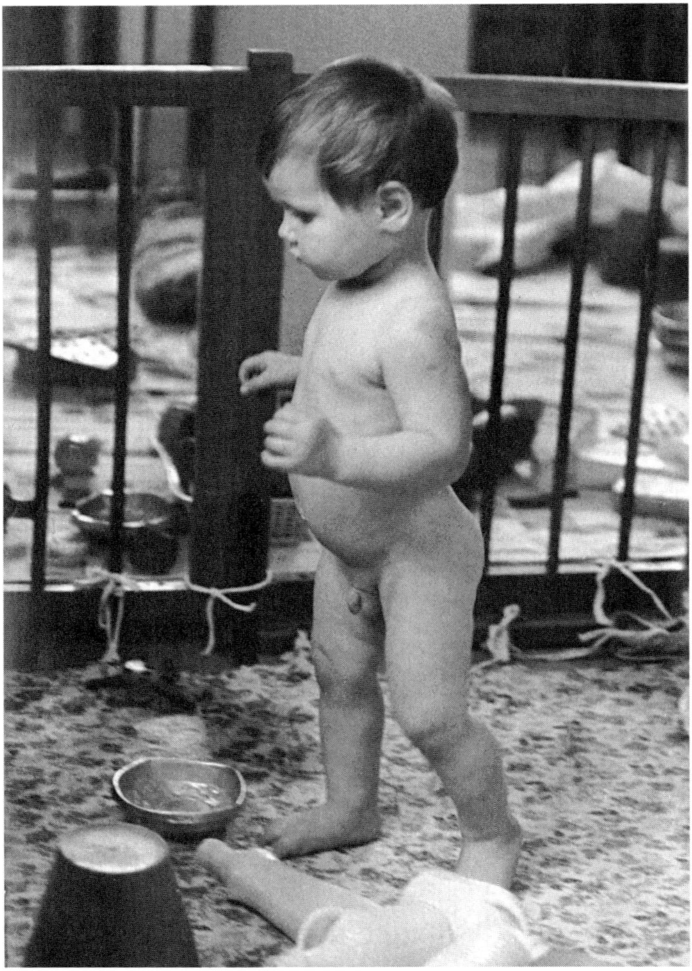

Bild 31

Charakteristische neue Bewegungsform: Er benutzt Gehen als Fortbewegungsart (16. März 1969).

Bild 32

Steht auf Zehenspitzen

Tibi im Alter von 69 Wochen (15 Monate, 28 Tage)
Aufgenommen: 2. Juni 1969

Bild 32

Weitere Entwicklung seiner Bewegung: Er geht auf ebenem Boden sicher (5. Mai 1969).

Bild 33

Bild 34 △

Bild 35 ▽

Bild 33, 34, 35

Spaziergang

Tibi im Alter von 70 Wochen
(16 Monate, 7 Tage)
Aufgenommen: 12. Juni 1969

Charakteristisch ist jetzt: Er geht auch auf unebenem Boden und auf steinigem Weg sicher (5. Juni 1969).
Die Stufe ist 11 cm hoch.

Bild 36

Auf der Treppe mit einem Schubkarren

Tibi im Alter von 82 Wochen (18 Monate, 27 Tage)
Aufgenommen: 1. September 1969

Mit dem Schubkarren steigt er die Treppe herunter, abwechselnd am Geländer sich festhaltend und freihändig. Die 7 Stufen haben durchschnittlich eine Höhe von 15 cm und eine Tiefe von 32 cm. Er klettert über das Spielgitter und aus dem Bett (1. September 1969).

Bild 36

Bild 37

Bild 38

Bild 37, 38, 39, 40 und 41

Klettert über das glatte Dach des Tunnels

Tibi im Alter von 120 Wochen (27 Monate, 25 Tage)
Aufgenommen: 30. Mai 1970

Die Höhe des Tunnels ist 78 cm, seine Länge 100 cm, seine Breite 184 cm, die Breite der Öffnung beträgt unten 80 cm, ihre Höhe 42 cm.

Bild 39

Bild 40

Bild 41

ATTILA

Geburtsdatum	19. 12. 1967
Geburtsgewicht	3400 g
Alter bei der Aufnahme ins Lóczy	2 Wochen, 3 Tage
Aufnahmedatum	5. 1. 1968
Gewicht	4010 g
Größe	54 cm
Kopfumfang	38 cm
Gewicht im Alter von 1 Jahr	10 040 g
Größe	76 cm
Kopfumfang	49,5 cm
Gewicht im Alter von 2 Jahren	13 000 g
Größe	90 cm
Kopfumfang	55 cm

Bild 1

Attila im Alter von 115 Wochen (26 Monate, 16 Tage) Aufgenommen: 7. März 1970

Bild 1

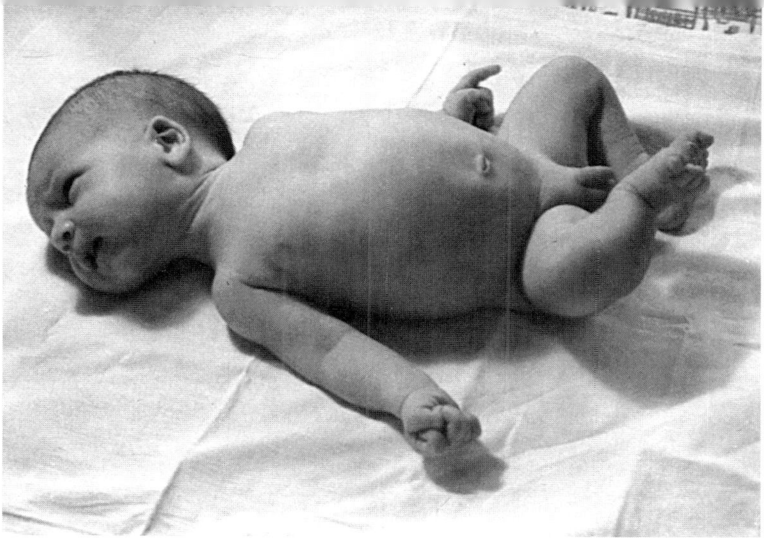

Bild 2

Bild 2

Aufgenommen: 8. Januar 1968
Attila im Alter von 3 Wochen

Bild 3

Auf dem Rücken liegend betrachtet er ein Tüchlein

Attila im Alter von 10 Wochen (2½ Monate)
Aufgenommen: 6. März 1968

Er dreht seinen Kopf leicht nach beiden Seiten. Er betrachtet hauptsächlich die rechte Hand (29. Februar 1968).

Bild 3

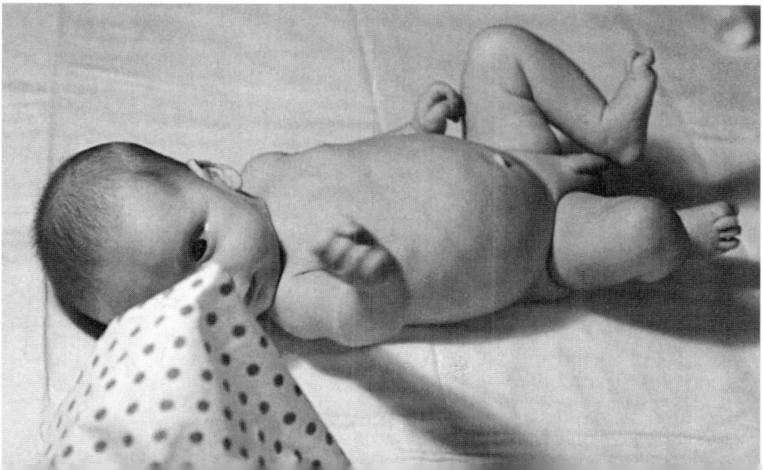

Bild 4 und 5

Dreht sich auf die Seite und zurück

Attila im Alter von 19 Wochen (4 Monate, 16 Tage)
Aufgenommen: 5. Mai 1968

Charakteristische Bewegungen: Er dreht sich auf die Seite und zurück (13. April 1968).

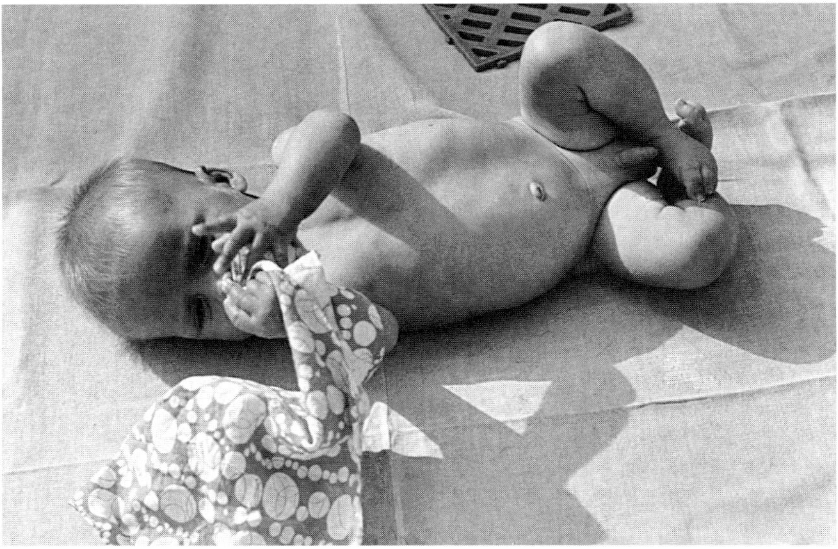

Bild 4 △ *Bild 5* ▽

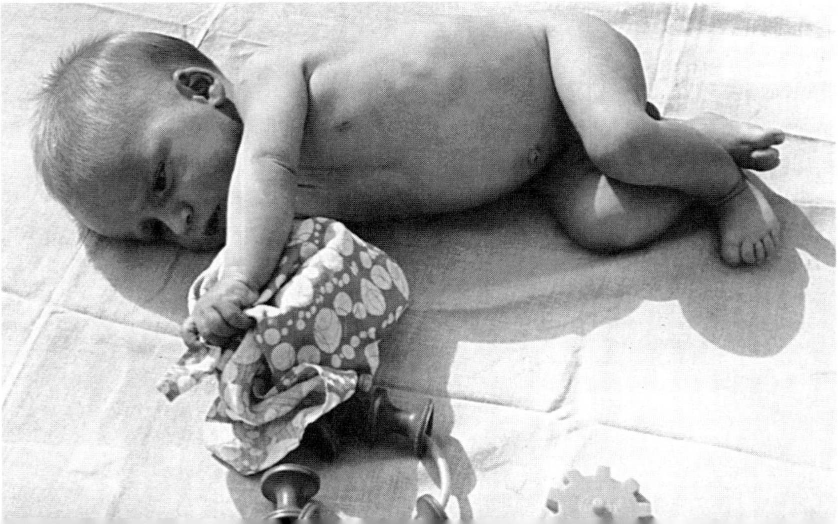

Bild 6 und 7

Entwickeltere Bewegungen in der Seitlage

Attila im Alter von 39 Wochen (9 Monate)
Aufgenommen: September 1968*

Neue charakteristische Bewegungen: Er dreht sich auf den Bauch (5. August 1968), dreht sich zurück (5. September 1968) und hält sich viel auf dem Bauch auf.

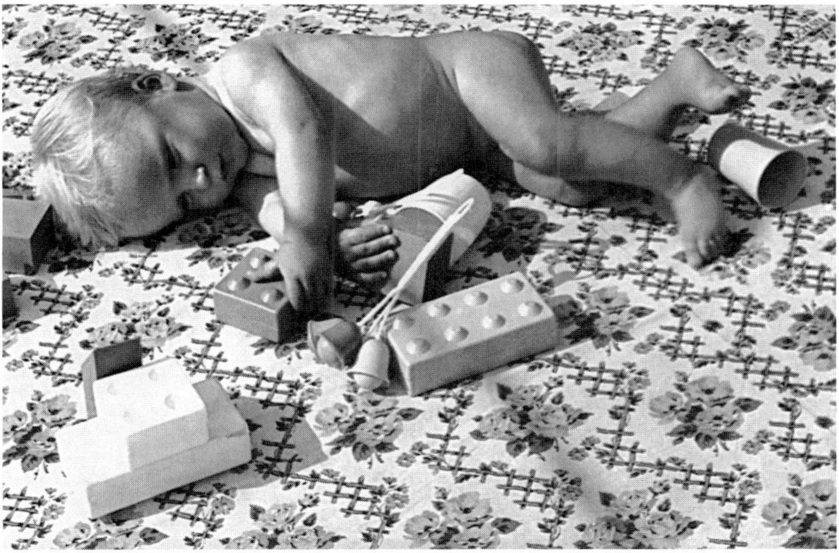

Bild 6 △ *Bild 7* ▽

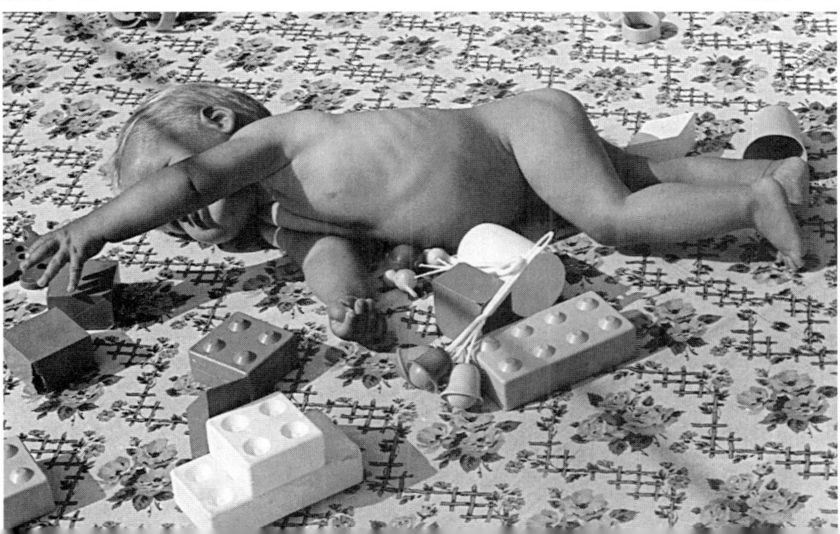

Bild 8 und 9

Spielt auf dem Bauch liegend aber auch noch auf dem Rücken

Attila im Alter von 41 Wochen (9 Monate, 16 Tage)
Aufgenommen: 5. Oktober 1968

Neue charakteristische Bewegung: Er rollt sich (29. September 1968).

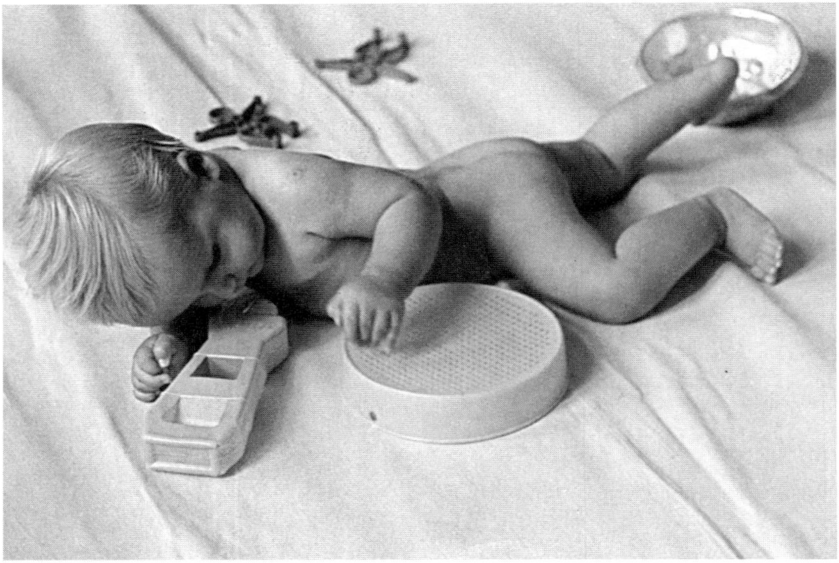

Bild 8 △

Bild 9 ▽

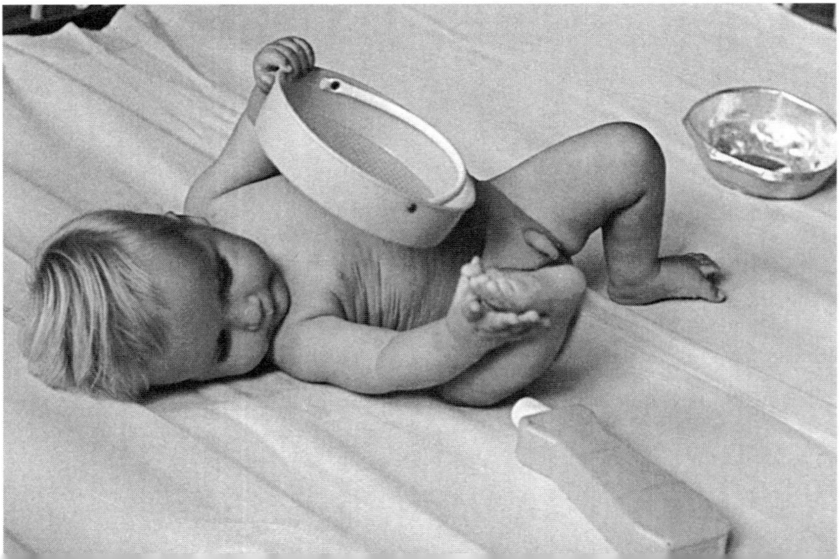

Bild 10

Spielt auf dem Bauch liegend mit höher entwickelten Bewegungen

Attila im Alter von 46 Wochen (10 Monate, 19 Tage)
Aufgenommen: 7. November 1968

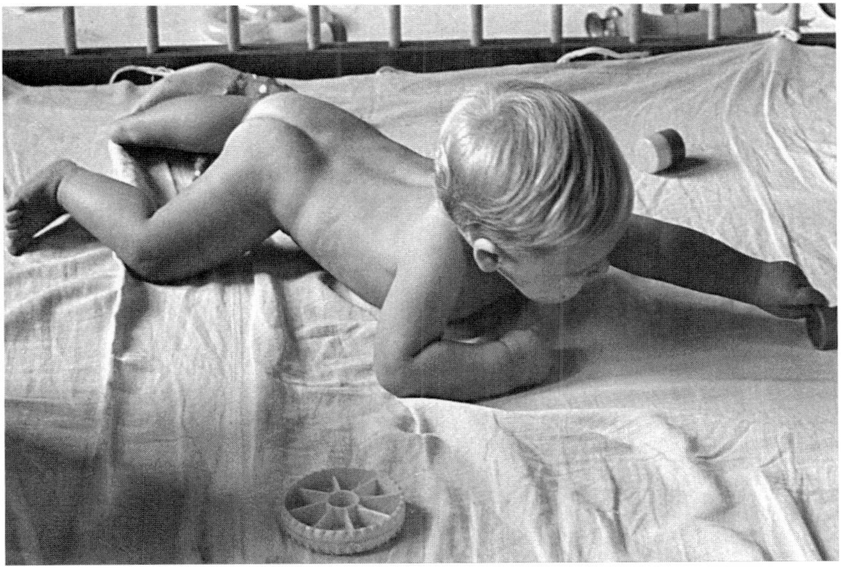

Bild 10
Weitere Entwicklung: Er wechselt zielgerichtet rollend seinen Platz (24. Oktober 1968).

Bild 11 und 12

Übergangs-Bewegungen im Laufe des Sich-Erhebens aus der Bauchlage in den Knie-Händestütz

Attila im Alter von 63 Wochen (14½ Monate)
Aufgenommen: März 1969*

Bild 11 △ *Bild 12* ▽

Neue charakteristische Bewegungen: Er erhebt sich in den Knie-Händestütz (19. November 1968), richtet sich am Gitter festhaltend zum Kniestand auf (10. Februar 1969), setzt sich auf die Fersen (19. Februar 1969), krabbelt auf Knien und Händen (17. Februar 1969), doch wenn er sich beeilt, kriecht er noch auf dem Bauch.
Das Polster ist 10 cm hoch.

Bild 13 und 14

Spielt im Fersensitz

Attila im Alter von 67 Wochen (15 Monate, 13 Tage)
Aufgenommen: 1. April 1969

Neu und charakteristisch ist jetzt: Er richtet sich zum Kniestand auf, ohne sich festzuhalten, und krabbelt viel auf Knien und Händen.

Bild 13

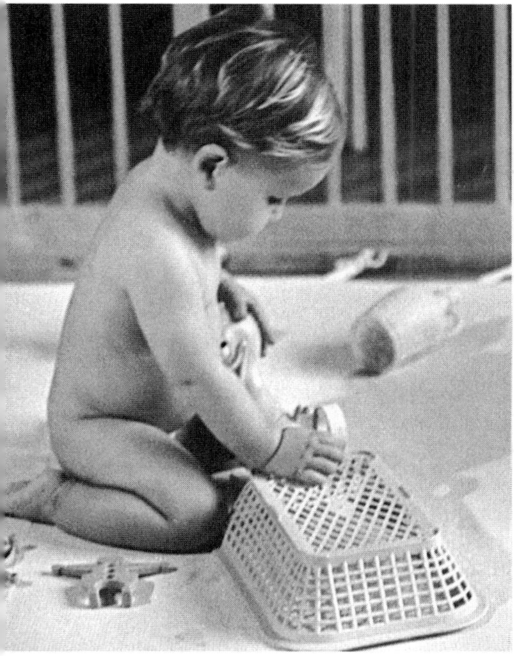

Bild 14

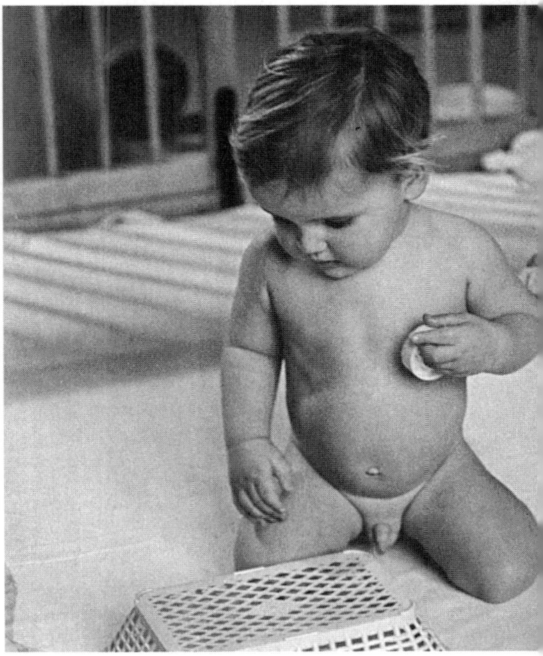

Bild 15, 16 und 17

Positionen im Fersensitz, Kniestand und Knie-Händestütz

Attila im Alter von 71 Wochen (16 Monate, 14 Tage)
Aufgenommen: 3. Mai 1969

Charakteristische neue Bewegungen: Er sitzt auch im Langsitz. Unternimmt einige Schritte auf den Knien, ohne sich festzuhalten (19. April 1969). Er bewegt sich oft auch im Bärengang und im Froschsprung fort.

Bild 15 △ *Bild 16* ▽ *Bild 17*

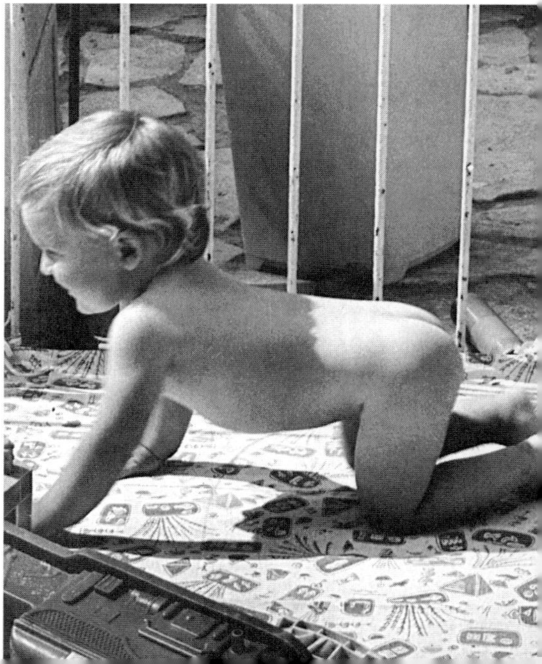

Bild 18 und 19

Steht auf Zehenspitzen sich festhaltend

Attila im Alter von 75 Wochen (17 Monate, 14 Tage)
Aufgenommen: 2. Juni 1969

Neue charakteristische Bewegungen: Sich festhaltend steht er auf (5. Mai 1969), er geht leicht und flink auf den Knien (19. Mai 1969). Sich festhaltend unternimmt er Schritte (26. Mai 1969).
Höhe des Polsters ca. 35 cm.

Bild 18

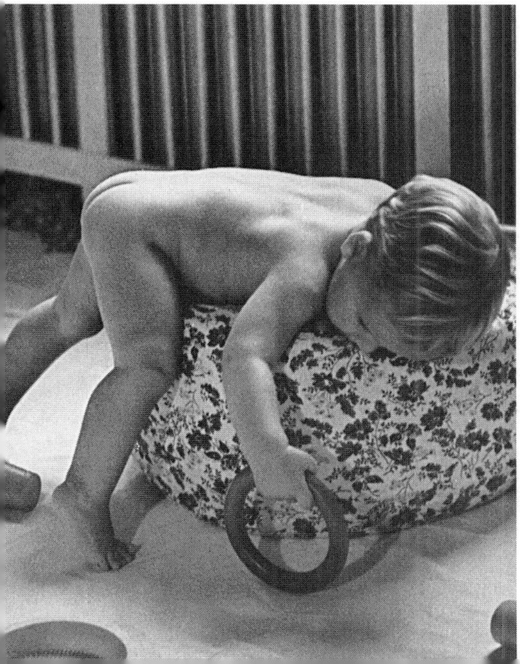

Bild 19

Bild 20

Spielt im Sand im Fersensitz

Attila im Alter von 84 Wochen (19 Monate, 16 Tage)
Aufgenommen: 4. August 1969

Neu und charakteristisch für seine Bewegungen ist jetzt: Er steht aus dem Hocken freihändig auf (30. Juni 1969) und unternimmt die ersten freien Schritte (1. Juli 1969).

Bild 20

Bild 21 und 22

Bärengang

Attila im Alter von 88 Wochen (20 Monate, 13 Tage)
Aufgenommen: 1. September 1969

Charakteristische neue Bewegungen siehe bei den Bildern 23, 24 und 25. Die Höhe der Sandkiste ist ca. 15 cm.

Bild 21 △ *Bild 22* ▽

Bild 23

Bild 23, 24 und 25

Er geht

Attila im Alter von 88 Wochen (20 Monate, 13 Tage)
Aufgenommen: 1. September 1969

Er geht freihändig aber noch unsicher, schwankend. Meistens bewegt er sich auf Knien und Händen krabbelnd fort oder benutzt den Kniegang im Zimmer.

Bild 24 △

Bild 25 ▽

Bild 26, 27, 28 und 29

Um ein gewisses Spielzeug zu erreichen, steigt er auf den Baby-Roller und stellt sich auf die Zehenspitzen

Attila im Alter von 111 Wochen (25 Monate, 21 Tage)
Aufgenommen: 9. Februar 1970

Bild 26

Bild 27

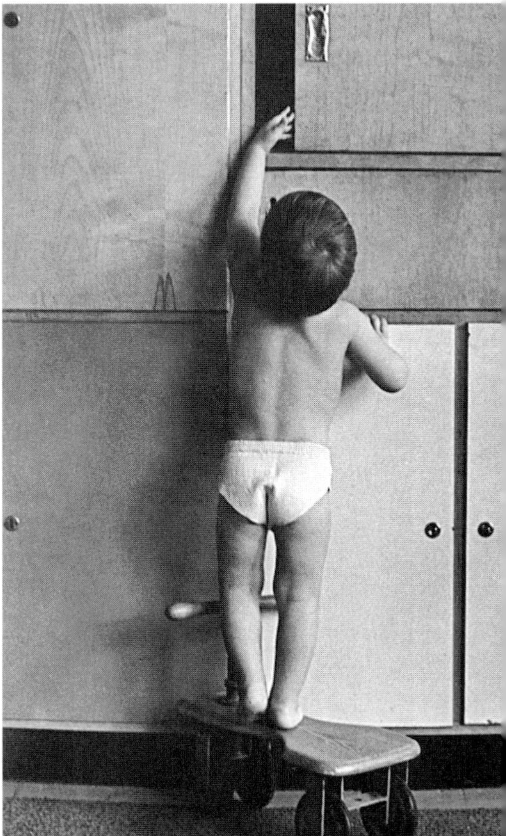

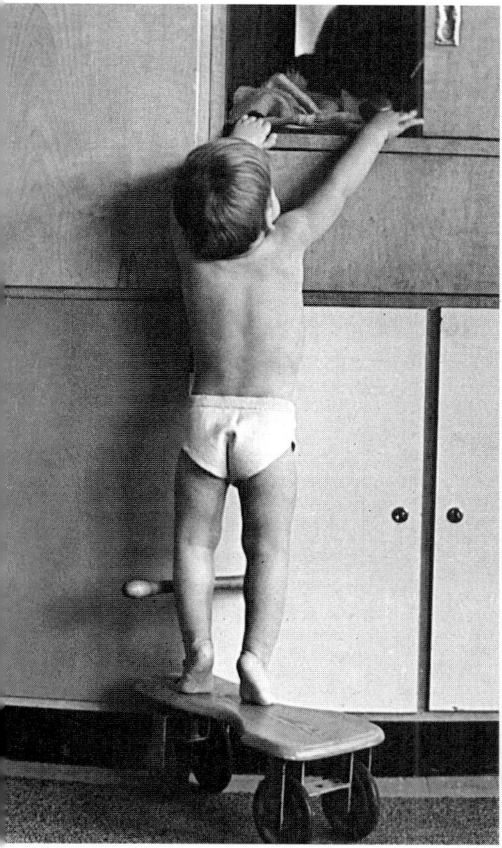

Bild 28

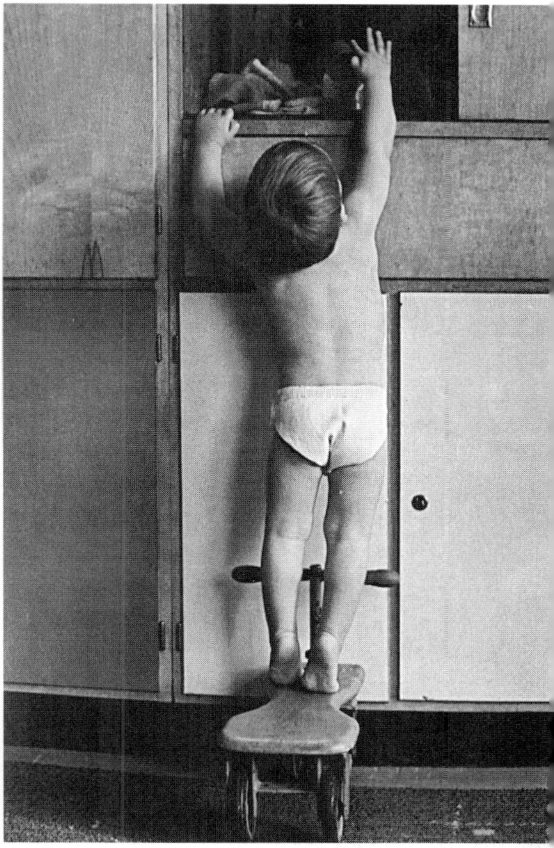

Bild 29

Charakteristische neue Bewegungsformen: Er benutzt Gehen als Fortbewegungsart (19. November 1969). Er geht sicher (19. Dezember 1969), klettert auf das Fensterbrett (19. Januar 1970).
Der Baby-Roller, auf den er gestiegen ist, ist 18 cm hoch, die Höhe des Kastens bis zur Schiebetür beträgt 110 cm. Den Baby-Roller hat er selbst umgedreht. Siehe Bild 28 und 29.

Bild 30, 31, 32 und 33

Er klettert auf einer gebogenen Leiter

Attila im Alter von 130 Wochen (30 Monate)
Aufgenommen: 19. Juni 1970

Charakteristisch ist jetzt: Auch auf abschüssigem Gelände geht er sicher (19. März 1970). Er geht auch auf der Treppe, ohne sich festzuhalten (19. Mai 1970).
Die Maße der gebogenen Leiter: Durchmesser des Halbbogens 155 cm, Höhe 72–74 cm, Breite 52 cm, Gitterabstand 5,5 cm.

Bild 30

Bild 31

Bild 32

Bild 33

DIE KOMPETENZ DES SÄUGLINGS

Schon R. White (1959) hat die Aufmerksamkeit darauf gelenkt, daß nicht nur die selbstinitiierten, aktiven Bewegungen, sondern auch das Hervorrufen von Veränderungen – das Empfinden der Wirksamkeit, die Kompetenz – grundlegende menschliche Bedürfnisse sind, deren Erscheinen unmittelbar nach der Geburt beobachtet werden können.
In den 70er Jahren haben immer mehr Forscher betont, wie wichtig es für die spätere Persönlichkeitsentwicklung ist, Kompetenz schon früh selbst erlebt zu haben.
Das Vertrauen in die eigenen Fähigkeiten und die eigene Wirkungsmöglichkeit, das durch die tagtäglichen Erfahrungen geschwächt oder verstärkt werden kann, hat eine grundlegende Wirkung auf die Tätigkeit der Kinder, ihr Verhalten und ihre Ziele, wie auf die gesamte Struktur ihrer späteren Persönlichkeit.
Nach R. White (1959) ist Kompetenz «die Fähigkeit eines Organismus, wirkungsvoll in gegenseitige Beziehung mit seiner Umgebung zu treten».
Connolly und Bruner (1974) haben Kompetenz folgendermaßen definiert: «Wenn wir über Kompetenz sprechen, sprechen wir in gewisser Hinsicht über Intelligenz im breitesten Sinne, von operativer (tätiger) Intelligenz, zu wissen wie, eher als einfach nur zu wissen was. Kompetenz enthält Aktion und Veränderung der Umgebung wie das Sich-Anpassen an diese Umgebung.
In gewissem Sinne scheint es, daß der Begriff mindestens drei Aspekte enthält:
1. Fähig zu sein, sich Merkmale aus der gesamten Umgebung auszusuchen, die die nötigen Informationen vermitteln, um eine Handlung der Reihenfolge nach durchzuführen. Diese Aktivität wird mit verschiedenen Namen bezeichnet: Formung eines Schemas, Erstellung eines Programmes usw.
2. Nach dem Planen der Reihenfolge der Handlungen ist die nächste Aufgabe, die Aufeinanderfolge der Bewegungen oder Aktivitäten in Gang zu setzen, um das gewünschte Ziel oder den entsprechenden Gegenstand zu erreichen.
3. Schließlich müssen wir bei der Zusammenstellung neuer Pläne das aus den Erfolgen oder Mißerfolgen Gelernte verwerten.
Es ist offensichtlich, daß alle drei Aspekte von Kompetenz mit Entwicklung zusammenhängen, aber der letzte ist der zentralste, der wichtigste.»
In der Einleitung des zitierten Kapitels schreiben Connolly und Bruner: «Unser Begriff Kompetenz hat viele Merkmale. Aber unser Ziel ist es, nicht nur die Natur der Kompetenz zu untersuchen, sondern auch zu erforschen, auf

welche Weise man die Kompetenz in der Jugend ausbilden kann. Wir haben noch viel vor uns.»

Wir beschäftigen uns im weiteren mit Aspekten dieser zuletzt genannten Aufgabe: nämlich mit dem Problem, wie wir Erlebnisse, die zu Kompetenz-Erfahrungen führen, schon in der frühesten Jugend, schon dem Säugling vermitteln können.

Wir möchten die Aufmerksamkeit auf einige praktische Probleme lenken, die auf den ersten Blick unwichtig erscheinen, aber entscheidende Faktoren in der Entwicklung zur Kompetenz sind.

Es ist eine weit verbreitete Meinung – und zwar auch in einem großen Teil der medizinischen Literatur –, daß der neugeborene Säugling eine hilflose Kreatur sei, unfähig sein Wohlbehagen auszudrücken und alles, was er tun könne, sei Schreien, wenn er sich unbehaglich fühlt. Falls er schreit, soll man ihn beruhigen, wenn er hungrig ist, füttern. Der Säugling wird gefüttert, gehätschelt, in den Armen gehalten, weil er die Nähe eines menschlichen Körpers gern hat. Im Zusammenhang mit dieser Auffassung ist es nicht belanglos, eine Tendenz zu erwähnen, nämlich ein zunehmendes Interesse am sogenannten «Lehren» des Säuglings, um seine Entwicklung zu fördern. Man nimmt an, je mehr Wissen man in das Baby wie in einen Computer hineinfüttert, desto vorteilhafter sei es. Man erwartet von ihm, in der Position und an dem Platz zu bleiben, wo man es für gewöhnlich unterbringt, einfache Aktivitäten, die man ihm vormacht, nachzuahmen, Silben oder Worte, die man ihm wiederholt vorspricht, nachzusprechen. Also nicht nur Nahrung, sondern auch Wissen wird in das Baby hineingefüttert. In der Regel entscheidet der Erwachsene, *was* das Baby zu wissen hat, und *wann* ebenso *wie* es das Gelernte durchzuführen hat. Es wird angehalten, das Vorgeschriebene mit mehr oder weniger Hilfe des Erwachsenen auszuführen. Gewisse Richtungen instruieren sogar die Mütter, ihre Säuglinge systematisch mit einem bestimmten Lehrstoff und einer Zeiteinteilung, wie es in der Schule üblich ist, zu «unterrichten».

Während dies alles vor sich geht, wird der Initiative des Säuglings wie auch seinen Signalen immer weniger Aufmerksamkeit gewidmet. Demzufolge werden diese auch seltener, das Kind gewöhnt sich an Imitation und mechanische Wiederholung in praktisch allen Bereichen des Lebens. Als Folge dieser Art der Erziehung wird der Säugling im Laufe seiner Entwicklung fast vollkommen abhängig vom Erwachsenen. Sein Selbstvertrauen wird geschwächt. Diese Merkmale werden im allgemeinen als angeboren betrachtet und nicht als Folge der Art und Weise der Erziehung.

Diese Art der Erziehung von Säuglingen steht aber in Gegensatz zu dem, was man durch neuere Forschungen über die psychische Entwicklung des Säuglings herausgefunden hat. In den letzten Jahrzehnten haben wir über das Neugeborene

und den Säugling sehr viel Neues gelernt. Zahlreiche Berichte wurden publiziert, die uns mitteilen, daß das Neugeborene und der Säugling gewisse Fähigkeiten besitzen, die unseren jahrhundertealten Vorstellungen widersprechen. So hat z. B. WOLFF (1959) auf der Basis von Dauerbeobachtungen in den ersten 18 Lebenssstunden nachgewiesen, daß schon das Neugeborene am ersten Tag des Lebens fähig ist, einem Licht zu folgen, das sein Interesse geweckt hat, den Kopf und die Augen in der Richtung des Lichtes zu wenden, und sei es auch am ersten Tag nur für Augenblicke.
Es wurde experimentell bewiesen (BOWER 1971), daß ein Säugling, in bestimmter Weise gehalten, schon im Alter von wenigen Tagen beide Hände in die Richtung eines glänzenden Gegenstandes ausstreckt, der sein Interesse geweckt hat. Wenn der Gegenstand, den er sieht, nicht real ist, sondern nur sein in die Luft projiziertes Bild, so beginnt das Neugeborene zu schreien, wenn seine Hände den Gegenstand nicht anfassen können. Dagegen schreit es nicht, wenn ein realer Gegenstand vor ihm ist und es diesen ergreifen kann.
Ebenso wurde experimentell bewiesen (FANTZ 1961), daß der wenige Tage alte Säugling Formen und Gegenstände wahrnimmt.
Signifikant häufiger dreht er seinen Kopf in die Richtung des Gegenstandes, den er vorzieht. Ein Säugling in diesem Alter ist fähig, die Größe von Gegenständen zu unterscheiden, auch wenn das Experiment so durchgeführt wird, daß die Bilder der zwei Gegenstände auf der Retina in gleicher Größe projiziert werden (BOWER 1966). Man hat auch gezeigt, daß im Alter von einer Woche ein Säugling Ton-Signale verschiedener Höhe unterscheiden kann (PAPOUSEK 1975).
Aus diesen Forschungsergebnissen geht hervor, daß der Mensch schon mit einer Reihe von Fähigkeiten geboren wird, von denen man bisher annahm, daß sie erst später im Laufe der menschlichen Entwicklung erworben werden.
Wir können fragen, wie diese Fähigkeiten des Säuglings im täglichen Leben benutzt werden, wie und in welcher Reihenfolge sie sich weiterentwickeln, in welcher Periode der Säuglingsentwicklung die verschiedenen Fähigkeiten integriert und differenziert werden, wie sie sich in die Eigenartigkeit der jeweiligen Entwicklung einfügen und wie sie Bestandteil der Persönlichkeit des Kindes werden. Die früher erwähnten Studien geben uns keine Antwort auf diese Fragen.
Es ergibt sich auch die Frage, ob nicht weitere Fähigkeiten – die eventuell in dem sich entwickelnden Kind später auftauchen würden – uns entgehen könnten, weil wir den Signalen des Kindes keine Aufmerksamkeit geschenkt haben oder nicht für die entsprechenden äußeren Bedingungen seiner Umgebung gesorgt haben.
Das Übersehen und Vernachlässigen dieser Fragen wird durch die Art und Weise begünstigt, wie im allgemeinen die Entwicklung eines Säuglings kontrolliert

wird. Bei den üblichen Untersuchungen werden zu verschiedenen Zeitpunkten seiner Entwicklung Handlungen des Säuglings in denselben oder ähnlichen Untersuchungssituationen aufgezeichnet. Was man im Laufe dieser Untersuchungen ermittelt, sind im allgemeinen nicht selbständige Verhaltensweisen des Kindes sondern Antworten auf Tätigkeiten oder Worte des Erwachsenen. Dies ist besonders auffallend bei der Untersuchung der Bewegungsentwicklung, vor allem in den ersten 6 Monaten des Lebens.

Man kontrolliert kaum, wozu der Säugling selbständig fähig ist oder wie er sich im täglichen Leben bewegt, sondern man untersucht z. B. die Krümmung der Wirbelsäule oder wie der Säugling den Kopf hält, wenn er vom Erwachsenen in sitzende Stellung hochgezogen wird, usw.

Es werden also mit den üblichen Kontroll-Methoden sehr viele Aktivitäten und Bewegungen – die einen Teil des täglichen Lebens der Kinder ausmachen und eine wesentliche Rolle darin spielen – von denen, die die Untersuchung durchführen und aufzeichnen, nicht beachtet.

Wollen wir aber sehen, in welchem Maße das Neugeborene und der Säugling zu einer wirkungsvollen Interaktion mit seiner Umgebung fähig ist, müssen wir nicht nur die Methoden unserer Untersuchung ändern, sondern auch mit dem Kind so umgehen und die umgebende Einrichtung so gestalten, daß alles zusammen dem Kind die Möglichkeit bietet, diese Fähigkeiten entfalten zu können. Seit 1946 konnten wir im Rahmen unseres Institutes, im Lóczy, die hierzu notwendigen Bedingungen verwirklichen. Sie unterscheiden sich noch immer von den üblichen Bedingungen, unter denen Säuglinge aufwachsen. Das Wesentliche ist, daß die Säuglinge im Lóczy von den ersten Tagen ihres Aufenthaltes an die Möglichkeit haben, die Initiative zu ergreifen und auf diese Weise in eine wirkungsvolle Interaktion zu kommen, sowohl mit den Erwachsenen, die sie versorgen, wie auch mit den Gegenständen, die sie umgeben.

Unter diesen Bedingungen konnte bewiesen werden, daß der Säugling – und zwar nicht nur in experimentellen Situationen, sondern auch in seinem täglichen Leben – zu mehr fähig ist, als man bei der konventionellen Erziehung von ihm erwartet. Er ist fähig, einen besseren Kontakt sowohl zu dem für ihn sorgenden Erwachsenen wie auch zu seiner Umgebung auszubilden.

Schon das Neugeborene ist z B. fähig, sich als Antwort auf die berührende Hand des Erwachsenen zu entspannen oder sich zu verspannen. Es kann zusammenzucken oder sich hineinschmiegen in die Hand des ihn aufhebenden Erwachsenen und so zeigen, ob ihm die Berührung angenehm oder unangenehm ist. Es kann so aufgenommen werden und so berührt werden, daß es keinen Widerstand leistet, wenn es z. B. am Hals und in den Armbeugen gesäubert wird. Schon nach wenigen Tagen – abhängig davon, wie wir dem Säugling begegnen – können wir beobachten, ob er gelöst oder verspannt reagiert, nicht nur als

Antwort auf die Berührung, sondern schon vorher, schon bei der Annäherung des zu ihm kommenden, ihn pflegenden Erwachsenen. Wir können hier das frühe Auftauchen der Antizipation beobachten. In dieser Weise bildet sich schon in den ersten Tagen des Lebens ein positiver oder negativer Kontakt zwischen dem Säugling und dem für ihn sorgenden Erwachsenen aus.

Es ist allgemein bekannt, daß das Neugeborene und der Säugling während des Stillens aktiv ist. Weniger bekannt ist, daß schon das Neugeborene genau äußern kann, ob ihm die angebotene Flüssigkeit gefällt oder nicht. Wenn ja, wird es aktiv saugen und schlucken, auch wenn es mit dem Löffel gefüttert wird, und sogar manchmal ein schmatzendes Geräusch hören lassen. Wenn es aber die Flüssigkeit nicht gern hat, läßt das Kind sie aus dem Mund rinnen oder schiebt sie mit der Zunge heraus. Wenn wir aufmerksamer wären für seine feineren Signale, würde das Spucken oder Erbrechen während oder nach dem Trinken sicher seltener vorkommen.

Von seinen ersten Lebenstagen an informiert uns also der Säugling mit seinen Gesten und seinem Verhalten genau, ob er mit der jeweiligen Nahrung zufrieden ist oder nicht – noch bevor er zu schreien oder zu spucken beginnt.

Der Säugling wird auch sehr bald die Initiative ergreifen, wenn wir auf seine Signale hören, aufmerken und antworten und wird uns zu verstehen geben, ob er sich z. B. bei der Temperatur des Badewassers wohl oder unwohl fühlt und ob er sich behaglich oder unbehaglich fühlt bei der Art, wie wir ihn an- oder ausziehen. Wenn die Pflege des Säuglings immer in derselben Reihenfolge durchgeführt wird und wir aufmerksam seine Signale wahrnehmen und sie beantworten, wird das Kind sein Bein oder seinen Arm entspannen, während sie gewaschen werden. Nach einigen Wochen wird es seinen Mund formen, wenn es angesprochen wird. Es wird Laute von sich geben, uns anlächeln und antworten, wenn wir zu ihm sprechen. Es wird die Aufmerksamkeit des Erwachsenen in immer aktiverer Weise mit Lauten und Gesten auf sich lenken. Das Kind wird sich an seiner Pflege in zunehmendem Maße beteiligen. Später wird es uns helfen: Es wird seinen Arm oder sein Bein – in der Reihenfolge des Badens oder Anziehens – selbst anheben und uns entgegenstrecken, bevor wir sie anfassen. Etwas später wird es spielend statt des gewünschten Armes zuerst den anderen oder den Fuß reichen, um auf weitere Aufforderung des Erwachsenen lachend den richtigen Arm zu geben.

Wir sehen, wie im Laufe der Entwicklung einer gegenseitigen Beziehung das Kind ein kompetentes Verhalten entwickelt und ein aktiver Partner wird.

Der zufriedene, ausgeglichene Säugling, der aktiv an seiner Pflege teilnimmt, ist auch außerhalb der Pflegehandlungen voller Initiative. Er ist fähig, Gegenstände, die ihn in seiner Umgebung interessieren, selbst aufzuheben. Er ist fähig, selbständig mit diesen Gegenständen vertraut zu werden und mit ihnen zu hantieren.

Die in dieser Weise erzogenen Säuglinge und Kleinkinder benötigen in vieler Hinsicht weniger Hilfe vom Erwachsenen als üblich. So geht z. B. ihre Bewegungsentwicklung nicht von der Hilflosigkeit zur Selbständigkeit vor sich, sondern die Kinder sind in gewisser Hinsicht in jeder Phase ihrer Entwicklung zu selbständigen Bewegungsaktivitäten fähig. Sie sind in der Lage, neue Positionen, neue Fortbewegungsarten aus eigener Initiative selbständig auszuprobieren und ohne direkte Hilfe der Erwachsenen zu lernen, sich darin frei zu bewegen. In jeder neuen Position, die sie selbst erreichen, bleiben diese Säuglinge beweglich. Sie können im allgemeinen sofort oder nach wenigen Tagen diese Positionen verlassen (s. S. 34) und nach Wunsch wieder aufnehmen. Sie üben fortlaufend verschiedene Bewegungsaktivitäten. Die Art, in der sie ihren Platz wechseln oder nach einem Spielzeug greifen, wie sie damit hantieren, all dies ändert sich im Laufe ihrer Entwicklung. Aber die Freude der Kinder, der Wunsch, die Initiative zu ergreifen, bleibt unverändert. Das bringt sie dazu, während ihrer ganzen Säuglingszeit immer neue und andere Arten von Bewegungen und Tätigkeiten auszuprobieren, Gegenstände aufzuheben, die sie interessieren, sie zu untersuchen, sich im Zimmer oder Garten zu bewegen und so den ihnen zur Verfügung stehenden Raum – ihre Welt – aus eigener Initiative selbständig zu erforschen (TARDOS 1966b, 1967).
Wir erkennen also Fortschritte im Verlauf der Bewegungs- und Manipulationsentwicklung, in der das Verhalten des Säuglings dadurch charakterisiert ist, daß er fortwährend seine eigenen Handlungen meistert, mit anderen Worten kompetent ist.
Um die Kompetenz der Kinder zu ermöglichen ist es, ergänzend zu dem adäquaten Verhalten des Erwachsenen, auch notwendig, für eine entsprechende äußere Umgebung zu sorgen. Der Säugling kann nur dann selbständig mit seinem Spielzeug spielen und es kompetent handhaben, wenn es in Reichweite und leicht zu ergreifen ist. Das Spielzeug muß frei verfügbar sein, also nicht angebunden oder in einer anderen Weise befestigt, es darf nicht verboten sein, es in den Mund zu nehmen usw. Ebenso kann der Säugling – seiner Entwicklung entsprechend – nur dann seine Bewegungsfähigkeiten ausbilden, üben und benutzen und schon von vier, fünf oder sechs Monaten an selbständig seinen Platz wechseln, sich auf die Seite, auf den Bauch drehen, rollen, auf dem Bauch kriechen usw., wenn er genügend Platz dazu hat.
Nach der konventionellen Erziehung wird aber die Aktivität des Säuglings durch verschiedene Umstände eingeschränkt. Schon die Bewegungsmöglichkeiten des Neugeborenen, das nicht selten auf den Bauch gelegt wird, sind eingeschränkt, denn in dieser Lage kann es weder seine Arme noch seine Beine frei bewegen, vor allem nicht in den ersten Lebenswochen. Im Alter von ungefähr einem halben Jahr, wenn der Säugling schon fähig wäre, verschiedene Varianten seiner

Bewegungsaktivität in der Bauchlage auszuprobieren, bekommt er dazu kaum die Möglichkeit. Eine große Zahl der Säuglinge verbringt ihre Tage in Gitterbettchen oder in noch kleineren, runden «Laufställchen» mit einer Diagonalen von weniger als einem Meter oder im günstigsten Fall in einem quadratischen «Laufstall» mit kaum einem Quadratmeter Platz.
Verschiedene Geräte wie Babywippen, Babyhopser, Schaukeln oder Stühle mit Säuglingssitzen wurden konstruiert, um den Säugling in einer vorbestimmten, die Beweglichkeit beschränkenden Position sitzend oder stehend zu halten. In all diesen Geräten kann das Kind sich nicht umdrehen, kann sich nicht rollen, weder auf dem Bauch kriechen noch auf Knien und Händen krabbeln. In den Sitzgestellen kann es seine Position nicht einmal soweit verändern, daß es sich nach einem heruntergefallenen Spielzeug bücken könnte, um es aufzuheben.
Die Selbständigkeit und das Gefühl der Kompetenz des Kindes wird auch durch die Art behindert, in der der Erwachsene immer wieder versucht, dem Kind in seiner Entwicklung zu helfen. Die Absicht des Erwachsenen zu «Helfen» oder zu «Fördern» verhindert geradezu, daß das Kind die Initiative ergreifen kann bzw. erlaubt ihm nicht, das Angefangene selbständig zu Ende zu führen. «Ich helfe nur ein ganz klein wenig nach», mit dieser Einstellung kommt man dem um das Aufstehen bemühte Kind zur Hilfe und reicht ihm die Hand, damit das Aufstehen leichter gelingt. Diese Hilfe aber raubt dem Kind die Freude am selbständigen Gelingen, raubt ihm das Gefühl seiner Wirksamkeit genauso wie die andere Art des «Helfens», in der man das Kind wie einen Gegenstand behandelt, bei der nur die Erwachsenen aktiv sind, der Säugling aber vollkommen passiv.
In besonderer Gefahr sind die Kinder, deren Entwicklungsrhythmus auf einem oder auf mehreren Gebieten langsamer als bei den übrigen Kindern verläuft. So läßt man die sich langsam entwickelnden Kinder gewöhnlich zu einem Zeitpunkt etwas üben, zu dem sie dazu noch nicht reif sind. Das Kind wird passiv in immer höher entwickelte Positionen gebracht, und man erwartet von ihm immer höher entwickelte Leistungen. Es muß etwas zu einer Zeit vollbringen, in der es dazu selbständig noch nicht fähig ist. Oft wird das sonst normale, aber sich langsam entwickelnde Kind dadurch unbeholfen und ungeschickt gemacht. Heute wissen wir schon, daß es besser ist, später in die Schule zu kommen, als in jeder Klasse hinter den anderen zurückzubleiben und den Unterrichtsstoff «nicht oder mangelhaft zu können». Es ist für jeden günstiger, auf seinem eigenen Niveau, dem Niveau *seiner* Entwicklung aktiv und vielseitig Möglichkeiten zu realisieren, als immer «verspätet» zu sein. Ganz besonders gilt dies für das Säuglings- und Kleinkindalter.
Lehrer und besonders Wissenschaftler sind ernstlich besorgt über die mangelnde Eigeninitiative der Kinder. Die Kinder ziehen es vor, nachzumachen statt selbst zu erfinden und eigene Ideen zu verwirklichen. Kein Wunder, denn seit ihrer

frühesten Kindheit wird ihre Initiative systematisch unterdrückt und ihnen die Lust zum Ausprobieren eigener Aktivitäten genommen.
Es ist notwendig, der Art und Weise, *wie* wir Säuglinge und junge Kinder erziehen, und der Wirkung dieser Erziehungsmethoden auf ihr ganzes weiteres Leben gewahrzuwerden. Besonders groß ist die Verantwortung der praktischen Kinderärzte, denn ihre Instruktionen bestimmen zu allererst direkt oder indirekt das Verhalten und die Einstellung der Eltern zum Neugeborenen.
Der Einfluß von anderen Fachleuten auf den verschiedensten Gebieten nimmt ständig zu: Psychologen, Säuglingserzieher, Fürsorgerinnen, Krankengymnasten usw. geben Ratschläge und beeinflussen die Art, wie Säuglinge erzogen werden.
Es wäre ratsam, die Aufmerksamkeit der Eltern auf die Signale der Kleinkinder zu lenken, damit sie diese ernst nehmen und darauf antworten. Man könnte die Eltern dahingehend unterrichten, die Bedeutung der selbständigen Bewegungsaktitivät wahrzunehmen. Man könnte die Einstellung der Eltern in der Richtung beeinflussen, den Säugling nicht als Objekt ihrer eigenen Aktivität – dem sie alles beibringen müssen – zu betrachten, sondern als einen aktiven Partner. Man könnte die Eltern dafür interessieren, daß es neben den mannigfaltigen Aufgaben der Pflege ihre wichtigste Aufgabe ist, *die Kompetenz des Säuglings zu vermehren.*
Wenn man der Kompetenz des Kindes genügend Aufmerksamkeit widmen würde und dementsprechend mit dem Säugling und Kleinkind umginge, könnte man möglicherweise auch gewissen späteren psychischen und somatischen Störungen vorbeugen.
Unsere Erfahrung zeigt, daß auf die geschilderte Weise friedlichere Kinder aufwachsen können, die in einem besseren seelischen Gleichgewicht sind. Kinder, die genauer wissen, woran sie interessiert sind – Kinder, die auch hinsichtlich ihres Bedarfes an Nahrung oder Schlaf im Gleichgewicht sind. Ihre Art des Hantierens oder Spielens mit Gegenständen ist unabhängiger vom Erwachsenen, ihre Bewegungen sind ausgewogener und anmutiger. Sie haben eine gesunde und aktive Beziehung zu ihren Eltern und allgemein zu den Erwachsenen. Dies bedeutet nicht einfach ein festeres Anklammern an die Wärme jedes beliebigen menschlichen Körpers, sondern eine menschliche Bindung, die auf der Basis gegenseitiger Anpassung und einem gegenseitigen Verständnis beruht. Auf der Grundlage einer solchen Beziehung geht das soziale Sich-Einordnen des Kindes als ein gesünderer Prozeß, mit weniger Zusammenstößen als üblich, vor sich, und das emotionale Leben ist reicher und ausgeglichener.

DAS FREIE SPIEL

Die guten Kinderkrippen von heute möchten die Kinder während ihres Aufenthaltes nicht nur aufbewahren und ihnen einen Ersatz für das bieten, was sie von ihren Familien in dieser Zeit nicht bekommen, sondern sie bemühen sich auch, die psychische und somatische Entwicklung der Kinder vielseitig zu fördern.
Diesen Bemühungen zufolge werden mit Säuglingen und Kleinkindern gewisse altersgemäße Bewegungen und Tätigkeiten geübt, und es wird dafür gesorgt, daß sie gewisse Kenntnisse in der vorgeschriebenen Zeitspanne erwerben. Dies geschieht zum Teil in dafür vorgesehenen Stunden, zum Teil während des freien, selbständigen Spiels, dessen Bedeutung immer mehr erkannt wird. Im freien Spiel scheint es sogar erfolgreicher zu sein, die spontane Aktivität der Kinder aufzugreifen, ihre Tätigkeiten in die gewünschte Richtung zu modifizieren und so die angestrebten Entwicklungsstufen zu erreichen.
Die Verantwortlichen in der ungarischen Krippenleitung folgen seit einigen Jahren nicht mehr dieser verbreiteten Auffassung des freien Spiels, sondern orientieren sich an dem, was in unserem Institut üblich ist.
Bei uns im Lóczy wird die Aktivität und das Interesse der Kinder nicht in einer vom Erwachsenen gewünschten Richtung gelenkt. Im Gegenteil, wir versuchen mit gezielter Organisation Säuglingen und Kleinkindern das freie Spiel so zu ermöglichen, daß sie in den ihnen angenehmen Lagen oder Positionen, die sie selbst aufsuchen oder verlassen, das spielen können, was sie möchten und auf die Weise und solange, wie sie es möchten.
Als Resultat dieses Vorgehens erwarten wir unter anderem, daß die Kinder auf Gebieten, auf denen sie dazu fähig sind, ihre Entwicklungsschritte im Spiel selber tun, sich selbst erarbeiten bzw. selbst «erspielen». Wir erwarten, daß sie dadurch nicht nur auf diesen Gebieten zu einer besseren Qualität ihrer Tätigkeiten und Kenntnisse gelangen, sondern daß auch ihre Gesamtpersönlichkeit, ihre Kreativität und Kompetenz sich besser entfalten können.
Unsere Erwartung wurde in den fast 40 Jahren, die das Lóczy besteht, durch die Entwicklung und den Gesamtzustand von mehr als 2000 Kindern, die bei uns während ihrer ersten Lebensjahre aufwuchsen, erfüllt. Dieses Ergebnis führen wir unter anderem auf unsere abwartende und Zeit lassende Einstellung gegenüber der Entwicklung des Kindes zurück.
Die folgenden Fotoserien von drei Kindern aus unserem Institut können einen Eindruck davon vermitteln, wie die Kinder die ihnen angebotenen Möglichkeiten zur Entfaltung ihrer Bewegungen nutzten. Sie können die Vielfalt dessen

zeigen, was sie gleichzeitig mit der schönen, gut koordinierten Bewegung an Ausdauer, Umsicht und an Lust zum Experimentieren entwickelten, wie sie dabei zu planen lernten und wie sie auch lernten, Gefahren abzuschätzen. All das spiegelt sich in ihrem freien Spiel wieder.

In die Bewegungsentwicklung dieser Kinder griffen die Erwachsenen weder modifizierend noch direkt helfend ein. Sie wurden als Neugeborene auf den Rücken gelegt, liegend im Arm getragen, und man überließ es den Kindern, alle neuen Bewegungen aus eigener Initiative, in ihrem eigenen Zeitmaß zu erlernen und zu üben. Sie wurden z. B. nicht auf den Bauch gelegt, nicht aufgesetzt, in keine vertikalen Positionen gebracht usw. Aber wir schufen sorgfältig und fortlaufend die Voraussetzungen zu ihrer Entwicklung.

Als erstes Beispiel sehen wir Tibi.* Im Alter von 3 Monaten und 3 Wochen drehte er sich auf den Bauch. Er setzte sich mit 7 Monaten auf, mit 8 Monaten stand er auf. Erste freie Schritte unternahm er mit 11 Monaten, und er benutzt Gehen als Fortbewegungsart im täglichen Leben, seitdem er 13½ Monate alt ist. Auf den folgenden Bildern ist Tibi fast 19 Monate alt, s. Bild 1–5.

Die Aufgabe hatte sich Tibi selbst gestellt, niemand hatte ihm gesagt, er solle vorsichtig sein. Die Vorsicht und Umsicht, mit der er in jeder neuen Situation sein Gewicht verlagerte und seine Balance suchte, sind ihm selbstverständlich. Er ließ sich Zeit und war sich bewußt, daß er etwas Schwieriges unternahm. Ökonomisch setzte er seine Kräfte zur Lösung der Aufgabe ein, und als sie ihm gelungen war, erwartete er von niemandem Lob oder Anerkennung.

Dieses Verhalten ist charakteristisch für Kinder, die sich ihre Bewegungsentwicklung selbst, aus eigener Initiative erarbeitet haben und reichlich Möglichkeiten zum Ausprobieren ihrer Bewegungen hatten. Auf der Basis einer guten Beziehung zu den sie pflegenden und erziehenden Erwachsenen fühlen sie sich auch dann in Sicherheit, wenn kein Erwachsener ihnen zusieht oder hilft.

Tibi war ein sich schnell entwickelndes Kind.

Mari war ein Kind, das sich Zeit gelassen hat.** Normale Entbindung mit 3100 g. Sie drehte sich im Alter von 7 Monaten auf den Bauch, setzte sich mit 14½ Monaten auf und stand mit 17 Monaten auf. Erste freie Schritte unternahm sie mit 19 Monaten, und sie benutzt Gehen als Fortbewegungsart im täglichen Leben vom 21. Monat an. Auch Mari erlernte also alle nötigen Bewegungen, nur ließ sie sich mehr Zeit. Auch sie lernte gleichzeitig damit vieles andere. Auf den folgenden Bildern sehen wir sie im Alter von 28½ Monaten, nicht ganz 2½ Jahren, an drei verschiedenen Klettergelegenheiten, s. Bild 6–14.

* Die Beschreibung seiner Entwicklung s. S. 126–147. Die Fotoserie S. 119 zeigt eine gesamte Bewegungsentwicklung. (Anm. A. T.)

** Siehe auch die Bilderfolge S. 88–91, bei der sie ungefähr im gleichen Alter ist wie Tibi hier. (Anm. A. T.)

Bild 1

Bild 2

Bild 3

Bild 1

Wir sehen Tibi hier, wie er dabei ist, eine Schubkarre die Treppe herunter zu schieben. Aufmerksam und ganz gesammelt auf die Aufgabe, die er sich selbst gestellt hat, steht er fest auf beiden Füßen. Er sichert sein Gleichgewicht, indem er fast in die Hocke geht und umfaßt die Griffe der Schubkarre nur leicht mit seinen Händen.

Bild 2

Mit dem rechten Fuß steht er bereits eine Stufe tiefer. Sein rechter Arm, mit dem er allein jetzt das Gewicht der Schubkarre hält, ist stärker angewinkelt, die Hand faßt fester zu, die Schulter ist leicht hochgezogen. Offenbar ist es ein schwieriger Moment. Um die Balance nicht zu verlieren, hält er sich am Geländer fest, aber an seinem gelösten Mund und seinem Bauch, der straff, aber nicht eingezogen ist, wird sichtbar, daß er auch in solchen Augenblicken seinen Atem nicht anhält.

Bild 3

Auf der nächsten Stufe ist Tibi wieder so sicher und gelöst im Gleichgewicht, daß er die Schubkarre mit beiden Händen halten kann. Sein Gewicht ruht auf dem rechten Fuß, den linken hebt er eben ab. Aufmerksam verfolgt er die Schubkarre, wie sie die untere Stufe erreicht.

Bild 4

Bild 5

Bild 4

Wiederum hält er sich in diesem kritischen Moment am Geländer und steht mit dem linken Fuß und seinen Zehen fest am Boden. Frei hängend läßt er den rechten Fuß zur nächsten Stufe nieder. Auch der rechte Arm gibt jetzt dem Gewicht der Schubkarre gelöster nach. Er ist noch immer ganz bei der Sache. Dadurch daß er mit dem Blick aufmerksam das Herunterlassen der Schubkarre verfolgt, ist sein Kopf in derselben Richtung geneigt wie sein ganzer Rumpf.

Bild 5

Unten angekommen, dreht er die Schubkarre vorsichtig in die gewünschte Richtung. Jetzt sehen wir auch deutlich, was er darin hat: ein großes Weinblatt, das er sicher nach unten befördert hat.

Bild 6

Bild 7

Bild 6
Mari auf der Dreiecksleiter mit einem Tüchlein in der Hand.

Bild 7
Beim Absteigen tastet sie mit dem rechten Fuß nach der nächst tieferen Sprosse. Die Richtung ihres aufmerksamen Blickes verrät, wie sie mit allen Sinnen die Entfernung der Sprossen untereinander und zum Boden abschätzt, wodurch gleichzeitig ihr Körper eine feine Straffung von der Zehe bis zum Scheitelpunkt erfährt. Ihr Gleichgewicht sichert sie, indem sie sich mit der linken Hand festhält und mit dem linken Fuß auf der Sprosse steht.

Bild 8
Nachdem sie sich über die Entfernung vergewissert hat, ist sie vermutlich die letzten Sprossen heruntergerutscht und hat gerade eben mit den Zehen den Boden erreicht. Sie lehnt sich noch gegen die Leiter und hält sich noch an den Sprossen, aber sie hält bereits interessiert nach etwas anderem Ausschau.

Bild 8

Bild 9

Mari ist zu dem sogenannten «Autobus» gegangen, einem ausrangierten Bett mit zwei Brettern, über dem sie eine Gelegenheit sah, das Tüchlein aufzuhängen. Dort ist sie von außen auf das Brett gestiegen und versucht eben, das Tüchlein auf eine der Querstangen zu hängen, die zu dem Dachgestell gehören, das sonst als Sonnenschutz dient. Dabei stützt sie sich auf beide Füße und hält sich mit der linken Hand.

Bild 10

Von dort aus ist es ihr wohl nicht gelungen, das Tüchlein aufzuhängen, daher ist sie, aufmerksam auf ihre Bewegungen und auf das Brett achtend, über das Gitter ins Bett gestiegen.

Bild 9

Bild 10

Bild 11

Bild 12

Bild 11

Hier steigt sie mit dem linken Fuß auf den oberen Rand des Bettes, die Zehen greifen fest um die Stange. Zur Sicherheit hält sie sich mit der Hand, in der sie das Tüchlein hat, auch an der senkrechten Stange, mit der anderen greift sie schon nach der oberen Querstange, zu der sie auch hinschaut.

Bild 12

Jetzt steht sie mit beiden Füßen und gebeugten Beinen oben auf dem Rand des Bettes und hält sich mit beiden Händen an der Längsstange fest, das Tüchlein noch immer in der rechten Hand.

Bild 13

Bild 14

Bild 13

Sie hat sich aufgerichtet. Mit beiden Händen hält sie sich fest und schaut sich um.

Bild 14

Mari hat einen Platz gefunden, an dem sie ihre Absicht ausführen konnte, das Tüchlein aufzuhängen. Sie steht auf einer Kiste bei einem Baum. Das Tüchlein hat sie über einen Zweig gehängt, und jetzt versucht sie, noch etwas anderes darüber zu legen. Dazu stellt sie sich auf die Zehen. Die Dehnung läuft als feine Spannung durch ihren ganzen Körper bis zur nach oben reichenden Hand. Ihr Gleichgewicht sichert sie, indem sie sich mit dem linken Unterarm und der Hüfte gegen den Stamm lehnt.

Auch Mari hatte sich selbst eine Aufgabe gestellt, die zeitweise einen besonders gut ausgebildeten Gleichgewichtssinn erforderte. Auch sie hat sie ohne Hilfe selbst gelöst. So oft sie etwas Gewagtes unternahm, ließ sie sich doch Zeit und achtete vorsichtig und umsichtig auf den Halt und die Unterstützung, die sie beim Klettern brauchte. Dabei war sie in allen schwierigen Situationen in einer gleichmäßig schönen Spannung: nirgends steif oder verkrampft, sondern durchgehend straff und doch gleichzeitig gelöst. Als sie auf dem Bett stand, gab sie offenbar die Absicht auf, das Tüchlein über die Stange zu hängen, weil sie fühlte, daß sie dabei ihr Gleichgewicht verlieren würde. Aber ihre Absicht, das Tüchlein aufzuhängen, hat sie nicht aufgegeben. Sie hat Willen und Ausdauer bewiesen, ihr selbst gestecktes Ziel zu erreichen. Sie ist gewohnt, ihre begonnenen Handlungen selbständig zu Ende zu führen. Dabei empfindet sie dies alles nicht als besondere Leistung, es war Teil ihres freien Spiels, das – unbeachtet von ihr – von der Fotografin eingefangen wurde. Und wir dürfen nicht vergessen, sie war noch nicht ganz zweieinhalb Jahre alt.
Bei den Bildern von Mari wird deutlich, wie ein sonst gesundes, nur in der Bewegung langsam sich entwickelndes Kind dieselbe Sicherheit, Geschicklichkeit und Anmut in seinen Bewegungen erwirbt, wie der «termingerecht» sich entwickelnde Tibi.

Das dritte Kind Evi wurde blind geboren. Sie lebte als einzige Blinde in ihrer Gruppe. Auch sie wurde als Neugeborene auf den Rücken gelegt und hat alle weiteren Bewegungen aus eigener Initiative selbst erlernt. Normale Geburt mit 2700 g. Sie drehte sich auf den Bauch mit 5½ Monaten, setzte sich auf mit 19 Monaten, stand auf mit 20 Monaten. Erste freie Schritte unternahm sie mit 31 Monaten, und sie geht im täglichen Leben seit dem 35 Monat. Auch sie hat nicht nur gelernt, sich zu bewegen und selbständig zu spielen. Veranschaulicht wird dies durch eine Orientierungs- und Handlungsfolge inmitten ihrer Gruppe. Sie ist nun 3½ Jahre alt, s. Bild 15–20.
Auch Evi hat sich die Aufgabe während des freien Spiels im Zimmer ihrer Gruppe selbst gestellt. Der Schlüssel war auf dem schmalen Vorsprung, damit ihn die Kinder nicht erreichen. Wie sie erfahren hat, daß er dort ist, wissen wir nicht. Auf jeden Fall ist es ein Beweis, wie aufmerksam Evi ihre Umgebung und was in ihr vorgeht mit den ihr zu Gebote stehenden Sinnen wahrnahm und kennengelernt hat, wie zielbewußt sie vorgeht, wie gut sie sich dabei orientiert und sich selbst zu helfen weiß und wie geschickt und schön sie sich bei all dem bewegt. Auch das blinde Kind entwickelt sich also in mannigfaltigen Richtungen besser und erlernt mehr, als nur sich sicher und gut zu bewegen, wenn es aus eigener Initiative, selbständig, allein, ohne Hilfe, ohne direkten Ansporn sich seine Bewegungen erarbeitet. Das Beispiel zeigt, wozu auch ein blindes Kind

fähig ist, wenn man seinen Fähigkeiten vertraut und die dazu gehörigen Umweltbedingungen ihm zur Verfügung stellt, vorausgesetzt daß es eine solche Beziehung zur Pflegeperson hat, bei der es sich, auch wenn es allein spielt, sicher und geborgen fühlt. Während wir uns sorgfältig um die Entwicklung dieser Kinder kümmerten, bekamen sie zum Erlernen der Bewegungen keine direkte Hilfe, auch Evi nicht.

In der letzten Zeit vermehren sich Äußerungen dahingehend, daß es sich entwicklungshemmend auswirken würde, ein Kleinkind «zu viel» im Spiel sich selbst zu überlassen. Wir glauben dagegen, daß das freie, selbständige Spiel ohne helfende Anleitung seitens der Betreuer – in der Familie ohne die Gegenwart der Bezugsperson – eine wichtige Grundlage der Entwicklung bildet. Wir möchten es die «Hochschule der Säuglinge und Kleinkinder» nennen. Dies gilt natürlich nur dann, wenn die äußeren Möglichkeiten dazu fortlaufend geschaffen werden und wenn das Kind auch ohne Beteiligung des Erwachsenen aktiv und tätig ist.

Dazu ist aber nur ein Kind fähig, das eine gute Beziehung zur Betreuungsperson hat und sich auch dann sicher fühlt, wenn es, während es spielt, den Erwachsenen nicht sieht.

Es ist eine große Aufgabe, in den Krippen die Möglichkeit zum freien Spiel und die Ruhe zu dieser Art freien Spiels innerhalb einer Kindergruppe zu organisieren.

Wir finden es der Mühe wert!

Untersuchungen der letzten Jahre haben das Ausmaß an Fähigkeiten gezeigt, über das schon ein Neugeborenes verfügt. Aber seine Kapazität, sich auf gewissen Gebieten seine Entwicklung selbst zu erarbeiten und dadurch zu besseren Resultaten und mehr Kompetenz zu gelangen ist nicht allgemein bekannt. Es ist auch noch nicht ausreichend erforscht, in welchen Bereichen der Säugling kompetent ist und es für die Entwicklung des Kindes vorteilhafter wäre, wenn wir uns von ihm führen ließen und ihm nur die äußeren Möglichkeiten zu seiner Entwicklung zur Verfügung stellen müßten. Wir denken es ist der Mühe wert, sich in der Forschung auch diesen Gebieten zuzuwenden, obwohl wir uns der großen Schwierigkeiten dabei bewußt sind.

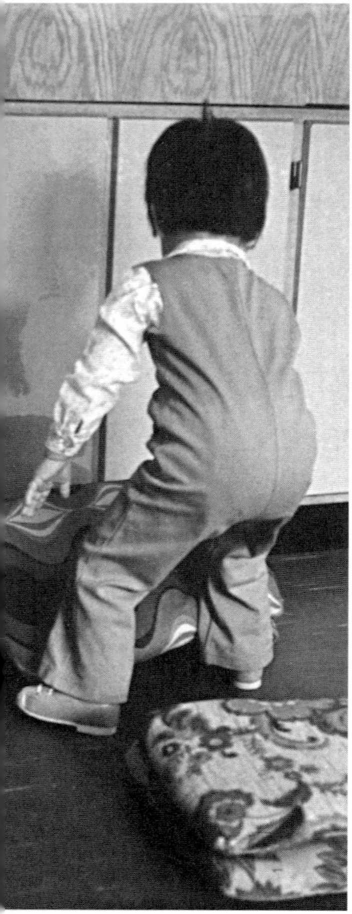
Bild 15

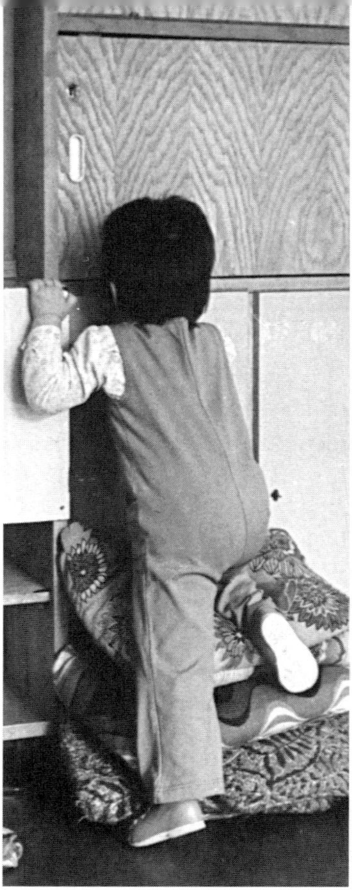
Bild 16

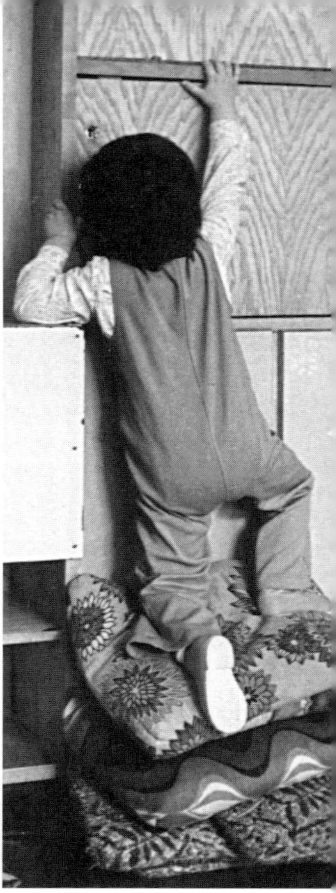
Bild 17

Bild 15

Sie stapelt sich Polster vor einem Schrank aufeinander.

Bild 16

Sie kniet sich auf die Polster. Rechts oben neben dem Schlüsselloch auf dem schmalen Vorsprung liegt ein Schlüssel.

Bild 17

Halb kniend, halb stehend tastet sie mit der rechten Hand nach dem Schlüssel, den sie sich vermutlich holen will, mit dem linken Arm stützt und sichert sie sich.

Bild 18

Bild 19

Bild 20

Bild 18

Offenbar ist es ihr so nicht gelungen, ihn zu finden. Jetzt steht sie auf den Polstern. Mit der linken Hand sichert sie ihr Gleichgewicht, mit der Rechten beginnt sie, auf dem Vorsprung nach dem Schlüssel zu tasten.

Bild 19

Mit dem Schlüssel in der linken Hand läßt sie sich wieder nieder auf die Knie (der Vorsprung ist leer); mit der rechten Hand hilft sie, sich gegen die Schranktür stemmend, ihr Gleichgewicht zu sichern.

Bild 20

Evi geht mit dem Schlüssel los, um den Schrank zu öffnen, zu dem der Schlüssel gehört. Sie geht dabei mit kleinen, aber sicheren Schritten, von den Füßen bis zum Scheitel ist sie aufgerichtet, ihren Kopf trägt sie frei.

3.
Die grundlegenden Positionen und Bewegungen

EINLEITUNG

Wir beschreiben hier die grundlegenden Positionen, die der Säugling und das Kleinkind im Laufe der selbständigen Bewegungsentwicklung aus eigener Initiative zum Spielen und Ausruhen aufsucht. Wir beschreiben außerdem die Bewegungen, die der Säugling ohne helfendes Eingreifen der Erwachsenen und ohne besondere Geräte spontan ausführt und übt, wenn dazu die Grundbedingungen (s. S. 26) vorhanden sind. Es sind also die Beschreibungen alltäglicher Bewegungen vom einfachen Strampeln angefangen bis zum Erreichen des sicheren Gehens.

Es werden innerhalb des Bewegungsrepertoires nur die Großbewegungen beschrieben, mit denen der Säugling seine Position oder seinen Platz wechselt und die, in der jeweils eingenommenen Position, seine Beweglichkeit charakterisieren. In welchem Alter die einzelnen Bewegungen im allgemeinen geübt werden, ist nicht angegeben. Die Absicht dieser Schrift ist es, durch eine genaue Beschreibung die Aufmerksamkeit auf die Vielfalt der dem Säugling möglichen Alltagsbewegungen zu lenken, zu ihrer differenzierten Beobachtung anzuregen sowie zur Ausbildung einer einheitlichen Nomenklatur beizutragen.

Die Beschreibung der autonomen Bewegungen und ihre verbindliche Nomenklatur ist zunehmend notwendiger geworden, da einheitliche Bezeichnungen fehlen und die bisherigen Beschreibungen dieser Bewegungen sehr lückenhaft sind. Die hier beschriebenen Übergangsbewegungen, die charakteristisch für die Säuglingszeit sind und ein wichtiges Glied in der Entwicklungsreihe bilden, fehlen fast ganz. Andere wohlbekannte, oft zitierte Bewegungsformen benötigen eine genauere Definition, denn man gebraucht sie für ganz verschiedene Leistungen; z. B. «das Kind sitzt», wenn es sich in dieser Position gerade eben nur halten kann und umkippen würde, sobald es anfinge, sich zu bewegen. Mit demselben Wort «es sitzt» bezeichnet man aber auch, wenn es sich aufsetzt und sich im Sitzen frei bewegen kann. Dies sind aber zwei ganz verschiedene Leistungen. Gewisse Bezeichnungen werden in verschiedenen Sprachgebieten – aber oft auch in denselben – für verschiedene Bewegungsarten verwendet.* All dies erschwert das Verständnis, die Kommunikation und die Weiterentwicklung auf diesem Gebiet.

Das Interesse an der Bewegungsentwicklung nahm in dem Maße zu, in dem die Bedeutung der psychischen und somatischen Entwicklung im Säuglingsalter als Basis der späteren Persönlichkeit erkannt wurde.

Durch die selbständigen Bewegungen lernt der Säugling seine Möglichkeiten und Grenzen in der ihn unmittelbar umgebenden Umwelt kennen. Er lernt, sich zu

* Z. B. «Krabbeln», «Kriechen» bei HELLBRÜGGE (1978), KLAPP (1974), PEIPER (1961).

orientieren, zu handeln, und entwickelt dabei Umsicht, Ausdauer und Willen. Selbständige Bewegungen ermöglichen dem Kind auch, aktiv Kontakt mit den Erwachsenen aufzunehmen.

Die Kenntnis des autonomen Bewegungsrepertoires ist ganz besonders für Krankengymnasten, die sich mit bewegungsgestörten Säuglingen beschäftigen, wesentlich. Sie könnten dadurch, daß sie die selbständige Aktivität des Säuglings in ihre Behandlungen mit einbeziehen, die bisher schon minutiös ausgearbeiteten, vor allem auf ausgelösten Reflexen basierenden Behandlungsweisen im Interesse besserer Resultate ergänzen, eventuell modifizieren.

Wir hoffen, daß diese Arbeit für den an den Bewegungen der Säuglinge interessierten Personenkreis eine reale Hilfe darstellt.

An dieser Stelle möchte ich mich herzlich bedanken für die unermüdliche Mitarbeit von Herrn Helmut Müller, Tettnang, und Frau Ute Strub, Freiburg (Krankengymnasten). Mit ihrer Hilfe wurde in dieser deutschen Ausgabe der Originaltext noch einmal korrigiert und teilweise ergänzt.

Budapest, März 1982 *Emmi Pikler*

Wegweiser

Im folgenden beschreiben wir die charakteristischen Bewegungen gesunder Säuglinge und Kleinkinder, wenn sie sich unbehindert bewegen können.

Alle nicht selbständig eingenommenen Positionen bzw. nicht selbständig ausgeführten Bewegungen werden selbstverständlich nicht genannt; wir weisen nur dann darauf hin, wenn es zur Klarstellung der Nomenklatur erforderlich ist. Bewegungen und Positionen, die zur Diagnostik bei der ärztlichen Untersuchung ausgelöst werden, wie z. B. Reflexbewegungen sind nicht angegeben. Ferner kommt die Feinmotorik von Hand und Fuß, einzelne Hinweise ausgenommen, nicht vor.

Gliederung

Statische Grundpositionen: Wir beschreiben die statischen Grundpositionen, in denen sich der gesunde Säugling im Laufe seiner Entwicklung wochen- oder monatelang häufig befindet und von denen ausgehend er sich bewegt und spielt. Die Reihenfolge der Aufzählung bzw. der Beschreibung der statischen Grundpositionen folgt in etwa dem Verlauf der Bewegungsentwicklung, während der der Säugling aus eigenem Antrieb selbständig lernt, immer höhere Entwicklungspositionen einzunehmen, darin zu bleiben und Positions- und Platzwechsel eines immer höheren Reifegrades auszuführen. Wir haben die statischen Grundpositionen in vier Hauptgruppen aufgeteilt:

- *Liegende Positionen:* Rückenlage, Seitlage, Bauchlage
- *Übergangspositionen:* Seitlicher Ellbogensstütz, abgestützter Seitsitz, Knie-Händestütz, Bärenstellung, Kniestand, Hocken
- *Sitzen*
- *Stehen.*

Bewegungen, die in den beschriebenen Positionen ausführbar sind: Jeder Beschreibung einer statischen Grundposition folgt die Beschreibung der darin ausführbaren Bewegungen, bei denen das Kind weder seine statische Grundposition noch seinen Platz wechselt. Wenn alle Bewegungen, die ein Gelenk erlaubt, in der eingenommenen Position möglich sind, wird das mit dem Ausdruck «frei beweglich» bezeichnet.

Bewegungen, mit denen das Kind seinen Platz wechselt: Hier wird die Fortbewegung des Kindes beschrieben, im allgemeinen ohne Veränderung der Grundposition, beim Wälzen und Rollen mit Veränderung.

Bewegungen, mit denen das Kind seine Position verändert: Hier werden Bewegungen beschrieben, mit denen ein Kind die Ausgangsposition verläßt, um unmittelbar eine andere Position einzunehmen, sowie Bewegungen, mit denen es ohne Zwischenposition seine Ausgangsposition wieder erreicht.
Die Beschreibungen der statischen Grundposition, des Platz- und Positionswechsels werden durch Zeichnungen veranschaulicht.

1. HORIZONTALLAGEN

1.1 Rückenlage

1.1.1 Statische Grundposition

Der Säugling befindet sich in der Rückenlage, wenn sein Rumpf mit dem Rücken auf der Unterlage liegt. Im allgemeinen liegt auch sein Kopf auf der Unterlage. Die Arme und Beine können an der Unterstützung teilnehmen.
Im Neugeborenenalter liegt der Kopf des Säuglings mehr oder weniger zur einen oder anderen Seite gedreht, erst später ruht er auch in der Mittellage. Die Wirbelsäule schmiegt sich vollständig der Unterlage an und ist in den ersten drei Monaten im allgemeinen asymmetrisch zur rechten oder linken Seite gebogen, später ist sie symmetrisch. Der Säugling kann aber auch schon im Neugeborenenalter die eine oder andere Seite des Rumpfes in voller Länge oder teilweise von der Unterlage drehend ein wenig anheben, wobei die Seitbiegung mit einer Drehung kombiniert sein kann. Wir können diese Position als Rückenlage bezeichnen, solange zwischen Rücken und Unterlage ein seitlicher Neigungswinkel von 45 ° nicht überschritten wird.
Beim Neugeborenen liegen die Arme üblicherweise im Ellbogengelenk gebeugt, symmetrisch neben dem Kopf. Wenn es den Kopf seitwärts dreht, wird der gesichtsseitige Arm etwas mehr gestreckt als der andere. Später gibt es keine altersspezifische Armhaltung.
In den ersten Lebenswochen sind beide Beine in den Hüftgelenken gebeugt und gespreizt. Die Knie sind an den Bauch gezogen. Später nimmt diese Spreiz-Beugehaltung mehr und mehr ab. Die Füße berühren beim Neugeborenen selten die Unterlage, wenn, dann nur mit den Fersen.

1.1.2 Bewegungsmöglichkeiten

Der *Kopf* kann schon von einem Neugeborenen nach beiden Seiten geneigt, gedreht sowie nach vorn und hinten gebeugt werden.

Den *Rumpf* kann der Säugling zur rechten oder linken Seite biegen oder drehen und auch beide Bewegungen kombinieren. Außerdem kann er das Becken für Sekunden anheben. Er stützt sich dabei auf Kopf, Schultern, Fersen oder Fußsohlen.

Die *oberen Gliedmaßen* sind in allen Gelenken bis auf die Retroversion im Schultergelenk frei beweglich. Die anfänglich unkoordinierten Impulsivbewegungen werden im Verlauf des zweiten Monats allmählich geordneter. In der Rückenlage kann der Säugling mit einer Hand oder mit beiden Händen hantieren.

Die *unteren Gliedmaßen* sind in allen Gelenken frei beweglich. Die anfänglichen Impulsivbewegungen werden allmählich von koordinierten Bewegungen abgelöst.

Das Zusammenspiel der oberen und unteren Gliedmaßen: Anfangs bewegen sich Arme und Beine meist gleichzeitig unkoordiniert. Allmählich werden die Bewegungen koordiniert, aber auch voneinander unabhängig.

1.1.3 Platzwechsel in Rückenlage

1.1.3.1 Platzwechsel mit Schlängelbewegung: Der Säugling verändert seinen Platz durch Hin- und Herbewegung des Rumpfes ohne Hilfe der Gliedmaßen. Dies kommt als Zufallsbewegung im Neugeborenenalter vor.

1.1.3.2 Kopfwärtsgerichtetes Rückenrutschen: Der Säugling rutscht auf dem Rücken, indem er sich mit den Füßen kopfwärts schiebt. Auch dies kommt beim Neugeborenen als Zufallsbewegung vor, selten auch später als willentliche Fortbewegung.

1.1.3.3 Kreisrutschen in Rückenlage: Der Säugling rutscht, auf dem Rücken liegend, mit Hilfe kleiner seitlicher Schrittbewegungen der Füße um seine Sagittalachse.

1.1.4 Positionswechsel aus der Rückenlage bzw. in die Rückenlage

1.1.4.1 Auf die Seite dreht sich der Säugling mit Hilfe der Arme und Beine, indem er seinen Kopf oder sein Becken dreht. Aus der Seitlage dreht er sich durch Kopf- und Rumpfdrehung *auf den Rücken*. Bei beiden Bewegungen hebt er den Kopf nicht.

1.1.4.2 Auf den Bauch dreht sich der Säugling mit Hilfe der Arme, indem er seinen Kopf dreht, oder mit Hilfe der Beine, indem er sein Becken dreht. Vom Bauch dreht sich der Säugling durch Drehen von Kopf und Brustkorb oder Becken und mit Schwung der Beine *auf den Rücken.*

1.1.4.3 In den seitlichen Ellbogenstütz dreht sich der Säugling, indem er sich auf einen Unterarm stützt und Kopf und Brustkorb abhebt. Aus dem seitlichen Ellbogenstütz dreht er sich, Kopf und Brustkorb auf die Unterlage legend, *auf den Rücken.*

Aus der Rückenlage direkt zum Sitzen kann sich der Säugling nur mit fremder Hilfe oder in einem zu engen Gitterbett durch Festhalten an den Stäben hochziehen. Von sich aus würde er sich auf die Seite drehen und über den seitlichen Ellbogenstütz zum Sitzen aufrichten.

1.1 RÜCKENLAGE

1.1.2
Die Bewegungen
der oberen und
unteren Gliedmaßen

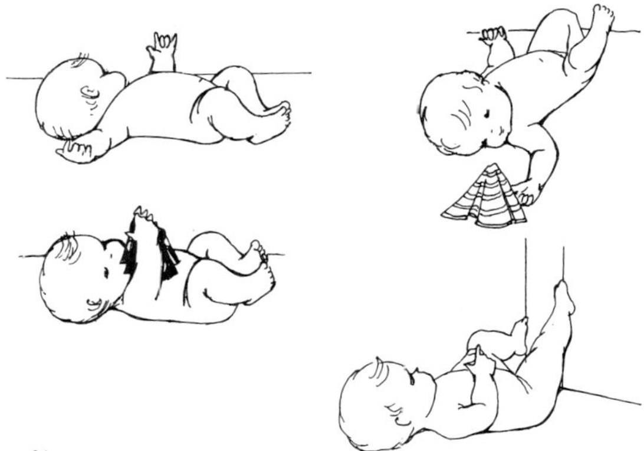

1.1.3.1
Platzwechsel, mit
Schlängelbewegung

1.1.3.2
Kopfwärtsgerichtetes Rückenrutschen

1.1.3.3
Kreisrutschen in Rückenlage

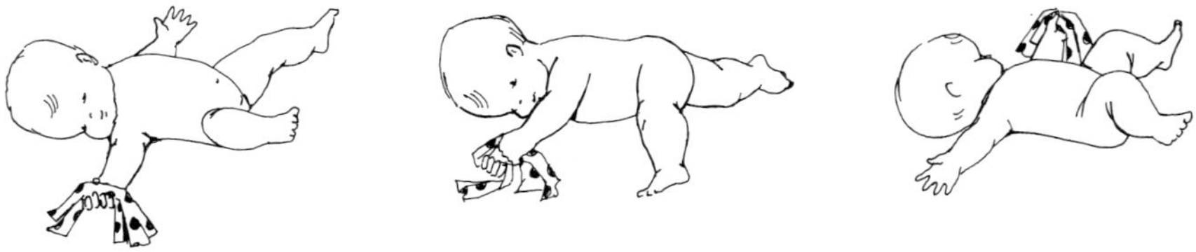

1.1.4.1
Dreht sich auf die Seite – dreht sich auf den Rücken

1.1.4.2
Dreht sich auf den Bauch –
dreht sich auf den Rücken

1.1.4.3
Erhebt sich zum seitlichen Ellbogenstütz – legt sich auf den Rücken

1.2 Seitlage

1.2.1 Statische Grundposition

Der Säugling befindet sich in der Seitlage, wenn sein Rumpf mit der einen oder anderen Seite ganz auf der Unterlage liegt. Auch der Kopf liegt auf der Unterlage. Der seitliche Neigungswinkel zwischen Unterlage und Rücken beträgt über 45 °. Andernfalls spricht man von Rücken- oder Bauchlage. Der Kopf und die Gliedmaßen sind zur Erhaltung des Gleichgewichts mit eingesetzt. Oft stützt sich der Säugling auch noch mit dem oberen Arm oder Bein ab.

1.2.2 Bewegungsmöglichkeiten

Den *Kopf* kann der Säugling in erster Linie nach vorn und hinten bewegen, eventuell für kurze Zeit auch von der Unterlage abheben.

Den *Rumpf* kann er nach vorn und hinten drehen, wobei der Neigungswinkel zur Unterlage verändert wird. Der Rücken kann gestreckt, überstreckt oder gebeugt sein.

Die *oberen Gliedmaßen:* Der Säugling kann in Seitlage den oberen Arm frei bewegen. Er kann mit beiden Händen hantieren.

Die *unteren Gliedmaßen:* Der Säugling kann das obere Bein frei bewegen, solange er sich nicht mit ihm abstützt. Nimmt es an der Unterstützung teil, kann er das untere Bein mehr oder minder beugend und streckend auf der Unterlage verschieben.

1.2.3 Platzwechsel aus der Seitlage

1.2.3.1 Der Säugling kann sich von seinem ursprünglichen Platz wegbewegen, indem er sich wiederholt vom Rücken zur Seite und zurück oder vom Bauch zur Seite und zurück dreht. Hierbei handelt es sich noch nicht um einen absichtlichen Platzwechsel.

1.2.4 Positionswechsel aus der Seitlage bzw. in die Seitlage

1.2.4.1 Auf den Rücken dreht sich der Säugling mit Hilfe von Armen und Beinen durch Drehen des Rumpfes. Vom Rücken dreht er sich durch Rumpfdrehung und Beteiligung der Gliedmaßen *auf die Seite.* Bei beiden Bewegungen liegt der Kopf auf der Unterlage.

1.2.4.2 Auf den Bauch dreht sich der Säugling, indem er mit Hilfe von Armen und Beinen Kopf und Rumpf dreht. Vom Bauch dreht er sich mit Hilfe seiner Gliedmaßen *auf die Seite,* indem er den Rumpf dreht und den Kopf auf die Unterlage legt.

1.2.4.3 In den seitlichen Ellbogenstütz kommt der Säugling, indem er Kopf und Brustkorb von der Unterlage abhebt und sich mit einem Unterarm abstemmt. Aus dem seitlichen Ellbogenstütz legt er sich durch Wegschieben des Stützarmes mit Kopf und Brustkorb *auf die Seite.*

1.2 SEITLAGE

1.2.3.1
Dreht sich wiederholt vom Rücken zur Seite und zurück

1.2.4.1
Dreht sich auf den Rücken – dreht sich auf die Seite

1.2.4.2
Dreht sich auf den Bauch – dreht sich auf die Seite

1.2.4.3
Erhebt sich in den seitlichen Ellbogenstütz – legt sich auf die Seite

1.3 Bauchlage

1.3.1 Statische Grundposition

Der Säugling befindet sich in der Bauchlage, wenn sein Rumpf mit Bauch und Brustkorb ganz oder zum Teil auf der Unterlage liegt. Die Arme und Beine bilden mehr oder weniger Unterstützungsflächen und nehmen an der Erhaltung des Gleichgewichts teil. Wenn der Säugling nicht schläft oder ruht, hält er den Kopf im allgemeinen hoch. Wenn der Säugling sich in der Bauchlage schon auf beide Unterarme oder auf einen Unterarm stützen kann, sind nicht nur der Kopf, sondern auch die Schultern und der obere Brustkorb abgehoben. Die Beine liegen mehr oder minder gestreckt nebeneinander oder in Spreiz- oder Spreizbeugehaltung.

Hat der Säugling diese Art der Bauchlage erreicht, kann er den Kopf in der Senkrechten sicher halten.

Die höchstentwickelte Form der Bauchlage ist erreicht, wenn sich der Säugling mit annähernd gestreckten Armen auf die Handflächen oder auch nur auf eine Hand stützt und Kopf und Brustkorb weit von der Unterlage abhebt. Dabei stützt er sich außerdem auf Becken und Oberschenkel. Zum Ausruhen legen auch die Säuglinge und Kleinkinder den Kopf auf die Unterlage, eventuell auch mit angezogenen Knien, die die höheren Entwicklungsstufen der Bauchlage schon erreicht haben.

Im Neugeborenenalter liegt der Kopf des auf den Bauch gelegten Säuglings auf der rechten oder linken Gesichtshälfte auf der Unterlage. Die Wirbelsäule ist gerade oder nach rechts bzw. links leicht gebogen, der Brustkorb und die Arme liegen auf der Unterlage. Die unteren Gliedmaßen sind in Knie- und Hüftgelenk gebeugt und mäßig gespreizt, die Oberschenkel sind dem Bauch genähert. Auch Knie und Unterschenkel sind Unterstützungsflächen. Der untere Teil des Rumpfes ist etwas von der Unterlage abgehoben.

1.3.2 Bewegungsmöglichkeiten

Den *Kopf* kann der Säugling in allen Richtungen frei bewegen. Er kann ihn nach beiden Seiten drehen und neigen und ihn nach vorn und hinten beugen.

Das auf den Bauch gelegte Neugeborene kann den Kopf nur mit ruckhaften, krampfhaften Bewegungen anheben.

Den *Rumpf* kann der Säugling von Anfang an nach beiden Seiten biegen, später auch drehen. Er kann auch beides kombinieren. Er kann den Rumpf bis zum Becken von der Unterlage abheben.

Die *oberen Gliedmaßen:* Abhängig von der Rolle, die die Arme bei der Unterstützung spielen, sind sie mehr oder weniger frei beweglich. Stützt sich der Säugling nur auf die Ellbogen, sind die Bewegungen der Unterarme und Hände frei. Wenn er schon den oberen Teil des Rumpfes abhebt, sich auf einen Arm oder eine Hand stützend, dann ist der nicht stützende Arm frei beweglich.

Die *unteren Gliedmaßen:* Mit Ausnahme der Hüftbeugung bei gestreckten Beinen sind alle Bewegungen der Beine mehr oder weniger möglich. Die Unterschenkel kann der Säugling frei bewegen, die Füße, wenn er sich nicht mit ihnen abstützt, ebenfalls.

Gemeinsame Bewegungen der unteren und oberen Gliedmaßen: Es kommt vor, daß der Säugling auf einmal Kopf, Arme und Beine abhebt und so einige Sekunden nur der Bauch und ein Teil der Oberschenkel als Unterstützungsfläche dient: der Säugling «fliegt».

1.3.3 Platzwechsel aus der Bauchlage

1.3.3.1 Kreisrutschen in Bauchlage: Der auf dem Bauch liegende Säugling verändert seinen ursprünglichen Platz, indem er die aufgestützten Unterarme um seine Sagittalachse kreisend abwechselnd weitersetzt.

1.3.3.2 Wälzen (Hin- und Zurückdrehen): Der Säugling wälzt sich, indem er sich mehrmals hintereinander hin und zurück auf Rücken und Bauch dreht. Dies ist noch keine zielgerichtete platzwechselnde Bewegung.

1.3.3.3 Rollen (Weiterrollen): Der Säugling rollt sich, indem er sich mindestens zwei- bis dreimal hintereinander in einer Richtung weiterrollend vom Bauch auf den Rücken und wieder auf den Bauch dreht. So kann er sich dem auserwählten Ziel nähern, obwohl er es, während er rollt, immer wieder aus den Augen verliert.

1.3.3.4 Bauchkriechen:* Der Säugling kriecht auf dem Bauch, indem er sich, ohne den Bauch von der Unterlage abzuheben, so fortbewegt, daß er auf die

* nach PEIPER Krabbeln, nach HELLBRÜGGE Robben.

Unterarme gestützt seinen Rumpf nach vorne zieht, dann die Arme vorsetzt, den Rumpf nachzieht und diese Bewegung wiederholt. Anfangs schiebt er sich dabei manchmal rückwärts. Der Säugling zieht sich entweder immer mit demselben Arm oder gleichzeitig mit beiden Armen bzw. abwechselnd mit beiden Armen vorwärts. Solange der Säugling zu dieser Bewegung überwiegend die Arme einsetzt, sprechen wir von «Robben». Der Säugling kann sich auch bei mehr oder minder gestreckten Beinen mit den Zehen abstoßen und später geringfügige Beckendrehungen einsetzen. Dabei schiebt er sich mit dem zur Seite gebeugten Knie vorwärts. Diese Bewegung führt er entweder mit demselben Bein oder abwechselnd mit beiden Beinen aus. Außerdem gibt es beim Bauchkriechen noch zahlreiche Varianten des Zusammenspiels von Armen, Beinen und Rumpf. Das Bauchkriechen kann zu einer recht schnellen, zielgerichteten Bewegung werden, bei der der Säugling beliebig die Richtung wechseln kann.

Die *verschiedenen Möglichkeiten des Bauchkriechens:* Der auf dem Bauch kriechende Säugling kann sich auf ebener oder unebener Fläche fortbewegen, unter etwas hindurch, in etwas hinein, aus etwas heraus, auf etwas hinauf und von etwas herunter (Polster, flache Kiste, Abhang etc.).

1.3.4 Positionswechsel aus der Bauchlage bzw. in die Bauchlage

1.3.4.1 Auf die Seite dreht sich der Säugling unter Mitwirkung der Gliedmaßen durch Kopf- und Rumpfdrehung. Aus der Seitlage dreht er sich durch Kopf- und Rumpfdrehung unter Mitbewegung von Armen und Beinen *auf den Bauch.*

1.3.4.2 In den seitlichen Ellbogenstütz kommt der sich auf die Unterarme stützende Säugling, indem er seinen Rumpf zur Seite dreht und einen Arm abhebt. Aus dem seitlichen Ellbogenstütz läßt er sich *in die Bauchlage* nieder, indem er die Brust der Unterlage zudreht und sich mit dem freien Unterarm abstützt.

1.3.4.3 In den abgestützten Seitsitz erhebt sich der auf die gestreckten Arme gestützte Säugling, indem er sich zur Seite dreht, den der Unterlage abgewendeten Arm abhebt und die Beine beugt. Aus dem abgestützten Seitsitz läßt er sich *in die Bauchlage* nieder, indem er sich zur Unterlage dreht, die Beine streckt und den freien Arm aufstützt. Manchmal werden die Ellbogengelenke dabei gebeugt.

1.3.4.4 In den Knie-Händestütz erhebt sich der Säugling, indem er die Knie unter den Bauch zieht, den Rumpf von der Unterlage abhebt und sich auf Unterarme oder Hände und auf die Knie stützt. Aus dem Knie-Händestütz legt er sich *auf den Bauch,* indem er Arme und Beine wegrutschen läßt.

1.3 BAUCHLAGE

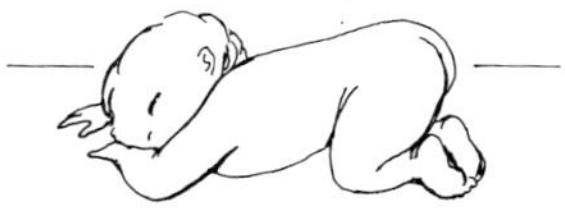

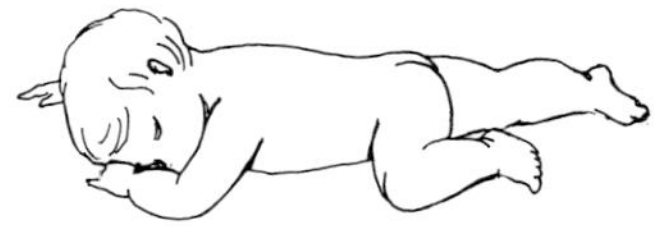

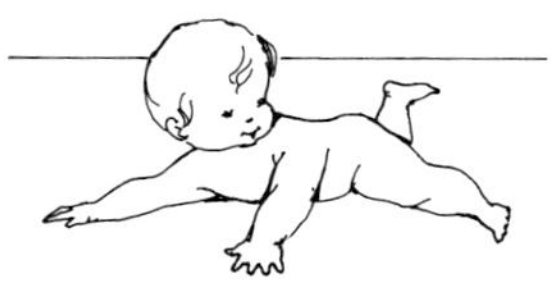

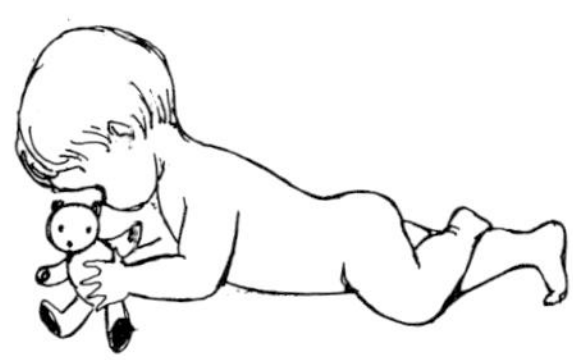

1.3.1
Verschiedene Formen der Bauchlage

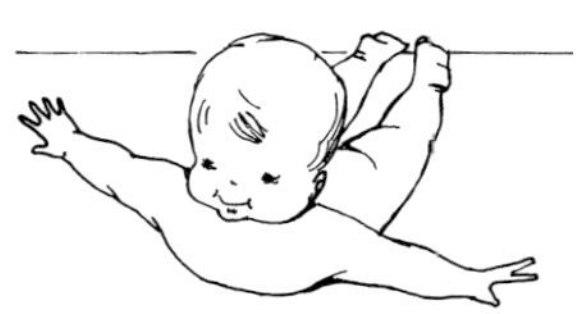

1.3.2
Hebt Kopf, Arme und Beine auf einmal, «fliegt»

1.3.3.1
Kreisrutschen

1.3.3.2
Wälzen

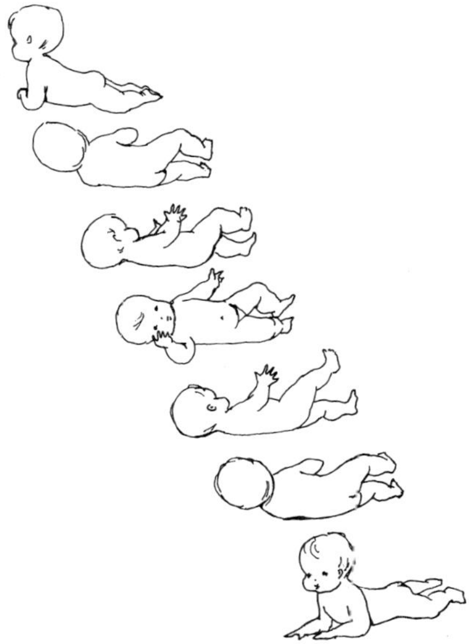

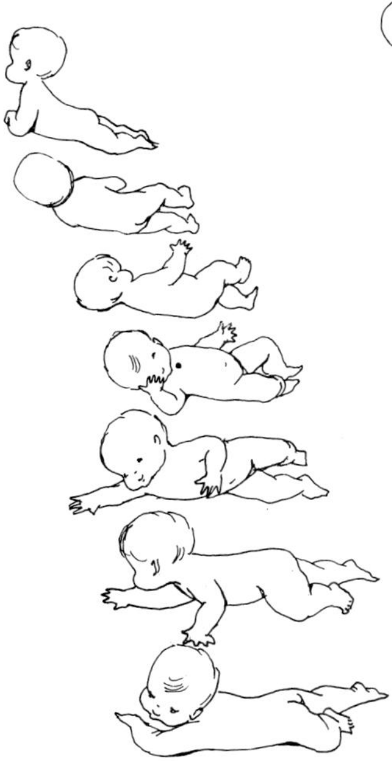

1.3.3.3
Rollen

1.3.3.4
Bauchkriechen

1.3.3.4
Robben

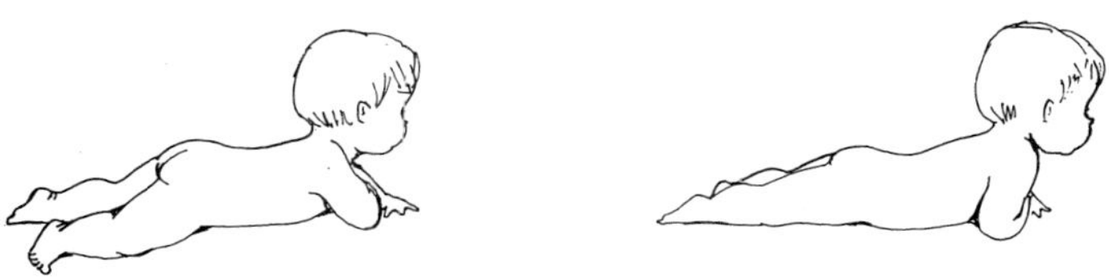

1.3.4.1
Dreht sich auf die Seite – dreht sich auf den Bauch

1.3.4.2
Dreht sich in den seitlichen Ellbogenstütz – dreht sich auf den Bauch

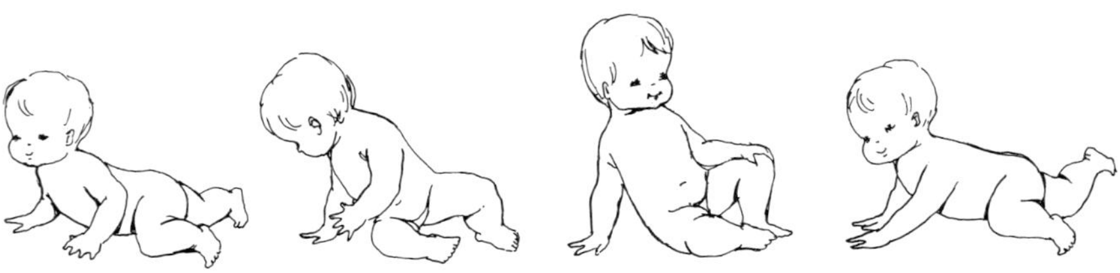

1.3.4.3
Erhebt sich in den abgestützten Seitsitz – legt sich auf den Bauch

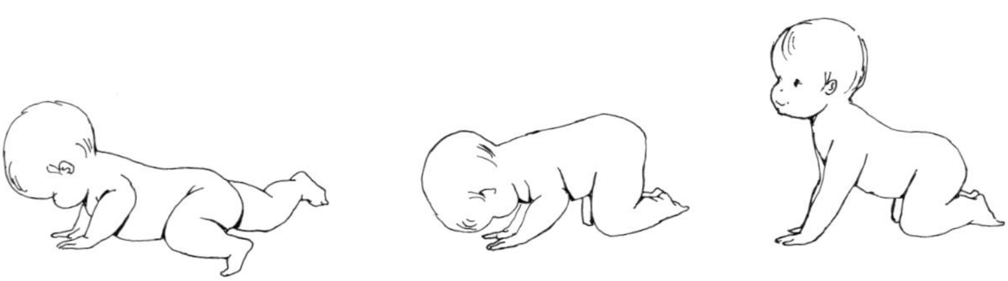

1.3.4.4
Erhebt sich in den Knie-Händestütz –
legt sich auf den Bauch

2. ÜBERGANGSPOSITIONEN

2.1 Seitlicher Ellbogenstütz

2.1.1 Statische Grundposition

Das Kind befindet sich im seitlichen Ellbogenstütz, wenn es sich einseitig auf Unterarm und Ellbogen oder nur auf den Ellbogen stützt; dabei liegt es nur auf einem Teil seiner Seite. Kopf, Schulter und Brustkorb ruhen nicht mehr auf der Unterlage. An der Unterstützung nehmen außer einem Unterarm und/oder Ellbogen der untere Teil des Rumpfes und die unteren Gliedmaßen, in erster Linie das unten liegende Bein teil. Der seitliche Ellbogenstütz ist die erste Phase des Aufsetzens. Er erscheint ungefähr in der gleichen Zeit wie das Bauchkriechen.

2.1.2 Bewegungsmöglichkeiten

Der *Kopf* ist frei beweglich.

Den *Rumpf* kann das Kind von der Unterlage wegbiegen, auch nach vorn oder hinten drehen.

Die *oberen Gliedmaßen:* Der nicht stützende Arm ist frei beweglich, den stützenden Unterarm oder Ellbogen kann das Kind nur auf der Unterlage verschieben. Mit den Händen kann es frei hantieren.

Die *unteren Gliedmaßen:* Das obere Bein ist frei beweglich, solange es an der Unterstützung nicht teilnimmt. Das untere Bein ist mehr oder minder beweglich.

2.1.3 Platzwechsel aus dem seitlichen Ellenbogenstütz

Im Verlauf der selbständigen Bewegungsentwicklung ist ein Platzwechsel aus dem seitlichen Ellbogenstütz nicht beobachtet worden.

2.1.4 Positionswechsel aus dem seitlichen Ellbogenstütz bzw. in den seitlichen Ellbogenstütz

2.1.4.1 Auf die Seite legt sich das Kind, indem es den Arm weggleiten läßt und Kopf und Schulter auf die Unterlage gelangen. Aus der Seitlage erhebt es sich *in den seitlichen Ellbogenstütz,* indem es, auf einen Unterarm oder Ellbogen gestützt, Kopf und Schulter von der Unterlage abhebt.

2.1.4.2 Auf den Rücken legt sich das Kind, indem es den Rumpf dreht und Kopf und Schultern auf die Unterlage legt. Vom Rücken dreht es sich auf die

Seite, hebt Kopf und Schultern ab und kommt, sich auf den Unterarm stützend, in den *seitlichen Ellbogenstütz.*

2.1.4.3 Auf den Bauch legt sich das Kind, indem es den Rumpf dreht und die Beine mehr oder weniger ausstreckt. Aus der Bauchlage dreht es sich zur Seite, stützt sich auf einen Unterarm und, indem es seine Beine mehr oder weniger beugt, kommt es *in den seitlichen Ellbogenstütz.*

2.1.4.4 In den abgestützten Seitsitz stemmt sich das Kind hoch, indem es den Stützarm streckt und das untere Bein gebeugt vorzieht. Aus dem abgestützten Seitsitz läßt es sich durch Anbeugen des Stützarmes *in den seitlichen Ellbogenstütz* nieder.

2.1.4.5 Zum Sitzen kommt das Kind, indem es sich mit Unterarm und Hand von der Unterlage abstemmt und den Rumpf dabei aufrichtet. Vom Sitzen kommt es *in den seitlichen Ellbogenstütz,* indem es sich seitwärts neigend sein Gewicht auf einen Unterarm verlagert.

2.1 SEITLICHER ELLBOGENSTÜTZ

2.1.4.1
Legt sich auf die Seite – erhebt sich in den seitlichen Ellbogenstütz

2.1.4.2
Legt sich auf den Rücken – erhebt sich in den seitlichen Ellbogenstütz

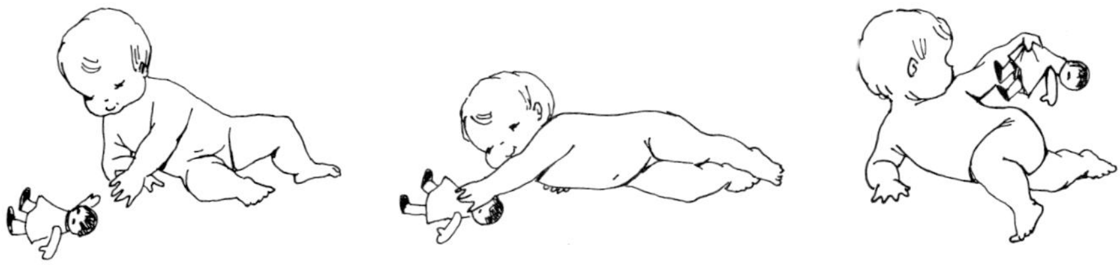

2.1.4.3
Dreht sich auf den Bauch – dreht sich in den seitlichen Ellbogenstütz

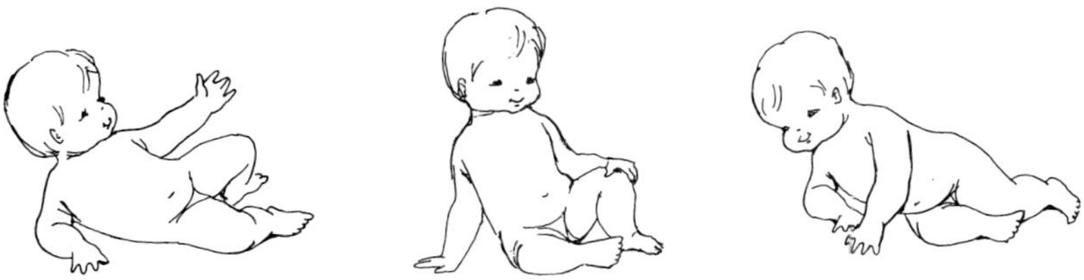

2.1.4.4
Stemmt sich zum abgestützten Seitsitz hoch –
läßt sich in den seitlichen Ellbogenstütz nieder

2.1.4.5
Richtet sich zum Sitzen auf –
läßt sich in den seitlichen Ellbogenstütz nieder

2.2 Abgestützter Seitsitz

2.2.1 Statische Grundposition

Das Kind befindet sich im abgestützten Seitsitz, wenn es sich mit gestrecktem Arm auf die Handfläche stützt und den Oberkörper dabei soweit von der Unterlage abhebt, daß der größte Teil seiner Rumpflast auf einer Gesäßhälfte ruht. Kopf und Rumpf sind soweit zur Seite oder schräg nach vorn geneigt, daß das Kind ohne Unterstützung der Hand sein Gleichgewicht verlieren und zur Seite fallen würde. Von den gebeugten Beinen, von denen eines angestellt sein kann, nimmt vor allem das untere Bein an der Unterstützung teil. Der abgestützte Seitsitz erscheint nach dem seitlichen Ellbogenstütz und vor dem Aufsetzen.

2.2.2 Bewegungsmöglichkeiten

Der *Kopf* ist frei beweglich.

Den *Rumpf* kann das Kind zur stützenden Hand hin drehen und neigen oder sich von ihr weg nach hinten drehen. Es kann sich auch nach vorn neigen und beugen.

Die *oberen Gliedmaßen:* Den Stützarm kann das Kind auf der Unterlage nur verschieben und dabei das Ausmaß der Armstreckung variieren. Der andere Arm ist frei beweglich.

Die *unteren Gliedmaßen:* Im allgemeinen nehmen beide Beine an der Unterstützung teil und sind damit auf der Unterlage nur verschiebbar. Stützt nur ein Bein, so ist das andere frei beweglich.

2.2.5 Platzwechsel aus dem abgestützten Seitsitz

Im Verlauf der selbständigen Bewegungsentwicklung ist ein Platzwechsel aus dem abgestützten Seitsitz nicht beobachtet worden.

2.2.4 Positionswechsel aus dem abgestützten Seitsitz bzw. in den abgestützten Seitsitz

2.2.4.1 In den seitlichen Ellbogenstütz läßt sich das Kind durch Verschieben und Beugen des Stützarmes nieder. Aus dem seitlichen Ellbogenstütz stemmt es sich durch Strecken des Stützarmes *in den abgestützten Seitsitz* hoch.

2.2.4.2 Auf den Bauch legt sich das Kind, indem es sich zur Unterlage dreht, die Beine streckt und sich mit dem freien Arm abstützt. Manchmal beugt es dabei die Ellbogen. Vom Bauch kann sich das Kind *in den abgestützten Seitsitz* direkt nur erheben, wenn es sich in der Bauchlage bereits auf die gestreckten

Arme stützt, indem es sich zur Seite dreht, die Beine beugt und den unbelasteten Arm abhebt.

2.2.4.3 In den Knie-Händestütz kommt das Kind, indem es, den Rumpf drehend, das Gesäß abhebt und sich auf beide Hände und Knie stützt. Aus dem Knie-Händestütz kommt es *in den abgestützten Seitsitz,* indem es sich mit dem Gesäß seitlich neben den Füßen niederläßt und eine Hand abhebt.

2.2.4.4 Das Kind *setzt sich auf,* indem es seine Rumpflast auf beide Sitzhöcker verlagert. Dadurch richtet sich sein Rumpf auf, so daß der abstützende Arm frei wird. Vom Sitzen kommt es *in den abgestützten Seitsitz,* indem es den Rumpf zur Seite neigt und sich auf einen gestreckten Arm und dessen geöffnete Hand stützt.

2.2 ABGESTÜTZTER SEITSITZ

2.2.4.1
Läßt sich in den seitlichen Ellbogenstütz nieder – stemmt sich zum abgestützten Seitsitz hoch

2.2.4.2
Legt sich auf den Bauch – erhebt sich in den abgestützten Seitsitz

2.2.4.3
Kommt in den Knie-Händestütz –
kommt in den abgestützten Seitsitz

2.2.4.4
Setzt sich auf – kommt in den abgestützten Seitsitz

2.3 Knie-Händestütz*

2.3.1 Statische Grundposition

Im Knie-Händestütz befindet sich das Kind, wenn es sich auf seine Knie, Fußrücken oder Zehen und auf die Hände oder Unterarme stützt (Knie-Ellbogenstütz). Der Rumpf ist völlig von der Unterlage abgehoben und annähernd parallel dazu. Durch die Blickrichtung wird die Kopfhaltung des Kindes und

* Krankengymnasten benutzen im allgemeinen den Ausdruck «Vierfüßlerstand», womit aber nicht genau differenziert ist, ob sich das Kind auf Knie oder Füße stützt.

damit meist die Einstellung des Rückens bestimmt, der gerade, rund oder hohl sein kann. Die Arme können in den Ellbogengelenken gebeugt oder gestreckt sein. Manchmal stützt es sich nur auf einen Unterarm oder eine Hand. Falls beide Beine an der Unterstützung teilnehmen, sind sie in Knie- und Hüftgelenken gebeugt. Stützt sich das Kind nur auf ein Knie, kann das andere Bein im Knie- und/oder Hüftgelenk gestreckt sein. Im Laufe der Entwicklung ist dies meist die erste Position, in der der Rumpf die Unterlage nicht mehr berührt. Die Unterstützung durch Arme und Beine geschieht an drei oder vier Punkten, d. h. die Unterstützungsfläche ist noch relativ groß, was dem Kind hilft, sein Gleichgewicht zu wahren. Der Knie-Händestütz bleibt vorwiegend die Ausgangsstellung des Platzwechsels bis zum freien Gehen.

2.3.2 Bewegungsmöglichkeiten

Der *Kopf* ist frei beweglich.

Den *Rumpf* kann das Kind nach beiden Seiten biegen und drehen. Biegen und Drehen können auch kombiniert sein. Dabei kann je nach Blickrichtung bzw. Kopfstellung der Rücken gerade, rund oder hohl sein.

Die *oberen Gliedmaßen:* Während das Kind sich auf einen Arm und auf beide Knie stützt, ist der andere Arm frei beweglich.

Die *unteren Gliedmaßen:* Wenn sich das Kind auf beide Hände und auf ein Knie stützt, ist das andere Bein frei beweglich.

Gemeinsame Bewegungen der unteren und oberen Gliedmaßen: Das Kind kann einen Arm und ein Bein, meist das gegenseitige, für einen Augenblick abheben. Bevor das Kind beginnt, seinen Platz aus dem Knie-Händestütz zu wechseln, übt es mit vorwärts und rückwärts gerichteten Schaukelbewegungen sein Gewicht zu verlagern.

2.3.3 Platzwechsel aus dem Knie-Händestütz

*2.3.3.1 Krabbeln auf Knien und Händen:** Das Kind wechselt seine Unterstützung von der einen Hand und dem gegenseitigen Knie auf die andere Hand und das andere Knie, wobei es die nicht stützenden Gliedmaßen vorsetzt und auf diese Weise vorwärts kommt. Beim Krabbeln sind Knie- und Hüftgelenke gebeugt und der Rumpf von der Unterlage abgehoben. Gelegentlich stützt es sich dabei auch auf die Unterarme.

Die verschiedenen Möglichkeiten des Krabbelns auf Knien und Händen: Das Kind kann auf ebenem oder unebenem Boden krabbeln, in einen hohlen

* KLAPP'sches Kriechen, HELLBRÜGGE: Krabbeln.

Gegenstand hinein- bzw. herauskrabbeln, unter Gegenstände krabbeln, auf einen Gegenstand, eine Schräge oder Treppe hinauf- bzw. herunterkrabbeln. Das Kind kann mit Kopf oder Füßen voraus zur nächst unteren Stufe krabbeln. Das Krabbeln auf Knien und Händen erscheint in der Reihe der platzwechselnden Bewegungen im allgemeinen nach dem Bauchkriechen und vor dem Bärengang bzw. dem Gehen. Beim Spielen krabbeln selbst jene Kinder noch, die schon gut gehen können.
Eine seltene Fortbewegungsart aus dem Knie-Händestütz ist das *Rutsch-Hopsen:* Das Kind setzt aus dem Knie-Händestütz beide Arme gleichzeitig vor, verlagert sein Gewicht auf die Hände und nähert rutschend die Knie den Händen. Es kommt dabei vor, daß es die Unterlage verläßt und wie beim *Hasensprung* hüpft.

2.3.4 Positionswechsel aus dem Knie-Händestütz bzw. in den Knie-Händestütz

2.3.4.1 Auf den Bauch legt sich das Kind, indem es den Rumpf auf die Unterlage legt, während es Hände und Knie wegrutschen läßt. Aus der Bauchlage kommt es *in den Knie-Händestütz,* indem es sich auf Hände und Knie stützt und den Rumpf von der Unterlage abhebt.

2.3.4.2 In den abgestützten Seitsitz kommt das Kind, indem es sich auf eine Gesäßhälfte zwischen Stützhand und Ferse zur rechten oder linken Seite niederläßt. Aus dem abgestützten Seitsitz kommt es *in den Knie-Händestütz,* indem es den Rumpf dreht, das Gesäß abhebt und sein Gewicht auf Knie und Hände verlagert.

2.3.4.3 Zum Sitzen kommt das Kind, indem es den Rumpf aufrichtet, sein Gesäß auf die Fersen oder bei gespreizt gebeugten Beinen zwischen* die Fersen setzt oder das Gesäß links oder rechts von den Fersen niederläßt. Aus dem Sitzen kommt das Kind *in den Knie-Händestütz,* indem es das Gesäß abhebt und sich auf beide Hände und Knie stützt.

2.3.4.4 In den Kniestand erhebt sich das Kind, sich festhaltend, später freihändig, indem es den Rumpf aufrichtet und sein Gewicht auf Knie und Unterschenkel verlagert. Aus dem Kniestand kommt es *in den Knie-Händestütz,* indem es sich vorbeugt und auf beide Hände stützt.

2.3.4.5 Das Kind *hockt sich hin,* indem es sein Gewicht von den Knien auf die Fußsohlen verlagert, wobei es den Rumpf aufrichtet und die Hände abhebt. Durch Gewichtsverlagerung auf Knie und Hände kommt es *in den Knie-Händestütz.*

2.3 KNIE-HÄNDESTÜTZ

2.3.1
Die oberen Gliedmaßen können gestreckt oder gebeugt sein

2.3.3.1
Krabbeln auf Knien und Händen

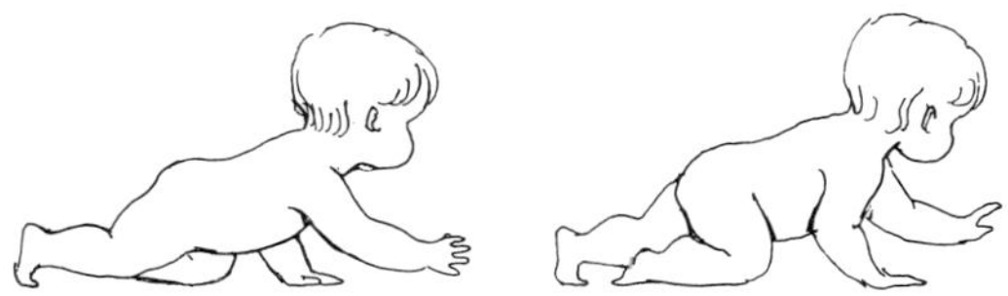

2.3.3.1.a
Kann unter Gegenstände krabbeln

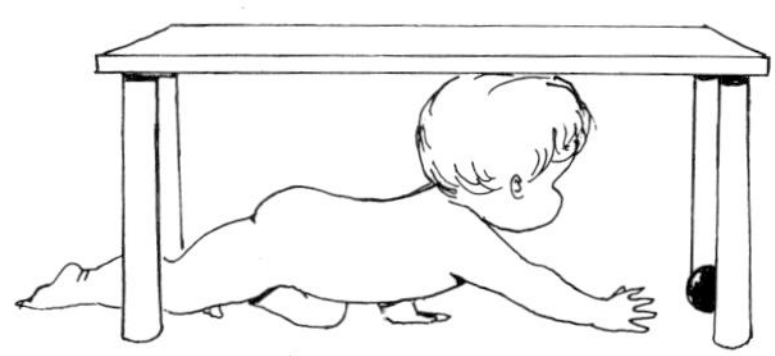

2.3.3.1.b
Kann auf einen Gegenstand hinaufkrabbeln

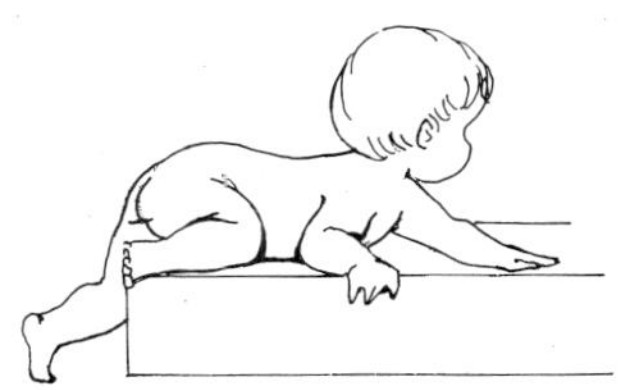

2.3.3.1.c
Kann von einem Gegenstand herunterkrabbeln, Kopf oder Füße voraus

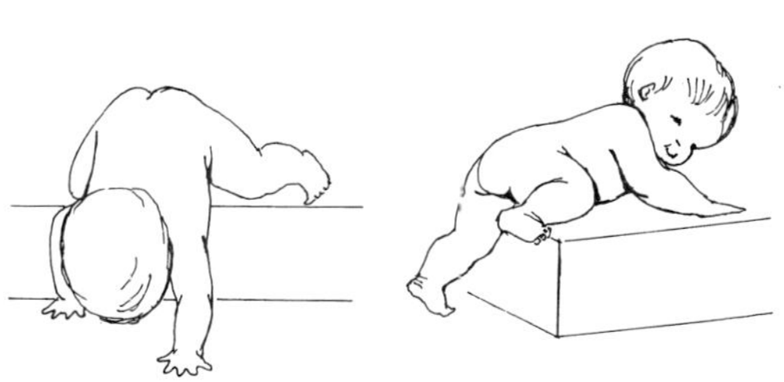

2.3.4.1
Legt sich auf den Bauch – erhebt sich in den Knie-Händestütz

2.3.4.2
Kommt in den abgestützten Seitsitz – kommt in den Knie-Händestütz

2.3.4.3
Richtet sich zum Sitzen auf – kommt in den Knie-Händestütz

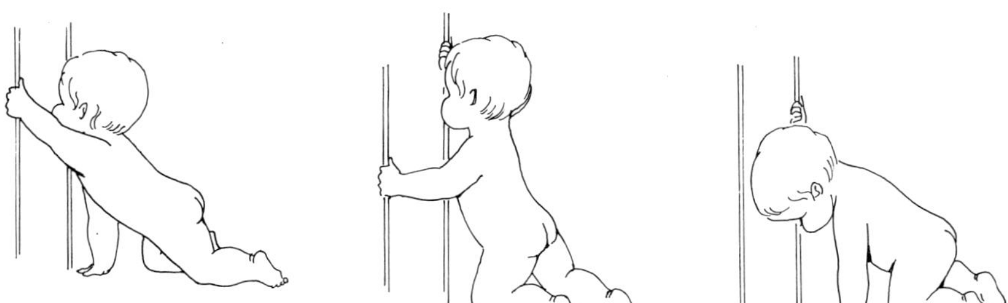

2.3.4.4
Richtet sich zum Kniestand auf – läßt sich in den Knie-Händestütz nieder

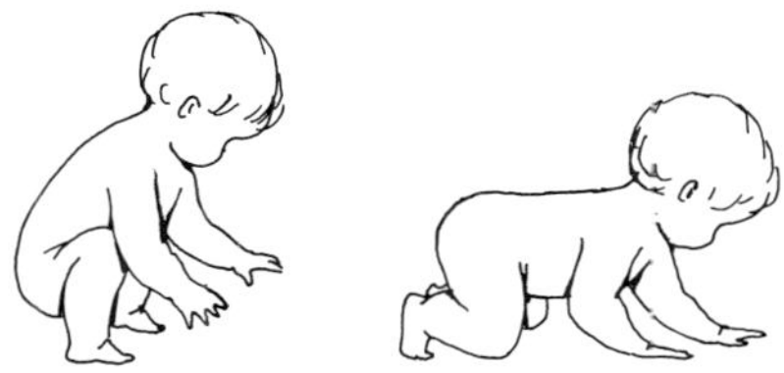

2.3.4.5
Hockt sich hin – kommt zum Knie-Händestütz

2.4 Bärenstellung

2.4.1 Statische Grundposition

In der Bärenstellung befindet sich das Kind, wenn es sich auf seine Hände und Fußsohlen stützt, wobei Arme und Beine mehr oder minder gestreckt sind. Es findet sein Gleichgewicht auch über drei Unterstützungspunkten. Der Rumpf entfernt sich um so mehr vom Boden und aus der horizontalen Ebene, je gestreckter die Kniegelenke sind. Die Füße hat das Kind dabei meist nach vorn gerichtet. Der Kopf ist tiefer als das Becken; manchmal stützt es sich auch mit dem Kopf auf.

2.4.2 Bewegungsmöglichkeiten

Der *Kopf* ist frei beweglich.

Den *Rumpf* kann das Kind nach beiden Seiten biegen oder nach rechts und links drehen. Auch die Kombination von Seitbiegung und Drehung ist möglich, wobei der Rücken im allgemeinen je nach Blickrichtung bzw. Kopfhaltung gerade, rund oder hohl sein kann.

Die *oberen Gliedmaßen:* Der nicht stützende Arm ist frei beweglich.

Die *unteren Gliedmaßen:* Das nicht stützende Bein ist frei beweglich.

Obere und untere Gliedmaßen zusammen: Für Augenblicke kann das Kind die Hand der einen und das Bein der anderen Seite gleichzeitig abheben.

2.4.3 Platzwechsel aus der Bärenstellung

*2.4.3.1 Im Bärengang** bewegt sich das Kind so, daß es Hand und Fußsohle meistens diagonal vorwärts setzt. Dabei löst es nur eine Hand oder einen Fuß oder zwei Gliedmaßen gleichmäßig.

Die verschiedenen Möglichkeiten, den Bärengang zu benutzen: Das Kind kann sich im Bärengang auf ebener oder unebener Fläche oder unter Gegenständen vorwärts bewegen. Es kann in einen Hohlraum hinein- und heraus- oder auf eine schräge Fläche, eine Leiter oder Treppe hinauf- oder heruntersteigen bzw. klettern, jeweils mit dem Kopf oder den Füßen voraus.

2.4.4 Positionswechsel aus der Bärenstellung bzw. in die Bärenstellung

2.4.4.1 In den Knie-Händestütz läßt sich das Kind nieder, indem es mit angebeugten Kniegelenken auf die Unterlage kommt. Aus dem Knie-Händestütz kommt es *in die Bärenstellung,*indem es die Kniegelenke streckt und sich auf die Füße stellt.

2.4.4.2 Das Kind *hockt sich hin,* indem es die Kniegelenke beugt, sein Gewicht auf die Fußsohlen verlagert und den Rumpf aufrichtet. Die Hände können dabei den Boden berühren oder abgehoben sein. Aus dem Hocken kommt es *in die Bärenstellung,* indem es sich nach vorne beugt, auf die Hände stützt und dabei die Kniegelenke mehr oder minder streckt.

2.4.4.3 Zum Stehen kommt das Kind, indem es seinen Rumpf allmählich aufrichtet und meist mit gespreizten Beinen und mehr oder minder gestreckten Hüft- und Kniegelenken sein Gewicht auf die Fußsohlen verlagert. Es steht auf, indem es sich entweder an einem stabilen Gegenstand festhält und aufrichtet, oder es richtet sich freihändig auf, nachdem es sich mit den Händen vom Boden abgestemmt hat. Aus dem Stand läßt es sich *in die Bärenstellung* nieder, indem es sich nach vorn bückt und mit beiden Händen auf den Boden stützt.

* Es gibt somit drei Fortbewegungsarten mit dem Gebrauch aller vier Gliedmaßen: 1. Bauchkriechen, 2. Krabbeln auf Knien und Händen und 3. Bärengang.

2.4 BÄRENSTELLUNG

2.4.3.1
Bärengang

2.4.3.1.a
Kann auf einer Schrägen heruntersteigen

2.4.3.1.b
Kann auf einer Treppe kopfwärts heruntersteigen

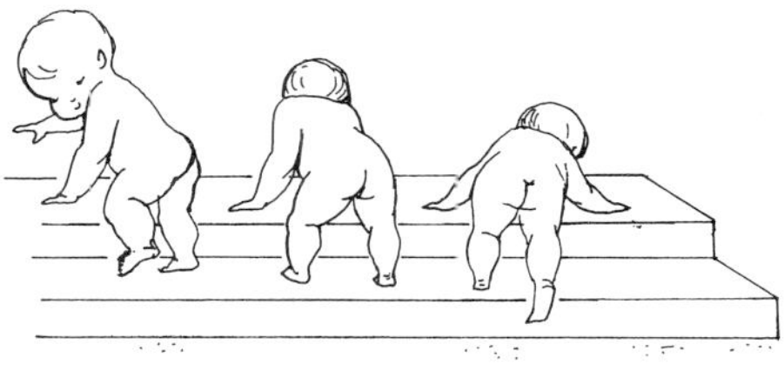

2.4.3.1.c
Kann auf einer Treppe fußwärts heruntersteigen

2.4.3.1.d
Kann sich unter einem Gegenstand im Bärengang fortbewegen

2.4.4.1
Kommt in den Knie-Händestütz – kommt in die Bärenstellung

2.4.4.2
Hockt sich hin – kommt in die Bärenstellung

2.4.4.3
Richtet sich freihändig zum Stehen auf – läßt sich in die Bärenstellung nieder

2.5 Kniestand

2.5.1 Statische Grundposition

Im Kniestand befindet sich das Kind, wenn es seinen Rumpf mehr oder weniger aufgerichtet über den Knien ausbalanciert. Fußrücken oder Zehen nehmen an der Unterstützung teil. Das Gesäß berührt weder die Füße noch den Boden. Die Hüftgelenke können gestreckt oder leicht gebeugt sein. Der Kopf des Kindes ist aufrecht, sofern er nicht seiner Blickrichtung folgt. Anfangs hält sich das Kind mit beiden Händen oder einer Hand fest, später kniet es auch freihändig; dabei kann es mit den Händen den Boden berühren, ohne sich abzustützen. Beim Ein-Bein-Kniestand stützt es sich vor allem auf das am Boden befindliche Knie, aber auch auf den Fuß des anderen Beines, das im Kniegelenk meist gebeugt ist.

2.5.2 Bewegungsmöglichkeiten

Der *Kopf* ist frei beweglich.

Den *Rumpf* kann das Kind zur Seite biegen und auch nach vorn und hinten beugen, sowie nach rechts und links drehen. Biegen, Beugen und Drehen können auch kombiniert werden.

Die *oberen Gliedmaßen:* Wenn es sich mit beiden Händen festhält, kann das Kind die Arme nur beugen und strecken. Hält es sich nur mit einer Hand fest, kann es einen Arm frei bewegen, beim freihändigen Kniestand sind beide Hände frei beweglich.

Die *unteren Gliedmaßen* kann es in den Hüftgelenken beugen und strecken und die Knie abwechselnd vom Boden abheben oder einen Fuß vorstellen.

2.5.3 Platzwechsel aus dem Kniestand

2.5.3.1 Kniegang: Im Kniestand wechselt das Kind seinen Platz mit aufgerichteten oder leicht vorgeneigtem Rumpf, indem es die Knie abwechselnd belastet und dabei jeweils das unbelastete Knie vorstellt. Das Kind kann sich beim Kniegang festhalten oder sich auch freihändig fortbewegen.

2.5.4 Positionswechsel aus dem Kniestand bzw. in den Kniestand

2.5.4.1 In den Knie-Händestütz kommt das Kind, indem es seinen Rumpf nach vorne beugt und sich auf die Hände stützt. Aus dem Knie-Händestütz richtet es seinen Rumpf *zum Kniestand* auf, indem es die Hände vom Boden hebt und sich über den Knien ausbalanciert. Dabei hält es sich fest oder richtet sich freihändig auf.

2.5.4.2 Zum Sitzen kommt das Kind, indem es sein Gesäß auf oder zwischen die Fersen setzt. Aus dem Sitzen richtet es sich *in den Kniestand* auf, indem es die Hüftgelenke streckt und das Gesäß abhebt.

2.5.4.3 Zum Hocken kommt das Kind, indem es sich mit einer Hand festhält oder am Boden abstützt, sein Gewicht zur Stützseite verlagert, das andere Knie anhebt und den Fuß mit der ganzen Sohle aufstellt. Auf die gleiche Weise stellt es auch den zweiten Fuß auf. Aus der Hocke kommt das Kind *zum Kniestand,* indem es die Knie auf die Unterlage niederläßt und die Hüftgelenke mehr oder minder streckt. Dabei hält es sich fest oder richtet sich freihändig auf.

2.5.4.4 Zum Stehen richtet sich das Kind meist über den Ein-Bein-Kniestand auf, indem es sich anfangs mit beiden Händen oder einer Hand festhält, einen Fuß vorstellt und sein Gewicht darauf verlagert. Während es beim Aufrichten Knie- und Hüftgelenke streckt, kommt der hintere Fuß auch nach vorn und das Kind belastet beide Füße. Später kann es dies auch freihändig. Aus dem Stand *kniet es sich hin,* indem es sich auf beide Knie gleichzeitig niederläßt oder sich über den Ein-Bein-Kniestand hinkniet. Es hält sich dabei fest oder kniet sich freihändig hin.

Wir können den Positionswechsel schon dann als freihändig bezeichnen, wenn sich das Kind dabei im ersten Moment der Aufrichtung noch mit den Händen vom Boden abstößt. Erst nach dem dritten Lebensjahr sind die Kinder fähig, sich aus dem Kniestand oder vom Sitzen am Boden aufzurichten, ohne sich abzustützen, also zu dem später in der Gymnastik üblichen «freien Aufstehen».

2.5 KNIESTAND

2.5.1
Ein-Bein-Kniestand

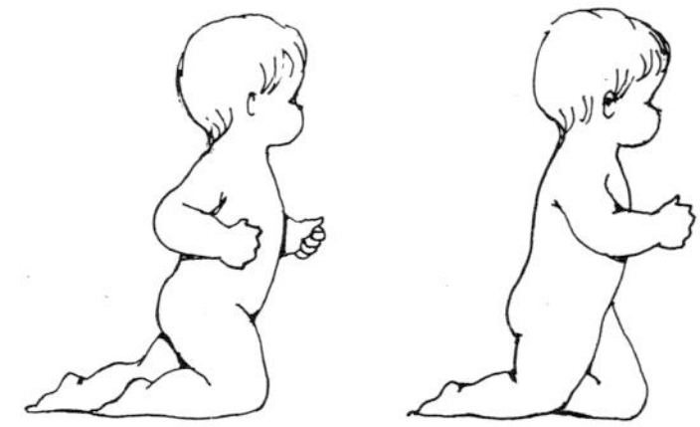

2.5.3.1
Kniegang

2.5.4.1
Läßt sich in den Knie-Händestütz nieder – richtet sich freihändig zum Kniestand auf

2.5.4.2.a
Setzt sich auf die Fersen – richtet sich freihändig zum Kniestand auf

2.5.4.2.b
Setzt sich zwischen die Fersen – richtet sich freihändig zum Kniestand auf

2.5.4.3
Hockt sich hin – richtet sich freihändig zum Kniestand auf

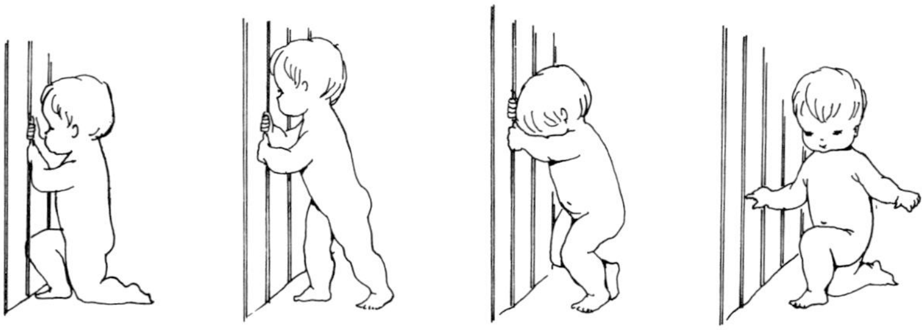

2.5.4.4
Richtet sich, an etwas sich festhaltend zum Stehen auf – läßt sich auf ein Knie nieder

2.6 Hocken

2.6.1 Statische Grundposition

Das Kind hockt, wenn es sich bei maximal gebeugten Hüft- und Kniegelenken über den Fußsohlen ausbalanciert. Der Rumpf ist im allgemeinen leicht vorgeneigt. Wie es den Kopf hält, wird durch die Blickrichtung bestimmt. Das Gesäß ist dicht am Boden, ohne ihn zu berühren. Die Beine sind meist gespreizt und die Füße nach vorn gerichtet. Arme und Hände können beteiligt sein, das Gleichgewicht zu wahren, indem sich das Kind festhält, am Boden abstützt oder sie zum Ausbalancieren benutzt.

2.6.2 Bewegungsmöglichkeiten

Der *Kopf* ist frei beweglich.

Den *Rumpf* kann das Kind zur Seite biegen oder drehen. Beides kann auch kombiniert werden.

Die *oberen Gliedmaßen:* Beim Festhalten oder Abstützen mit einer Hand ist nur der andere Arm frei beweglich. Wenn es freihändig hockt, kann es beide Arme frei bewegen.

Die *unteren Gliedmaßen:* Es kann den Grad der Beugung und Spreizung verändern.

2.6.3 Platzwechsel aus der Hocke

Ein Platzwechsel aus der Hocke kommt selten vor und erst nachdem das Kind gehen kann. Dabei sind zwei Fortbewegungsarten zu unterscheiden:

Beim *Entengang* bewegt sich das Kind mit kleinen Schritten im Hocken fort. Es hält sich dabei fest, stützt sich mit den Händen am Boden ab oder bewegt sich freihändig fort.

Beim *Froschsprung* (oder Stützhüpfen) streckt das hockende Kind beide Arme vor, verlagert sein Gewicht so weit nach vorn, bis es sich mit den Händen am Boden abstützen kann und holt die Beine hüpfend nach. Es hebt dazu sein Gesäß an und stemmt sich mit Ballen und Zehen zum Sprung ab. Dann verlagert es sein Gewicht wieder auf die Füße und streckt die Arme zum nächsten Sprung vor.

2.6.4 Positionswechsel aus der Hocke bzw. in die Hocke

2.6.4.1 In den Knie-Händestütz kommt das Kind, indem es sich vorbeugt und sein Gewicht auf Knie und Hände verlagert. Durch Gewichtsverlagerung auf die Fußsohlen kommt es, seinen Rumpf aufrichtend, *zum Hocken.*

2.6.4.2 In die Bärenstellung kommt das Kind, indem es sich vorbeugt, auf Hände und Füße stützt und die Kniegelenke streckt. Aus der Bärenstellung *hockt es sich hin,* indem es die Kniegelenke beugt, das Gewicht auf die Fußsohlen verlagert und den Rumpf aufrichtet. Dabei hebt es die Hände ab oder läßt sie am Boden.

2.6.4.3 Das Kind *kniet sich hin,* indem es sein Gewicht nach vorn verlagert, die Knie auf den Boden niederläßt, die Hüftgelenke mehr oder minder streckt und seinen Rumpf aufrichtet. Aus dem Kniestand kommt es *zum Hocken,* indem es die Knie vom Boden abhebt und das Gewicht auf die Fußsohlen verlagert. Mit den Händen stößt es sich dabei vom Boden oder von einem stabilen Gegenstand ab, oder es kommt freihändig zum Hocken.

2.6.4.4 Das Kind kommt *zum Sitzen,* indem es sein Gewicht von den Füßen auf das Gesäß verlagert und sich damit auf dem Boden niederläßt. Vom Sitzen erhebt es sich nur selten unmittelbar *zum Hocken,* am ehesten, wenn es sich vorn an etwas festhalten kann:

2.6.4.5 Das Kind *steht auf,* indem es meist breitbeinig Knie- und Hüftgelenke streckt. Dabei hält es sich entweder fest, stützt sich leicht ab oder steht vollkommen freihändig auf. Aus dem Stehen kommt es, sich festhaltend oder freihändig, *zum Hocken,* indem es Knie- und Hüftgelenke beugt.

2.6 HOCKEN

2.6.4.1
Kommt zum Knie-Händestütz – richtet sich zum Hocken auf

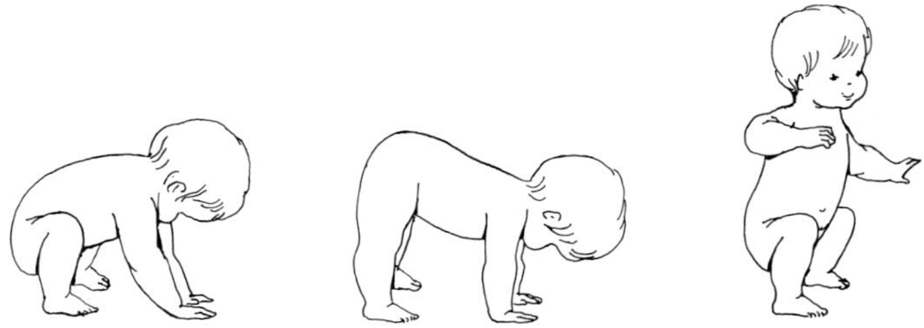

2.6.4.2
Kommt in die Bärenstellung – richtet sich freihändig zum Hocken auf

2.6.4.3
Kniet sich hin – kommt freihändig zum Hocken

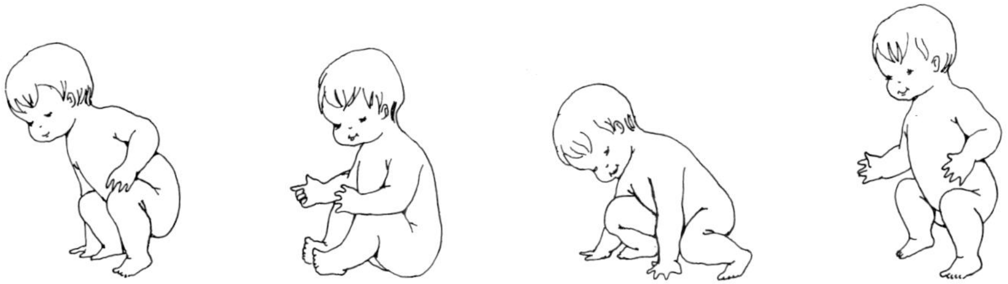

2.6.4.4
Setzt sich – erhebt sich zum Hocken

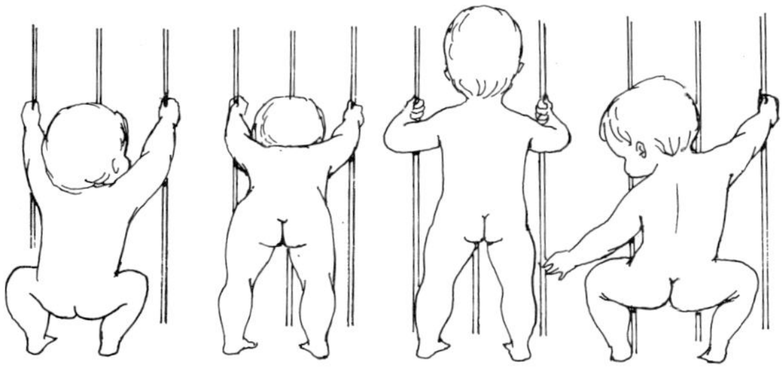

2.6.4.5.a
Steht auf, sich an etwas festhaltend – hockt sich hin

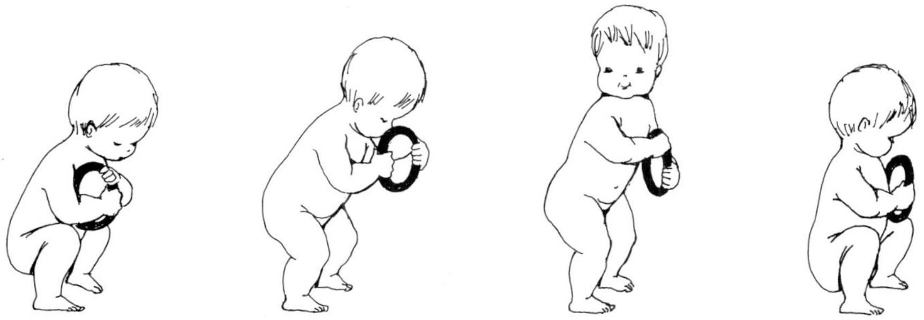

2.6.4.5.b
Steht auf, vollkommen freihändig – hockt sich hin

3. SITZEN

3.1 Es sitzt

3.1.1 Statische Grundposition

Das Kind sitzt, wenn es seinen Rumpf über den Sitzbeinhöckern ausbalanciert. Beim ebenerdigen Sitzen vergrößern die gebeugten oder gestreckten Beine die Unterstützungsfläche. Beim Sitzen auf erhöhter Sitzgelegenheit hilft der Kontakt der Fußsohlen mit dem Boden dem Kind, aufrecht und im Gleichgewicht zu bleiben.

Beim Kind, das gut sitzen kann, ist im allgemeinen das Becken über den Sitzbeinhöckern aufgerichtet. Auch der Kopf ruht aufrecht auf der durchgehend gestreckten Wirbelsäule, sofern er nicht der Blickrichtung des Kindes folgt. Es hat einen geraden Rücken, unabhängig davon ob es ebenerdig oder auf einer erhöhten Sitzgelegenheit sitzt. Selbst wenn diese eine Lehne hat, lehnt es sich nicht an.

Auch ein Kind, das sitzen kann, stützt sich gelegentlich mit einer Hand oder mit beiden Händen ab oder hält sich fest.

> Vorübergehend kann es vorkommen, daß auch das selbständig sich aufsetzende Kind mit nach hinten gekipptem Becken und gebeugter Wirbelsäule, also mit krummem Rücken, sitzt.
>
> Im Laufe der vielfältigen Bewegungen (Kriechen auf dem Bauch, Krabbeln, beim Üben der Übergangspositionen) kräftigt sich seine Rumpfmuskulatur, und es sitzt zunehmend aufrechter.
>
> Ein Anzeichen von Müdigkeit ist beim Kind, das gut sitzt, nicht, daß es gekrümmt in sich zusammensinkt. Wenn es im Rücken ermüdet, spielt es im Liegen weiter.

Die *verschiedenen Möglichkeiten, ebenerdig zu sitzen,* unterscheidet man nach der Lage oder Stellung der Beine am Boden: Bei gebeugten Hüft- und Kniegelenken kann das Kind auf beiden Fersen im Fersensitz oder zwischen* den Fersen, bei einem aufgestellten Fuß auch nur auf einer Ferse sitzen. Es sitzt im Seitsitz, wenn beide Füße zur gleichen Seite gerichtet sind. Es kann auf dem Gesäß sitzen und ein Bein im Kniegelenk mehr oder minder strecken, während das andere Bein gebeugt nach innen oder außen gedreht liegt bzw. aufgestellt ist. Es sitzt im Langsitz, wenn es die Beine gespreizt oder geschlossen nach vorne strecken kann.

* Bei der selbständigen Bewegungsentwicklung sucht das Kind solange die Position *zwischen* den Fersen auf, bis es auch auf andere Weise aufrecht und sicher sitzen kann. (s. dazu: PIKLER 1982 b, S. 176). Anm. A. T.

Das Kind *kann sitzen,* wenn es sich selbständig aufsetzt oder hinsetzt und selbständig ohne Hilfe oder Stütze sitzt und sich weder mit dem Rücken noch mit den Händen abstützen muß. Es kann sitzen, wenn es diese Position selbständig ändern und verlassen kann und beim Sitzen den Kopf, den Rumpf und die oberen Gliedmaßen, ohne das Gleichgewicht zu verlieren, frei bewegen kann. Zunächst lernt es, sich ebenerdig aufzusetzen und hinzusetzen, später benutzt es auch erhöhte Sitzgelegenheiten.

Das Kind *kann nicht sitzen,* solange es nur mit Hilfe Erwachsener oder mit Hilfe einer anderen Unterstützung wie z. B. Babystühlchen, Kissen oder dergleichen sitzend verharren kann und ohne diese Hilfe umkippen würde. Die genaue Bezeichnung dafür wäre: «Es bleibt gestützt in der Sitzposition». Das Kind kann auch dann nicht sitzen, wenn es zwar ohne Hilfe und Stütze in der Sitzposition verharrt, aber sich nicht selbst aufsetzen oder niederlegen kann. Die genaue Bezeichnung dafür wäre: «Es verharrt in der Sitzposition».

3.1.2 Bewegungsmöglichkeiten

Der *Kopf* ist frei beweglich.

Den *Rumpf* kann das Kind nach beiden Seiten biegen oder drehen, nach vorne und hinten beugen. Biegen, Drehen und Beugen können kombiniert werden. Außerdem kann der gestreckte Rumpf in den Hüftgelenken nach vorne und nach hinten geneigt werden.

Die *oberen Gliedmaßen* sind frei beweglich, soweit sie keine Stütz- oder Haltefunktion ausüben.

Die *unteren Gliedmaßen* sind durch die Beweglichkeit der Hüftgelenke entscheidend an der Aufrichtung des Beckens beteiligt. Beim ebenerdigen Sitzen kann das Kind ein Bein oder beide Beine je nach Sitzposition auf der Unterlage beugend, streckend oder drehend verschieben. Bis zu einem gewissen Grad kann es die Beine bei gestrecktem oder gebeugtem Kniegelenk nach vorne oder zur Seite anheben. Dabei sind die Füße frei beweglich.

3.1.3 Platzwechsel aus dem Sitzen

Im Verlauf der selbständigen Bewegungsentwicklung kommt ein Platzwechsel im Sitzen kaum vor.

Sitzrutschen: Sitzend stützt sich das Kind bei gebeugten Kniegelenken auf Hände oder Füße und versetzt rutschend sein Gesäß nach vorne. Manchmal zieht es sich auch freihändig mit den Füßen vorwärts. Diese Form des

Platzwechsels kommt im allgemeinen nur dann vor, wenn das Kind zu wenig Gelegenheit zum Kriechen auf dem Bauch und zum Krabbeln auf Knien und Händen bekommt oder wenn bestimmte Krankheiten vorliegen.

3.1.4 Positionswechsel aus dem Sitzen bzw. zum Sitzen

3.1.4.1 Zum abgestützten Seitsitz kommt das Kind, indem es seinen Rumpf zur Seite neigt und sich bei gestrecktem Arm auf die Hand stützt. Aus dem abgestützten Seitsitz richtet es sich *zum Sitzen auf,* indem es sein Gewicht auf beide Sitzhöcker verlagert und die Stützhand frei wird.

3.1.4.2 Zum seitlichen Ellbogenstütz kommt das Kind, indem es sich seitwärts neigend auf einen Unterarm stützt. Aus dem seitlichen Ellbogenstütz stemmt sich das Kind mit Unterarm und Hand von der Unterlage ab und richtet den Rumpf dabei *zum Sitzen* auf.

3.1.4.3 In den Knie-Händestütz kommt das Kind aus dem Seitsitz oder Fersensitz (zwischen oder auf den Fersen), indem es sich auf beide Hände stützt, das Gesäß abhebt und sein Gewicht auf Knie und Hände verlagert. Aus dem Knie-Händestütz richtet das Kind seinen Rumpf *zum Sitzen* auf, indem es sein Gewicht nach hinten verlagert und sich mit dem Gesäß auf, zwischen oder neben den Fersen niederläßt.

3.1.4.4 Zum Kniestand kommt das Kind, das auf oder zwischen den Fersen sitzt, durch Anheben des Gesäßes und Gewichtsverlagerung auf die Knie. Aus dem Kniestand *setzt es sich* durch Niederlassen des Gesäßes auf oder zwischen die Fersen. Dabei verliert der Rumpf nicht seine Aufrichtung.

3.1.4.5 Aufstehen kann das Kind unmittelbar aus dem Sitzen nur von einer erhöhten Sitzgelegenheit, wenn seine Fußsohlen auf dem Boden stehen. Es verlagert durch Vorneigen seine Rumpflast auf die Füße und richtet sich, die Beine in Knie- und Hüftgelenken streckend, zum Stehen auf. Aus dem Stand kann es *sich* unmittelbar nur auf eine erhöhte Sitzgelegenheit *setzen,* indem es den Rumpf vorneigt, Knie- und Hüftgelenke beugt und beim Niederlassen des Gesäßes auf die Sitzgelegenheit das Gewicht von den Fußsohlen auf die Sitzhökker verlagert.

3.1 SITZEN

3.1.1
Verschiedene Formen
des Sitzens

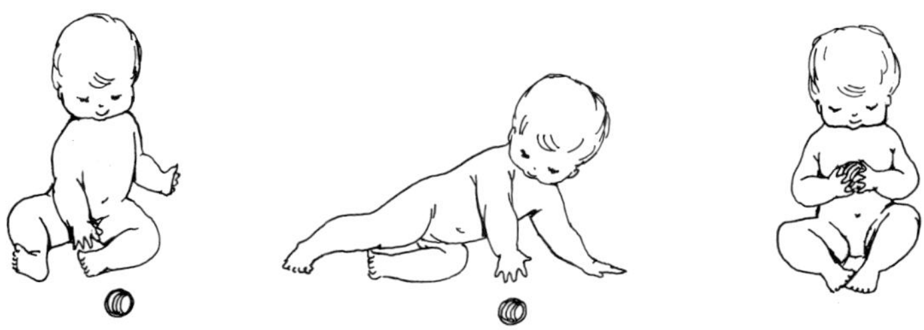

3.1.4.1
Kommt in den abgestützten Seitsitz – setzt sich auf

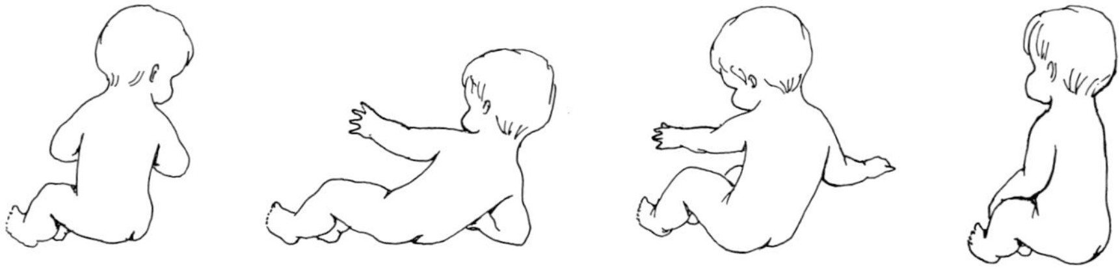

3.1.4.2
Läßt sich in den seitlichen Ellbogenstütz nieder – richtet sich zum Sitzen auf

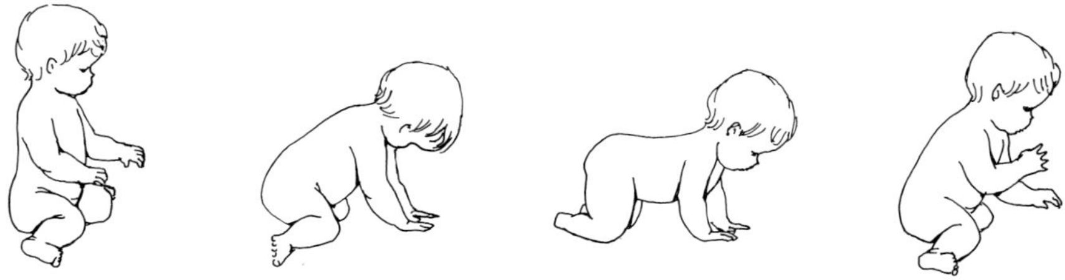

3.1.4.3
Kommt in den Knie-Händestütz – richtet sich zum Sitzen auf

3.1.4.4
Richtet sich, sich festhaltend zum Kniestand auf – setzt sich nieder auf die Fersen

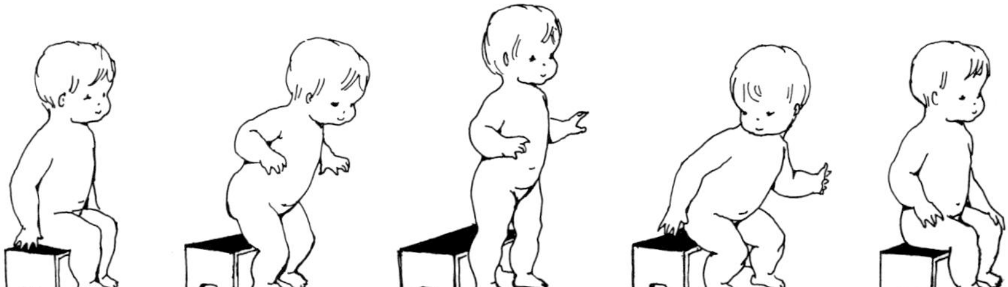

3.1.4.5
Steht freihändig von einem Bänkchen auf – setzt sich wieder hin

4. STEHEN

4.1 Es steht

4.1.1 Statische Grundposition

Das Kind steht, wenn es sich im ganzen mehr oder weniger aufgerichtet über den Fußsohlen ausbalanciert. Wenn dies über der Mitte des Fußgewölbes geschieht, werden dabei Vorfuß und Ferse gleichmäßig belastet. Diese Art der Belastung wirkt bei parallel, auch bei anfangs einwärts gestellten Füßen gewölbebildend. Im Anfang hält sich das Kind mit beiden oder einer Hand fest oder sucht mit Armen und Händen sein Gleichgewicht zu wahren. Später läßt es sie beim freien, ruhigen Stehen hängen.

Das Kind steht im allgemeinen zunächst breitbeinig, die Knie- und Hüftgelenke etwas gebeugt, wodurch der Rumpf noch nicht zu seiner vollen Aufrichtung kommt.* Die Füße sind dabei manchmal noch nach außen gerichtet. Später, wenn es schon mit geschlossenen Beinen und gestreckten Knie- und Hüftgelenken** stehen kann, richtet es die Füße nach vorn. Das Kind kann auf den Fußspitzen stehen oder mit den ganzen Fußsohlen auf dem Boden.

Das Kind *kann stehen,* wenn es selbständig ohne Hilfe aufstehen und in dieser Position, Kopf, Rumpf, Arme und Beine frei bewegen kann, ohne sein Gleichgewicht zu verlieren.

> Das Kind *steht nicht,* wenn der Erwachsene es unter den Achseln haltend hinstellt und das Kind sich mit den Füßen gegen die Unterlage stemmt. Die genaue Bezeichnung dafür wäre: «In vertikaler Position gehalten stemmt sich das Kind mit den Füßen von der Unterlage ab» (Stützreaktion der Beine). Das Kind steht nicht, wenn der Erwachsene es an den Händen hält und ihm dazu verhilft, in vertikaler Position im Gleichgewicht zu bleiben. Die genaue Bezeichnung dafür wäre: «Es bleibt in Stehposition gehalten aufrecht». Das Kind kann nicht stehen, wenn es aufgestellt nur für Augenblicke in dieser Position verharren kann. Die genaue Bezeichnung dafür wäre: «Es kann für Sekunden die Stehposition halten».

4.1.2 Bewegungsmöglichkeiten

Der *Kopf* ist frei beweglich.

Die Bewegungen des *Rumpfes* sind nach allen Richtungen frei.

Die *oberen Gliedmaßen* sind in allen Richtungen frei beweglich.

* Bei der überstreckten (lordosierten) Lendenwirbelsäule, dem sog. Hohlkreuz, hat sich das Becken noch nicht vollständig aufgerichtet.

** Das überstreckte Knie (genu recurvatum) ist unphysiologisch.

Die *unteren Gliedmaßen:* Die Beweglichkeit seiner Fußgelenke ermöglicht ihm, sich im Stehen über den Füßen auszubalancieren. Das Kind steht im allgemeinen mit beiden Füßen auf dem Boden, wobei es, solange es sich im Stehen festhält, die Beugung und Streckung in Knie- und Hüftgelenken ausgiebig übt: es wippt. Sobald das Kind, sich festhaltend oder freihändig, auf einem Fuß stehen kann, ist das andere Bein in allen Richtungen frei beweglich.

4.1.3 Platzwechsel aus dem Stand

4.1.3.1 Sich festhaltend unternimmt das Kind einige Schritte, das heißt noch nicht, daß es gehen kann, selbst wenn diese Schritte flink und sicher sind. Während des Schrittwechsels stützt es sich noch an Gegenständen ab oder hält sich z. B. am Spielgitter fest. Es kann sich auch abwechselnd an mehreren stabilen Gegenständen oder Möbeln festhalten und sich zunächst mit seitwärts gerichteten Nachstellschritten fortbewegen. Bei dieser sogenannten «Küstenschiffahrt» kommen eventuell ein bis zwei vorwärtsgerichtete freie Schritte vor. Das heißt noch immer nicht, daß das Kind gehen kann. Auch nicht, wenn es sich auf einen Gegenstand stützt und ihn vor sich herschiebt.

Das Kind *kann nicht gehen,* wenn es nur von Erwachsenen geführt Schritte machen kann, und der Erwachsene das Kind dabei an einer Hand oder beiden Händen führt oder mit anderen Hilfsmitteln festhält. Die genaue Bezeichnung dafür wäre: «Vom Erwachsenen gestütztes oder geführtes Gehen».

4.1.3.2 Das Kind *geht,* wenn es sich mit aufgerichtetem Rumpf selbständig fortbewegt, indem es sein Gewicht bei jedem Schritt von einem Fuß auf den anderen verlagert und sich dabei nicht mehr festhalten muß, um sein Gleichgewicht zu wahren. Beim Gehen kommt immer ein Fuß zum Boden, nie sind beide Füße gleichzeitig von der Unterlage abgehoben. Das Kind kann auf ebenem oder unebenem Boden, auf einer horizontalen oder schrägen Fläche gehen. Es kann Treppen hinauf- oder heruntergehen, in der Anfangsphase mit Nachstellschritten, später mit Schrittwechsel. Es kann in Relation zur Beinlänge mit kleinen oder größeren Schritten gehen, es kann langsam oder schnell gehen.

Wie schnell es aber auch vorankommen mag, es läuft nicht, sondern geht, solange immer ein Fuß den Boden berührt. Beim Laufen gibt es eine Flugphase, d. h. bei jedem Schritt befinden sich für einen Moment beide Füße gleichzeitig in der Luft.

4.1.3.2.1 Das Kind unternimmt *erste freie Schritte.* Es fängt – unsicher und mit Armen und Händen balancierend – an, vorwärts zu gehen. Meist geht es breitbeinig mit kleinen Schritten und einwärts gerichteten Füßen und Zehen, als ob es den Boden greifen wollte. Seine Aufmerksamkeit ist beim Gehen noch ganz darauf gerichtet, sein Gleichgewicht zu wahren; auch die Hände helfen mit, bei jedem Schritt sein Gewicht über der Mitte des Fußes auszubalancieren. Häufig unternimmt das Kind die ersten freien Schritte sogar mit einem Spielzeug in der Hand, als ob es daran Halt sucht. Dieser Gang ist charakteristisch in den ersten Wochen nach dem freien Aufstehen.

4.1.3.2.2 Das Kind *geht sicher,* es *kann gehen,* wenn es während des Gehens mit Leichtigkeit die Richtung wechselt, ohne Schwierigkeiten stehen bleibt und ebenso leicht wieder weiter geht, das gewünschte Ziel erreicht und seine Aufmerksamkeit nicht mehr den Schrittbewegungen gilt. Es stützt sich nicht mit den Händen ab und hält sich nirgends fest.

4.1.4 Positionswechsel aus dem Stand bzw. in den Stand

4.1.4.1 Das Kind *hockt sich hin,* indem es, meist breitbeinig, Hüft-, Knie- und Fußgelenke maximal beugt. Aus dem Hocken richtet es sich *zum Stehen* auf, indem es die Beine streckt.

4.1.4.2 Es *kniet sich hin,* indem es sich entweder nacheinander erst auf das eine, dann auf das andere Knie niederläßt oder gleichzeitig auf beide. Aus dem Kniestand richtet sich das Kind *zum Stehen* auf, indem es sich anfangs mit beiden Händen oder einer Hand festhält, einen Fuß vorstellt und sein Gewicht hierauf verlagert. Während es beim Aufrichten Knie- und Hüftgelenke streckt, stellt es den hinteren Fuß nach vorn und belastet ihn auch. Später kann es dies auch freihändig.

4.1.4.3 In die Bärenstellung kommt das Kind, indem es sich bückt und mit den Händen am Boden aufstützt. Aus der Bärenstellung *steht* das Kind *auf,* indem es sein Gewicht auf die Fußsohlen verlagert und den Rumpf allmählich aufrichtet. Es kann sich an einem Möbelstück festhalten oder freihändig aufstehen, wobei es sich mit den Händen vom Boden abstemmt. Diese Form des Aufstehens kommt direkt vor oder mit den ersten Schritten.

4.1.4.4 Unmittelbar aus dem Stehen *kann sich* das Kind nur auf eine erhöhte Sitzgelegenheit *setzen,* indem es den Rumpf vorneigt, Knie- und Hüftgelenke beugt und, während es das Gesäß z. B. auf einem Bänkchen niederläßt, seine Rumpflast von den Fußsohlen über die Sitzhöcker verlagert. *Aufstehen* kann das Kind unmittelbar aus dem Sitzen nur von einer erhöhten Sitzgelegenheit, wenn seine Fußsohlen auf dem Boden stehen. Es verlagert durch Vorneigen des Rumpfes dessen Last über die Füße und richtet sich zum Stehen auf, indem es die Beine in Knie- und Hüftgelenken streckt. Bei all diesen Bewegungen kann das Kind sich festhalten oder sie freihändig ausführen.

4.1 STEHEN

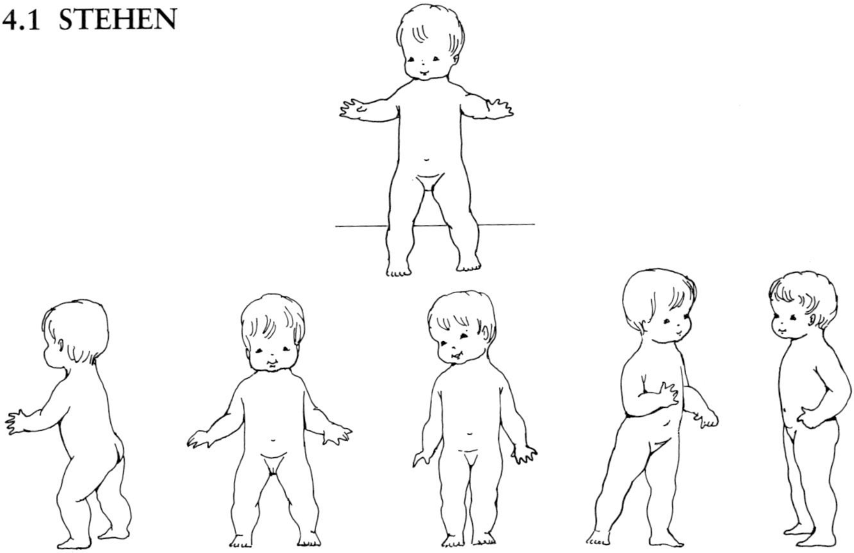

4.1.1.a
Verschiedene Formen des Stehens

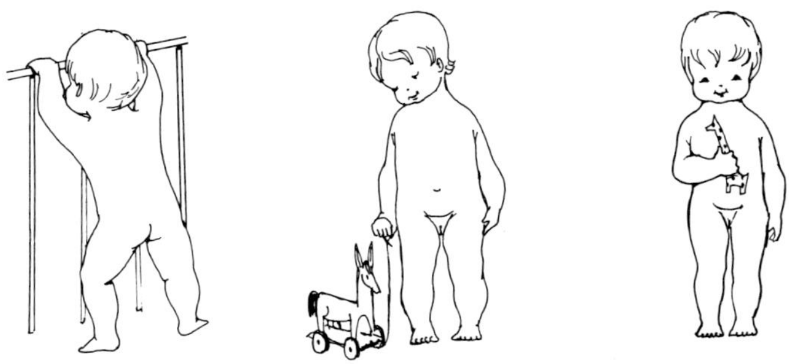

4.1.1.b
Die Fußspitzen sind auswärts oder einwärts gestellt, oder parallel zueinander

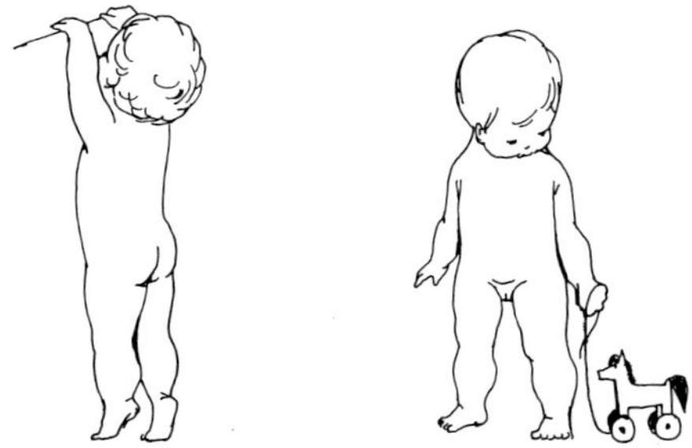

4.1.1.c
Kann auf den Fußspitzen
oder mit den ganzen Fußsohlen
auf dem Boden stehen

4.1.3.1
Sich festhaltend unternimmt es einige Schritte

4.1.3.2
Geht

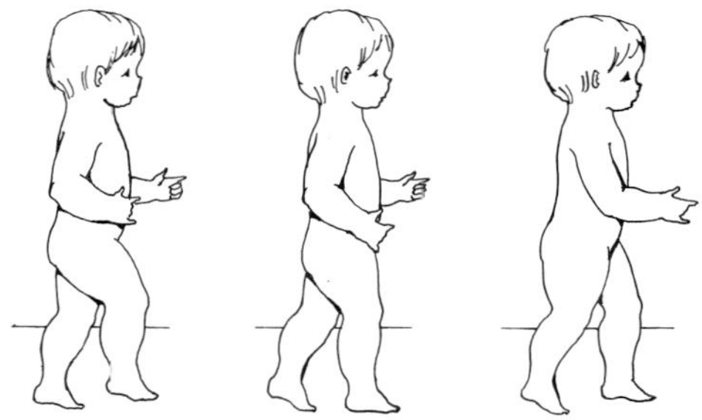

4.1.3.2.a
Steigt die Treppe herunter mit Nachstellschritt

4.1.3.2.b
Steigt die Treppe herunter mit Schrittwechsel

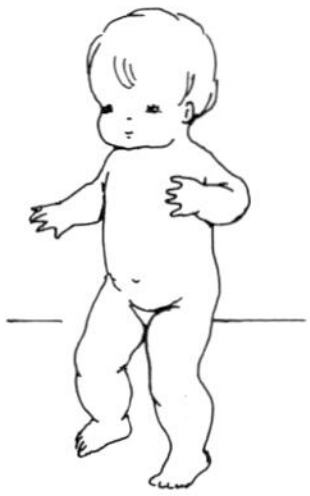

4.1.3.2.1
Unternimmt erste
freie Schritte

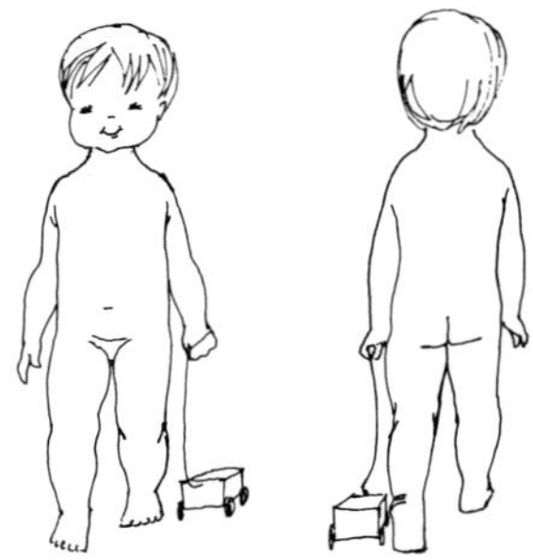

4.1.3.2.2
Geht sicher

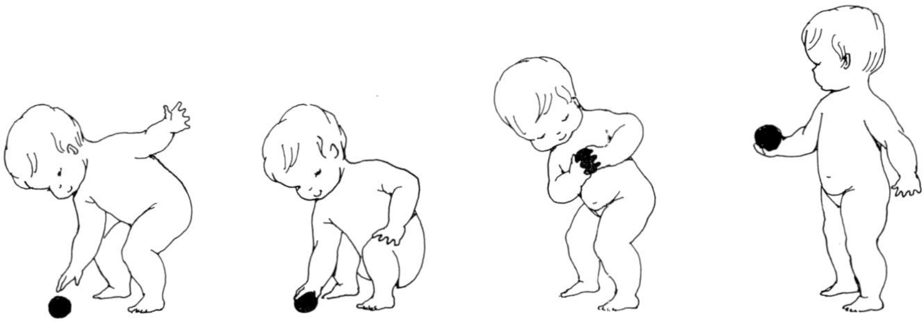

4.1.4.1
Hockt sich hin – steht freihändig auf

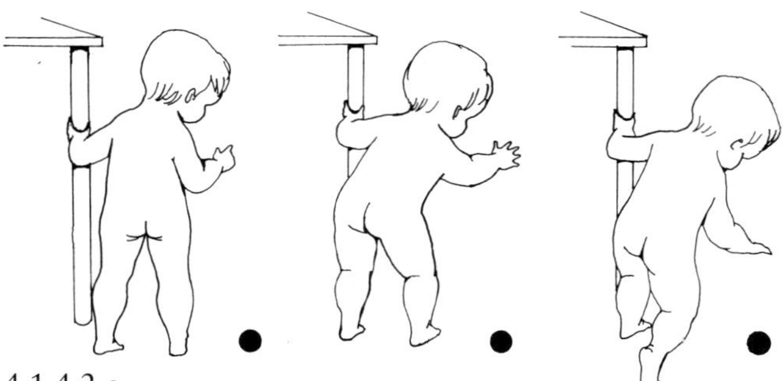

4.1.4.2.a
Hält sich beim Hinknien fest

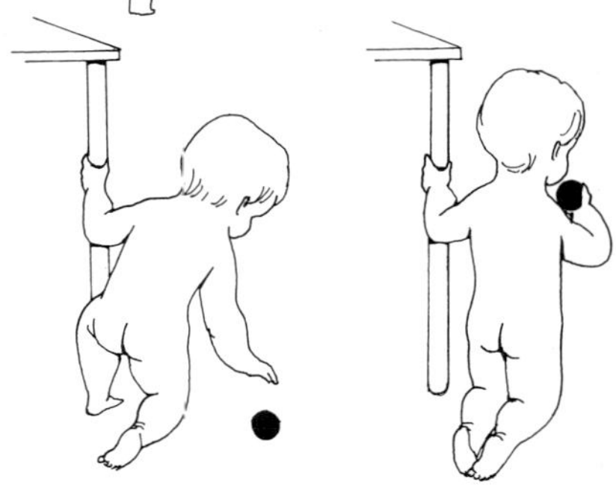

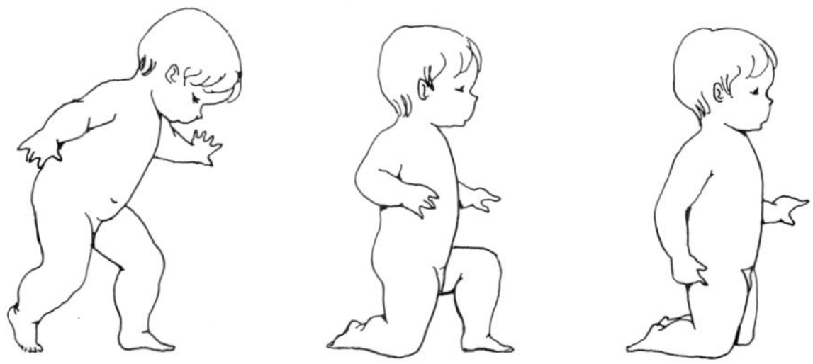

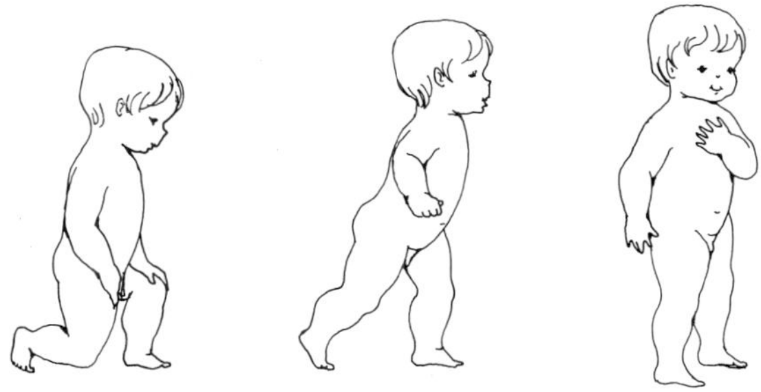

4.1.4.2.b
Kniet sich freihändig hin – steht auf

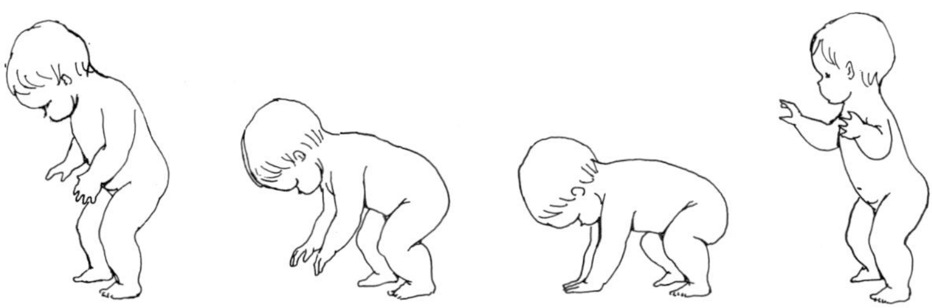

4.1.4.3
Läßt sich in die Bärenstellung nieder – steht freihändig auf

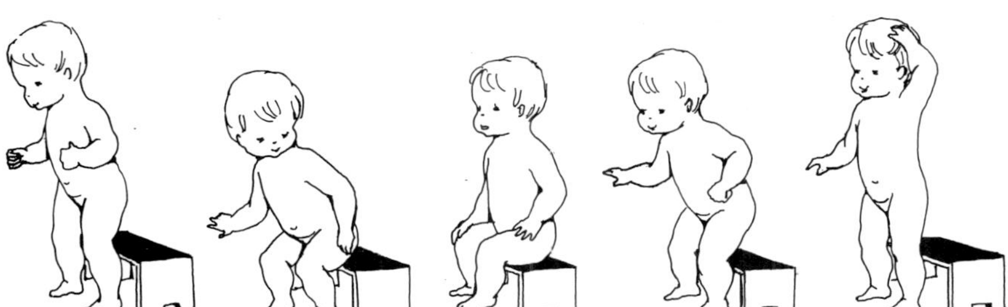

4.1.4.4
Setzt sich freihändig auf ein Bänkchen – steht wieder auf

Anhang

Nachwort

Emmi Pikler widmete das wissenschaftliche Ergebnis ihrer Jahrzehnte währenden Tätigkeit, dessen wesentlichsten Teil dieses Buch enthält, ihrem Mann, der ihr Interesse von Anfang an teilte, und mir, ihrer Tochter, die ich das erste Kind ihrer Beobachtungen gewesen bin und für viele Jahre ihre Mitarbeiterin war.
In den letzten Jahren ihres Lebens wurde man auch in Fachkreisen in der Bundesrepublik Deutschland auf ihre Arbeit und ihre Forschungsergebnisse aufmerksam. Davon zeugen Veröffentlichungen und eine Reihe von Vorträgen die sie in München, Freiburg, Göttingen und Berlin gehalten hat.
Bis kurz vor ihrem Tod arbeitete Emmi Pikler an der Vorbereitung der deutschen Fassung, sowie an der erweiterten ungarischen Ausgabe ihres wissenschaftlichen Werkes.
Die Aufgabe, das von ihr Begonnene zu Ende zu führen, ist mir zugefallen. Das vorliegende Buch enthält eine Auswahl von Mitteilungen zur selbständigen Bewegungsentwicklung, die im Wesentlichen der Vorstellung der Autorin folgt. Die Zusammenstellung des Materials, die vergleichende Durchsicht der Übersetzungen und die notwendigen Kürzungen habe ich gemeinsam mit Frau Ute Strub, Bewegungstherapeutin, Berlin, durchgeführt.
Einige Bemerkungen zu den ausgewählten Arbeiten.
Der erste und ausführlichste Teil des Buches ist der Habilitationsschrift Emmi Piklers entnommen (PIKLER, 1969). In ihrer, der ungarischen Veröffentlichung folgenden, französischen (PIKLER, *1970),* italienischen (PIKLER, 1980b) und spanischen Ausgabe (PIKLER, 1984) beruhen die Beschreibungen, die sich auf die Untersuchungen der Beweglichkeit beziehen (s. S. 44) auf neueren Untersuchungen, die in der ungarischen Ausgabe noch nicht enthalten sind. Die deutsche Ausgabe folgt hierin dem französischen Text. Alle bis jetzt erschienen Ausgaben enthalten eine ausführliche Analyse der Fachliteratur. Sie wurde in diese Auswahl nicht aufgenommen. Im Interesse der Allgemeinverständlichkeit und der Übersichtlichkeit sind auch die Forschungsergebnisse in gekürzter Form wiedergegeben. Einige Elemente der mathematischen Analyse der Daten haben wir weggelassen und die erhaltenen Daten abgerundet.
Emmi Piklers grundsätzlich veränderte Auffassung von den Aufgaben des Erwachsenen bei der Bewegungsentwicklung des Kindes hat auch die Einstellung zu seiner Pflege und deren praktische Ausführung verändert: Eine beziehungsvolle Pflege und die Kenntnis der äußeren Bedingungen (Kleidung, Bettgröße

etc.) sind wesentliche Voraussetzungen einer selbständigen Bewegungsentwicklung. Ihre Darstellung wird in diesem Buch nur gestreift. Die Werke, in denen sie ausführlich beschrieben sind, werden z. Zt. übersetzt.
Der zweite Teil des Buches besteht aus Aufsätzen und Vorträgen Emmi Piklers zum Thema der Bewegungsentwicklung.
Der Artikel zur Bauch- oder Rückenlage als Ausgangslage für Neugeborene erschien in Ungarn 1973 (PIKLER, 1973 a). Der Artikel wurde auch in französischer Sprache veröffentlicht (PIKLER, 1981). Seine deutsche Version, die in der «Krankengymnastik» erschienen ist, (PIKLER, 1985) liegt hier in überarbeiteter Form vor. Darin geht Emmi Pikler von einer Literaturanalyse aus. Gleichzeitig mit der ersten Veröffentlichung hat sie in unserem Institut einen Versuch zu dieser Fragestellung durchgeführt. In zwei Kindergruppen wurde der Einfluß der Lage, in die das Neugeborene gebracht wird, vergleichend untersucht.
Der Artikel «Vernachlässigte Bewegungen» (PIKLER, 1981 a) enthält bereits die Ergebnisse dieser Versuchsgruppen und bestätigt die Überzeugung Emmi Piklers, daß die Rückenlage die physiologische Ausgangslage für die Bewegungsentwicklung des Menschen ist.
Ihr Vortrag beim Ungarischen Kongreß für Kinderärzte über die «Verzögerte Bewegungsentwicklung» ist 1973 erschienen (PIKLER, 1973). Die Fotoserien zur Bewegungsentwicklung von Tibi und Attila wurden noch von der Autorin zusammengestellt. Sie werden mit der dazugehörigen Einleitung hier zum erstenmal veröffentlicht.
Vor der Vereinigung Ungarischer Kinderärzte hielt sie 1978 den Vortrag «Über die Kompetenz des Säuglings» (PIKLER, 1979 b). Im selben Jahr ist er in englischer Sprache erschienen (PIKLER, 1979 a) und 1984 in französischer Sprache (PIKLER, 1984 b).
«Das freie Spiel» ist die letzte zur Veröffentlichung vorgesehene Arbeit Emmi Piklers gewesen. Sie beruht auf dem Referat, das sie beim Internationalen Symposium der Deutschen Gesellschaft für Sozialpädiatrie im Mai 1983 in Berlin gehalten hat. Die Einladung zu diesem Kurzreferat von 15 Minuten hat sie dazu benutzt, um anhand von Lichtbildern und begleitendem Kommentar eine der wesentlichsten Botschaften ihres Lebenswerkes zu vermitteln.
Der dritte Teil des Buches, die «Beschreibung der grundlegenden Positionen und Bewegungen» ist einer fünfsprachigen Terminologie entnommen (PIKLER, 1978), deren deutscher Teil in der Fachzeitschrift «der kinderarzt» erschienen ist (PIKLER, 1980) und seither überarbeitet wurde.
Bei der Vorbereitung und Fertigstellung der deutschen Ausgabe des vorliegenden Buches haben viele mitgewirkt, denen ich auf diesem Wege meinen aufrichtigen Dank aussprechen möchte.
Er richtet sich besonders an Frau Monika Aly, Krankengymnastin, Berlin. Ihr

Wunsch, das Lebenswerk Emmi Piklers auch dem deutschen Leser zugänglich zu machen, konnte durch ihre Hilfe, durch ihr Mitdenken und ihre Mitarbeit verwirklicht werden.
Die Sorgfalt und Sachkenntnis, mit der Dr. Michael Straßburg, Oberarzt an der Universitätskinderklinik, Freiburg, das ganze Manuskript durchgelesen hat, ist uns eine große Hilfe gewesen. Mein Dank gilt hierfür auch Herrn Helmut Müller und seiner Frau Klara Müller, Krankengymnasten, Tettnang. Gemeinsam haben sie außerdem den ursprünglichen Text der «Beschreibung der grundlegenden Positionen und Bewegungen» übersetzt.
Ich danke Frau Gabriella Göröcs, Freiburg, nicht nur für ihre Bereitschaft, den ersten Teil des Buches zu übersetzen, bevor Gewißheit über sein Erscheinen bestand, sondern auch für die Zeit, die sie sich für das gemeinsame Durcharbeiten der Übersetzung nahm. Der Heinrich Jacoby – Elsa Gindler Stiftung Berlin, danke ich für die finanzielle Unterstützung zur Erstellung des Manuskripts.
Im Weiteren möchten wir allen denen danken, deren Namen nicht einzeln aufgeführt sind, die uns aber bei unseren Bemühungen um eine verständliche Übertragung in die deutsche Sprache geholfen haben.
In diesem Zusammenhang möchte ich auch allen beteiligten Mitarbeitern des Lóczy für ihren zusätzlichen Einsatz danken, ganz besonders Dr. Judit Falk, der langjährigen Mitarbeiterin Emmi Piklers und heutigen Leiterin des Instituts, die uns bei allen großen und kleinen Fragen jederzeit zur Verfügung stand.
Für ihre nie ermüdende Bereitschaft mitzuarbeiten, bin ich auch Frau Marian Reismann dankbar, deren Fotos von dem Werk Emmi Piklers Wesentliches zeigen, was Worte nicht vermitteln können.
Frau Klara Pap hat mit ihren Zeichnungen die Beweglichkeit der Lóczy-Kinder lebendig charakterisiert. Ich bin ihr besonders dankbar, daß sie bei der nochmaligen Überarbeitung der Zeichnungen nicht die Geduld verloren hat.
Dr. Eva Schönwald – Emmi Pikler in lebenslanger Freundschaft verbunden – verdanken wir die Übersetzung der «Verzögerten Bewegungsentwicklung» und des Textes zu den Fotoserien von Tibi und Attila. Sie war uns auch bei der vergleichenden Durchsicht der übrigen Übersetzungen eine unschätzbare Hilfe.
Nachdem die entscheidenden Impulse zur deutschen Ausgabe dieses Buches von Krankengymnasten ausgingen, die die Bedeutung der selbständigen Bewegungsentwicklung für die Bewegungstherapie erkannt haben, freut es mich – es hätte sicher auch Emmi Pikler gefreut –, daß das Buch in einem Verlag erscheint, der durch die Herausgabe krankengymnastischer Fachliteratur bekannt ist.

Budapest Dezember 1986 *Anna Tardos*

Biographie

Emmi Pikler wurde 1902 in Wien geboren und verbrachte dort ihre frühe Kindheit. Sie wuchs ohne Geschwister auf. Ihre Mutter, eine Wienerin, war Kindergärtnerin von Beruf, ihr Vater, ein Ungar, Handwerker. 1908 zogen ihre Eltern nach Budapest. Noch während ihrer Schulzeit, als Emmi Pikler 12 Jahre alt war, starb ihre Mutter.

Ihr Entschluß Kinderärztin zu werden, führte sie zum Medizinstudium nach Wien zurück. Sie promovierte 1927 und erhielt ihre pädiatrische Fachausbildung an der Wiener Universitäts-Kinderklinik bei Prof. von Pirquet und an der Kinderchirurgie bei Prof. Salzer.

«Die Pirquet-Klinik», sagte Dr. Pikler in einem Interview*, «war eine interessante Klinik. Sie hatte eine so gute Heilungsstatistik, daß man aus der ganzen Welt kam, um dort zu lernen. Es wurden wenig Medikamente verwendet, man beschäftigte sich mehr mit der Erziehung des Kindes. Jeder angehende Arzt hatte sechs Wochen Pflegedienst und lernte außerdem zwei Wochen lang in der Milchküche für die Säuglinge zu kochen. Prof. von Pirquet legte bei der Ausbildung der Kinderärzte Wert darauf, daß sie lernten, das gesunde Kind gesund zu erhalten und sich nicht auf das Erkennen und Heilen von Krankheiten zu beschränken. Nicht die Krankheit war die Hauptsache sondern das Kind.»

Eine ähnliche Einstellung hatte Prof. Salzer in der Kinderchirurgie. Er wollte unter anderem erreichen, daß die Kinder nicht weinten, während sie verbunden wurden: «Dazu muß man so nett und freundlich zu ihnen sein, und sie so weit beruhigen, daß sie nur dann weinen, wenn es wirklich weh tut, aber nicht vor Angst. Und er hat uns gezeigt, wie man das macht. Er war imstande, bei einem Kind mit Verdacht auf eine akute Blinddarmentzündung so lange mit ihm zu sprechen, bis der Bauch ganz weich war und er gut durchtasten konnte, ob es wirklich eine Blinddarmentzündung war. Dadurch hat er weit weniger operiert. Er hat das so ernst genommen, daß er einmal einen Assistenten, einen guten Operateur, entlassen hat, weil er unfreundlich zu den Kindern war.»

Emmi Piklers dritter Lehrer war ihr eigener Mann, ein Mathematiker und Pädagoge, durch dessen Erfahrungen sie in ihren entwicklungsphysiologischen Überlegungen bestätigt wurde. Gemeinsam entschieden sie bei der Geburt ihres ersten Kindes, ihm freie Bewegung zu ermöglichen und seine Entwicklung in Geduld abzuwarten.

* Im Sender Freies Berlin, Juni 1983.

Zunächst lebten sie in Triest, später in Budapest. 1935 wurde Emmi Pikler als Kinderärztin auch in Ungarn anerkannt. Von Anfang an war es ihr Ziel, die gesunde Entwicklung des Kindes zu ermöglichen. Aus der Erfahrung mit ihrer Tochter wußte sie, daß ein Kind nicht zur Bewegung und zum Spiel angeregt werden muß und daß jedes Detail im Umgang und in der Umgebung des Kindes wichtig ist.
Schon in diesen Jahren hat Emmi Pikler über die Pflege und Erziehung von Säuglingen und Kleinkindern Vorträge gehalten und verschiedene Artikel geschrieben. Daraus entstand ihr erstes Buch für Eltern. Es erschien 1940 und erlebte später in Ungarn und im Ausland zahlreiche Auflagen.
Die zehn Jahre, die sie als Familienärztin arbeitete, waren für sie nicht nur aufgrund ihrer jüdischen Herkunft schwer, sondern auch, weil ihr Mann von 1936 bis 1945 aus politischen Gründen in Gefangenschaft war. Durch ihre innere Kraft und Unerschrockenheit und die Hilfe der Eltern der von ihr betreuten Kinder konnten sie und ihre Familie die Judenverfolgung im Zweiten Weltkrieg überleben.
Nach dem Krieg wurde sie Mutter von zwei weiteren Kindern. Sie hat ihre Privatpraxis nicht wieder eröffnet, sondern kümmerte sich innerhalb einer ungarischen Organisation um verlassene und unterernährte Kinder. Neben vielfältigen anderen Tätigkeiten gründete sie 1946 das Säuglingsheim Lóczy, das sie bis 1979 leitete. Es wurde unter ihrer Führung durch seine Ergebnisse bei der Verhütung des Hospitalismus sowie durch die Herausgabe von Fachbüchern und wissenschaftlichen Veröffentlichungen zu einem international bekannten Methodologischen Institut.
Nach ihrer Pensionierung setzte Emmi Pikler ihre wissenschaftliche und beratende Tätigkeit im Lóczy fort. Im Mittelpunkt ihres Interesses stand weiterhin die Bewegungsentwicklung des Säuglings, die auch 1969 Thema ihrer Habilitation gewesen war.
Ihre Arbeit fand in den letzten Jahren ihres Lebens im In- und Ausland immer mehr Anerkennung. 1984 starb Emmi Pikler mitten aus diesem Schaffen heraus nach kurzer, schwerer Krankheit.

LITERATUR

BARKÓCZI, I.: Adatok a csecsemők manipulációs fejlődéséhez. In: Pszichológiai Tanulmányok. Vol. 6. Budapest: Akadémiai Kiadó. 65–80, 1964.

BARKÓCZI, I.: Exploratory manipulation and orientation reflexes. XVIII. International Congress of Psychology. Moscow. 1966. Abstracts II. 129–130, 1966.

BENEDIKT, A.: Über die Ergebnisse der Nachuntersuchung der in den Jahren 1955–1959 im Krankenhaus für Frühgeburten und frühgeborene Kinder aufgezogenen Kinder nach der Entlassung bis zum Alter von 3 Jahren. Acta Paediat. Acad. Sci. Hung. Vol. V. Fasc. 2. 223–233, 1964.

BERGERON, M.: Psychologie du premier âge de la naissance à trois ans. Paris: P. U. F., 1961.

BOWER, T. G. R.: The visual world of infants. Scientific American, *215,* 6, 80–92, 1966.

BOWER, T. G. R.: The object in the world of the infant. Scientific American, *225,* 31–38, 1971.

BOWLBY, J.: Maternal care and mental health. Geneva: World Health Organization, 1951.

BOWLBY, J.: Child care and the growth of love. London: Penguin Books, 1957.

BROCK, J.: Biologische Daten für den Kinderarzt. Berlin, Göttingen, Heidelberg: Springer Verlag, 1954.

BRUNET, O./ LÉZINE, I.: Le développement psychologique de la premiere enfance. Paris: P. U. F., 1951.

BÜHLER, Ch./ HETZER, H.: Kleinkindertests vom 1. bis 6. Lebensjahr. München: Johann Ambrosius Barth, 1953.

CONNOLLY, K. / BRUNER, J. (Eds.): The growth of competence. London, New York: Academic Press, 1974.

DAVID, M./ APPELL, G.: Lóczy ou le maternage insolite. Paris: Scarabée, 1973.

FALK, J.: Vizsgálatok az álláskészséget jelző optikai felső-végtagreakció jellegéről. Gyermekgyógyászat, *15,* 143–146, 1964.

FALK, J.: A gondozási feltételek szerepe a csipőizületi dysplasiák gyógyulásában. Orvosi Hetilap, *106,* 2143–2146, 1965.

FALK, J./ PIKLER, E.: Bölcsödék és csecsemőotthonok gondozási és nevelőmunkájanak ellenőrzéséré szolgáló táblázat. Gyermekgyógyászat *19,* 529–539, 1968.

FALK, J.: Contrôle du travail des crèches et des pouponnières (soins et éducation) se traduisant dans le développement des enfants. Proceed. XVIth Internat. Congr. of Applied Psychology, Amsterdam, 806–809, 1969.

FALK, J.: Méthode d'enregistrement et de contrôle à l'Institut Lóczy. Enfance, No. 3–4, 129–144, 1973.

FALK, J.: Entwicklungskontrolle der Säuglinge und Kleinkinder. Teziszü I. Mezsdunarodnoj Konferencii po Ohranye Zdarovja Gyetyej Rannevo Vozraszta, Riga, 111–113, 1978.

FALK, J.: Developmental schedules stimulating adult educational attitude. In: Resources for Infant Educarers. (Ed.: M. Gerber), Los Angeles, 17–23, 1979.

FALK, J.: L'osservazione al nido, come si fa e a cosa serve. Infanzia, No. 7/8, 20–24, 1983.

FALK, J./ PIKLER, E.: Adatok az Intézetünkben nevelt gyerekek társadalmi beilleszkedéséről. Magyar Pszichológiai Szemle, *29,* 3–4, 488–500, 1972.

FANTZ, R. L.: The origin of form perception. Scientific American, *204,* 5, 66, 1961.

GESELL, A./ AMATRUDA, C. S.: Developmental Diagnosis. New York: Harper and Row, 1964.
HELD, R.: Plasticity in sensory-motor systems. Scientific American, *213,* 5, 84–94, 1965.
HELD, R.: Plasticity in sensory-motor coordination. XVIII. International Congress of Psychology, Moscow, 27–33, 1966.
HELD, R./ HEIN, A.: Movement-produced stimulation in the development of visually guided behavior. J. Comp. Physiol. Psychol. *56,* 5, 872–876, 1963.
HELD, R./ MIKAELIAN, H.: Motor sensory feedback versus need in adaptation to rearrangement. Perceptual and Motor Skills, *18,* 685–688, 1964.
HELLBRÜGGE, TH.: Münchener funktionelle Entwicklungsdiagnostik. Erstes Lebensjahr, in: Fortschritte der Sozialpädiatrie 4, 1978.
HENGSTENBERG, E.: Erfahrungen aus meinem Kinderunterricht. Berlin: Gymnastik *6,* 9/10, 129–142, 1931.
HEMPEL, H. C.: Rücken- oder Bauchlagerung des Neugeborenen. Kinderärztl. Praxis, *33,* 261–268, 1965.
HIRSCH, M.: A szülőktől elszakadt, gyermekotthonban, majd családi környezetben nevelkedő gyermekek személyiségvizsgálata. In: Pszichológiai Tanulmányok. Vol. 6. Budapest: Akadémiai Kiadó. 595–614, 1964.
ILLINGWORTH, R. S.: The development of the infant and young child normal and abnormal. London: E. S. Livingstone, 1960.
JACOBY, H.: Jenseits von «Begabt» und «Unbegabt». Hamburg: Christans Verlag, 1981.
KLAPP, B.: Das Klappsche Kriechverfahren. Stuttgart: Thieme Verlag, 1974.
KSHa (KÖZPONTI STATISZTIKAI HIVATAL): Az egészégügyi helyzet 1963-ban. Statisztikai Időszaki Közlemények. 27. Budapest, 1964.
KSHb (KÖZPONTI STATISZTIKAI HIVATAL): Jelentés a bölcsődékben és csecsemőotthonokban elhelyezett gyerekek gondozásának körülményeiről. KSH Pestmegyei Igazgatóság. Januári Kiadvány. Budapest, 1963.
LÉZINE, I./ STAMBACK, M.: Quelques problèmes d'adaptation du jeune enfant en fonction de son type moteur et du régime éducatif. Enfance, No. 2. 96–115, 1959.
MAJAROS, M.: Hason fekve nevelt és háton fekve nevelt csecsemők csipőizületi tartása nyugalmi helyzetben. Gyermekgyógyászat, *33,* 141–143, 1982.
MAU, H.: Zur Entstehung und Bauchliegebehandlung der sogenannten Säuglingsskoliose und der Hüftdysplasie im Rahmen des Siebener-Syndroms. Zschr. für Orthopädie und ihre Grenzgebiete, *100,* 4, 470–484, 1965.
MAU, H.: Säuglinge sollten in Bauchlage großgezogen werden. Münchener Med. Wschr. *111,* 9, 471–476, 1969 a.
MAU, H.: Ist die sogenannte Säuglingsskoliose behandlungsbedürftig? In: Bücherei des Orthopäden, Band 4. 173–175, 1969 b.
MAU, H./ GABE, I.: Die sogenannte Säuglingsskoliose und ihre krankengymnastische Behandlung. Stuttgart: Georg Thieme Verlag, 1962.
MIKAELIAN, H./ HELD, R.: Two types of adaptation to an optically-rotated visual field. Amer. J. Psychol. *77,* 2, 257–263, 1964.
MUSSEN, P. H.: Handbook of research methods in child development. New York, London, Sydney: John Wiley and Sons, 1964.
NELSON, W. E.: Textbook of pediatrics. Philadelphia, London: Saunders, 1964.
OPITZ, H./ de RUDDER, B.: Pädiatrie. Berlin, Göttingen, Heidelberg: Springer Verlag, 1957.
PAPOUŠEK, H. and M.: Cognitive aspects of preverbal social interaction between human infants

and adults. In: Parent-Infant Interaction Ciba Foundation Symposium. Amsterdam: Elsevier. 241–269, 1975.

PEIPER, A.: Die Eigenart der kindlichen Hirntätigkeit. Leipzig: Georg Thieme Verlag, 1961[3].

PIKLER, E. Mit tut már a baba? Budapest, Hungária Könyvkiadó, 1940.

PIKLER, E.: A csecsemőgondozás néhány kérdéséről. Gyermekgyógyászat, *2*, 11, 321–327, 1951.

PIKLER, E.: A prevenció általános kérdéseiről a bölcsődékben és csecsemőotthonokban. Népegészségügy, *36*, 2, 31–38, 1955.

PIKLER, E.: Az etetéstechnika néhány részletkérdése. Gyermekgyógyászat, *9*, 4–6, 121–123, 1958.

PIKLER, E.: A hospitalizáció elleni küzdelem egyik részletkérdéséről. Orvosi Hetilap, *107*, 4, 166-168, 1966a.

PIKLER, E.: Adatok a csecsemő mozgásának fejlődéséhez. Orvosi Hetilap, *107*, 46, 2172–2178, 1966b.

PIKLER, E.: Some contributions to the study of the gross motor development of children. J. Genet. Psychol. *113*, 27–39, 1968.

PIKLER, E.: Adatok a csecsemő mozgásának fejlődéséhez. Budapest: Akadémiai Kiadó, 1969.

PIKLER, E.: Données sur le développement moteur des enfants du premier âge. Courrier, *20*, 3, 223-230, 1970.

PIKLER, E.: Learning of motor sills on the basis of selfinduced mouvements. In: Exceptional Infant, Vol. 2. /ed.: Jerome Hellmuth, New York: Brunner/Mazel. 54–89, 1971.

PIKLER, E.: Data on gross motor development of the infant. Early Child Development and Care, *1*, 3, 297–310, 1972.

PIKLER, E.: Hasára vagy hátára fektessük-e az újszülöttet és a csecsemőt? Gyermekgyógyászat, *23*, 3, 408–416, 1973a.

PIKLER, E. Teendők csecsemők késlekedő mozgásfejlődése esetén. Magyar Pediáter, *7*, 3–4, 153–154, 1973b.

PIKLER, E.: Az alapvető testhelyzetek és mozgások terminológiája az önálló járás elsajátitásáig. (5 sprachiges Manuskript), 1978.

PIKLER, E.: A csecsemő kompetenciája. Magyar Pediáter, *13*, 2, 227–233, 1979a.

PIKLER, E.: The competence of the infant. Acta Paediatrica Acad. Sci. Hung. *20*, 2–3, 185–192, 1979b.

PIKLER, E.: Se mouvoir en liberté dès le premier âge. Paris: P. U. F., 1979c.

PIKLER, E.: Grundlegende Körperlagen und Bewegungen bei Säuglingen und Kleinkindern. der kinderarzt, *11*, 347–351; 503–504; 673–675; 817–820; 967–968; 1089–1091, 1980.

PIKLER, E.: Per una crescita libera. Milano: Emme, 1980.

PIKLER, E.: Vernachlässigte Bewegungen. Deutsche Hebammen Zeitschrift, *33*, 4, 119–122, 1981a.

PIKLER, E.: Faut-il coucher le nouveau-né sur le dos ou sur le ventre? La Médecine Infantile, *88*, 2, 219–228, 1981.

PIKLER, E.: Bewegingsontwikkeling en de omgeving. In: Motorisch gedrag en ontwikkeling. Ed.: J. H. B. van Rossum, Nijmegen: Dekker/van de Vegt, 179–198, 1982a.

PIKLER, E.: Friedliche Babys – zufriedene Mütter. Pädagogische Ratschläge einer Kinderärztin. Freiburg: Herder Verlag, 1982b (3. Aufl.: 1987).

PIKLER, E.: Importance du mouvement dans le développement de la personne initiative – competense. La Médecine Infantile 91 année – N° 3. 1984. Maloine S. A. édit, 1984.

PIKLER, E.: Soll man das Neugeborene auf den Rücken oder auf den Bauch legen; München: Krankengymnastik, *37*, 11–18, 1985 a.
PIKLER, E.: Moverse en libertad. Desarrollo de la motricidad global. Madrid: Narcea, 1985 b.
PIKLER, E./TARDOS, A.: Megfigyelések a csecsemő nagymozgásos aktivitásának alakulásáról az oldalrafordulástól a biztos járásig. Magyar Pszichológiai Szemle, *25*, 1–2, 69–86, 1968.
PLOSS, H.: Das Kind in Brauch und Sitten der Völker. Leipzig: 3. Aufl. 1912.
REISETBAUER, E.: Zur Physiologie der Körperlage des Säuglings. Österreichische Ärztezeitung, *26*, 4, 294–298, 1971.
REISETBAUER, E./ CZERMAK, H.: Bauchlage des Säuglings als physiologisch optimal anzusehen. Medical Tribune, Frankfurt, Nr. B. *45*, 4–30, 1971.
REISETBAUER, E./ CZERMAK, H.: De la position du corps du nourrisson. Le Pédiatre, VIII, 40, 309–324, 1972.
RUBINSTEIN, S. L.: Grundlagen der allgemeinen Psychologie. Berlin: Volk und Wissen, 1971.
SCHMIDT-KOLMER, E.: Verhalten und Entwicklung des Kleinkindes. Berlin: Akademie Verlag, 1959.
SCHMIDT-KOLMER, E./ REUMANN, J.: Leitfaden für die Erziehung in Krippen und Heimen. Berlin: Volk und Gesundheit, 1958.
TARDOS, A.: A játékszerek szerepe 3–18 hónapos gyerekek manipulációs tevékenységében. In: Pszichológiai Tanulmányok. Vol. 9. Budapest: Akadémiai Kiadó. 205–222, 1966 a.
TARDOS, A.: The general development and individual formation of the visual, motor and tactilmotor exploratory behaviour of 3 to 12 months old infants. XVIII. Internat. Congr. of Psychology, Moscow, Abstracts III. 128, 1966 b.
TARDOS, A.: A 3–12 hónapos csecsemő optikus és taktilmotoros explorációs viselkedése. Magyar Pszichológiai Szemle, *24*, 1, 57–70, 1968.
TARDOS, A.: A spontán aktivitás különböző formáinak alakulása a csecsemőknél. Magyar Pszichológiai Szemle, *28*, 1, 61–63, 1971.
TARDOS, A.: A csecsemő mozgásfejlődése során megnyilvánuló tanulási folyamatok egyes sajátosságai. In: Pszichológiai Tanulmányok. Vol. 13. Budapest: Akadémiai Kiadó. 281–287, 1972.
TARDOS, A.: Une vie active – l'activité de l'enfant de 2 mois à 3 ans. Vers l'Education Nouvelle, No. 311. 12–23, 1977.
WHITE, R. W.: Motivation reconsidered: The concept of competence. Psychological Review, *66*, 5, 297–333, 1959.
WHITE, B. L./ CASTLE, P./ HELD, R.: Observations on the development of visually-directed reaching. Child Dev. *35*, 349–364, 1964.
WOLFF, P. H.: Observations on newborn infants. Psychosom. Med. New Series, *21*, 2, 110-118, 1959.

FILME

«Alone – Independently» ist ein im Lóczy gedrehter Film zur selbständigen Bewegungsentwicklung.
«Its a Pleasure to Bath» zeigt friedliches Zusammensein während der Pflege.
«More than just play» zeigt die Tätigkeit des Kindes vom Hantieren bis zum Rollenspiel.
Verleih: IWF, 3400 Göttingen, Nonnenstieg 72.
Best. Nr.: W 1586, W 1825 und W 1917 (14–16 min).